W0357079

Alerte à Radio Collège

Et si l'Enseignement moral et civique devenait un jeu?

ESCAPE GAMES

Le réseau Libertés

EMC-EMI

Collège

Mission institutions

Guide pédagogique

Céline Delorge
Collège Jean-Rostand
Biarritz (64)

Mickaël Laurent
Collège Anne-de-Beaujeu
Collège Charles-Péguy
Moulins (03)

Gaëlle Lipman
Collège Alexandre-Varenne
Saint-Éloy-les-Mines (63)

Nathan

SOMMAIRE

INTRODUCTION

ESCAPE GAME 1 Alerte à Radio Collège

ISBN : 978-209-502097-2. Code éditeur : 224 410. Dépôt légal : mai 2023.

Achevé d'imprimer en France en avril 2023 par la Nouvelle Imprimerie Laballery - 303082
Code projet : 10289194 - Dépôt légal : mai 2023

ESCAPE GAME 2 Le réseau Libertés

ESCAPE GAME 3 Mission institutions

ANNEXES

FICHES DÉTACHABLES p. 71

Les ressources de votre pochette

1 18 plateaux

au format A3 (6 plateaux par jeu)

2 Des fiches photocopiables

avec les 18 feuilles de route (6 par jeu) et tout le matériel nécessaire pour chaque jeu

3 Un guide pédagogique

avec les enjeux pédagogiques et la démarche, des conseils pour la mise en place et la mise en œuvre pas à pas de chaque jeu

4 Les ressources numériques

avec l'ensemble des supports de la pochette ainsi que les vidéos et audios

Comment accéder à vos ressources numériques ?

Depuis un smartphone ou une tablette pour les ressources élèves
Pour jouer, vos élèves ont un accès simple et direct aux ressources **en scannant les plateaux de jeu grâce à l'application gratuite Nathan Live!**

Vidéo « Comment jouer avec Nathan Live ? »
college.nathan.fr/escapegames-tuto-1

Depuis votre pochette numérique enseignant

1. Rendez-vous sur https://activation.nathan.fr/escape-games-emc
2. Créez votre compte si nécessaire et authentifiez-vous **en répondant aux questions posées. Vous recevrez un email** avec les instructions à suivre **pour accéder à vos ressources « enseignant »** ainsi que votre identifiant et votre mot de passe.

Biblio MANUELS

Vidéo « Comment accéder aux ressources avec Biblio Manuel ? »
college.nathan.fr/escapegames-tuto-2

Comment jouer sans connexion, sans smartphone, ni tablette ?

Ces escape games ont été conçus pour fonctionner avec **Nathan Live!** Cependant, **toutes les ressources numériques** (teasers, documents audio, vidéos…) sont accessibles **hors connexion** par le biais du **manuel numérique enseignant téléchargé** au préalable sur **l'ordinateur de la classe** ou **sur une clé USB**.

Vidéo « Comment jouer hors connexion ? »
college.nathan.fr/escapegames-tuto-3

Les enjeux et apports pédagogiques des escape games

1 Qu'est-ce qu'un escape game ?

Phénomène incontournable de la société actuelle, l'escape game est **un jeu de mise en scène** au cours duquel le joueur doit réussir à **s'échapper d'un lieu précis dans un laps de temps limité et annoncé**. Ce « jeu d'évasion » met le joueur en situation d'acteur dans un cadre précis, avec un scénario captivant, un univers défini, un lieu clos et une contrainte de temps précisée.

À l'origine numériques et virtuels, les escape games ont su eux-mêmes s'échapper de leur environnement fixe et ont évolué pour devenir de véritables jeux **grandeur nature**, laissant de côté l'aspect individuel du jeu au bénéfice du collectif. Les escape games actuels privilégient **la collaboration des participants** au sein d'une équipe et mettent l'accent sur **le travail collectif**.

Si l'escape game rencontre un franc succès dans la société en dehors de l'école, il connaît aussi une popularité croissante au niveau pédagogique. Considéré comme un « serious escape game », l'escape game pédagogique peut être décliné à toutes les disciplines, mais s'offre aussi à l'interdisciplinaire et aux différents parcours de l'élève, au service de toutes les équipes scolaires (dont les documentalistes), y compris la vie scolaire, l'équipe médicale et à l'inter-degré. Il faut dire que **l'aspect ludique** inhérent aux escape games est particulièrement apprécié des élèves et permet de travailler autrement : en immersion et ensemble.

Tout comme d'autres jeux éducatifs, **l'escape game pédagogique se doit d'être pleinement au service des apprentissages.** Il ne s'agit pas de jouer pour jouer, mais bien de jouer pour apprendre, retenir, réviser, découvrir, approfondir, remédier, consolider, motiver ou remotiver…

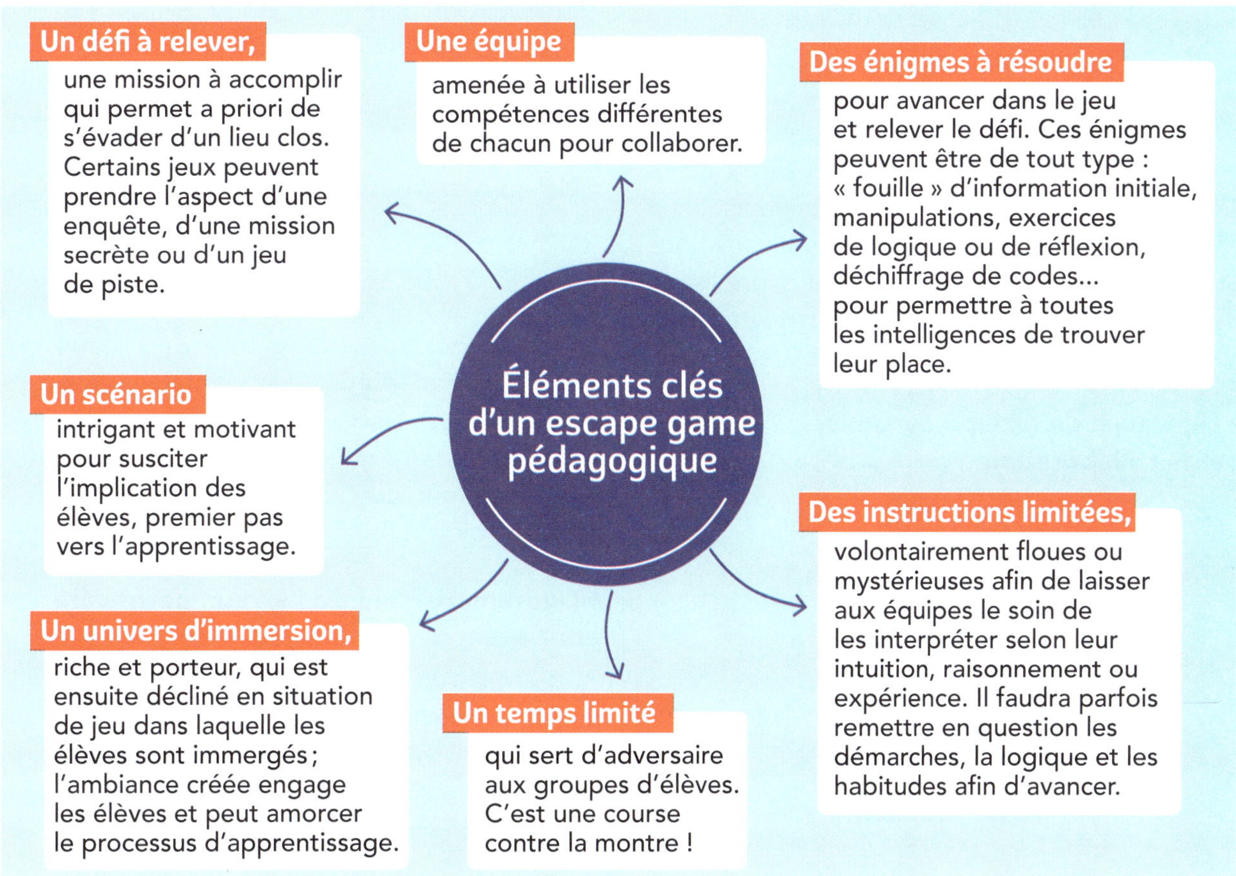

2 Quels sont les apports de ce type de jeux pour la classe ?

L'escape game pédagogique, comme tout jeu éducatif, cherche à **intéresser l'élève aux apprentissages par son côté ludique**. C'est la notion de plaisir qui dominera, à tel point que l'élève aura l'impression de jouer et de s'amuser et oubliera que le jeu en question est scolaire, au service des apprentissages.

Au croisement entre « jeux sérieux » et *gamification*, l'escape game reprend certains codes des jeux vidéo, ce qui ne manque pas de plaire aux élèves. Parmi eux, citons : les paliers à franchir ou les défis à relever, l'immersion dans un autre univers, le caractère imprévisible du jeu, l'appel aux compétences autres que scolaires et le sens de la compétition. Ces éléments fonctionnent ensemble pour **augmenter l'attention et l'engagement des élèves**, créant ainsi un terrain particulièrement favorable pour l'apprentissage. Mener un escape game en classe peut donc créer de meilleures conditions et améliorer le contexte de l'apprentissage.

• Une augmentation de la motivation, et donc de l'attention

La ludopédagogie permet avant tout de **motiver** et **d'insuffler de l'énergie à l'apprenant** face à l'activité proposée. Le jeu améliore la motivation intrinsèque de l'élève (qui est motivé parce qu'il veut relever le défi, et non parce qu'il est contraint de le faire), favorisant **l'adhésion** et **la participation active**. L'élève est alors prêt à s'investir et dans de bonnes dispositions pour l'apprentissage. Le caractère imprévisible de l'escape game éveillera sa curiosité et stimulera son envie de découvrir la suite.

• Un travail de groupe dynamisé par la collaboration

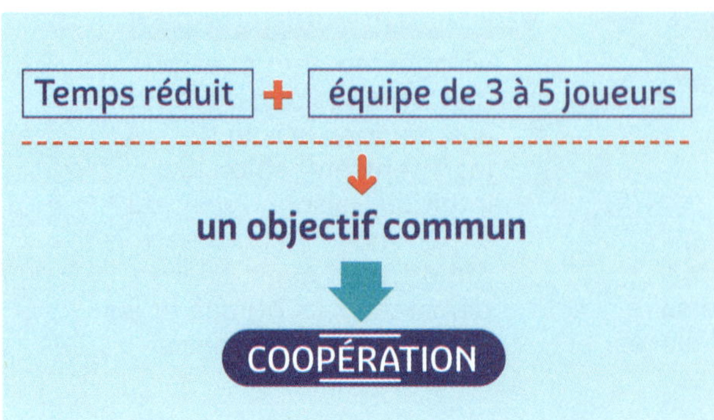

Un escape game permet de **dynamiser ou de redynamiser le travail de groupe** en créant la nécessité d'un esprit d'équipe accru. Il touche toutes les intelligences des élèves grâce aux différentes énigmes. C'est la collaboration de tous qui permet d'aller au bout des épreuves. La résolution des énigmes dépendra en effet du travail collectif et de la capacité des élèves à adopter une réflexion collaborative, une organisation et une communication efficaces ainsi qu'un système d'entraide.

• Une meilleure prise d'autonomie

Au cours d'un escape game, les groupes d'élèves prennent en main le déroulement du jeu, laissant l'enseignant(e) en position d'observateur. Au sein de l'équipe, les élèves avancent en se posant des questions et en suivant des pistes sans chercher l'approbation de l'enseignant(e). En bref, le travail se fait **en autonomie**. Lorsque l'enseignant(e) intervient, c'est soit en facilitateur si une équipe est « bloquée », soit en « maître du temps » pour le passage à une autre étape (la mise en commun, par exemple).

• Le développement du sens d'observation

Une des étapes de base d'un jeu d'évasion étant celle de la **« fouille »**, au cours de laquelle les élèves parcourent les supports visuels et textuels à l'affût d'indices ou d'informations utiles, ils sont amenés à prêter une attention particulière à ce qu'ils voient pour réussir.

• Un gain de confiance

Travailler efficacement en équipe, voir que ses contributions sont appréciées, réussir à relever des défis, autant de points qui ont une incidence sur **le bien-être de l'élève**, sur **son sentiment d'utilité et de valeur** et sur **sa confiance**. Les escape games forgent **l'esprit d'équipe**, créent un sentiment d'appartenance à une communauté et aident les participants à se sentir bien.

• Dédramatisation de l'erreur, nécessaire pour avancer

La recherche de la solution et, par conséquent, le risque d'erreur, ne constituent en rien une entrave ou un complexe. Il y aura forcément des fausses pistes, mais leur impact est minimisé par la dynamique du jeu, ce qui **enlève l'anxiété et la peur de « mal faire »**.

• Une prise en compte de tous

L'**escape game** est construit sur une variété des énigmes pour permettre à la **diversité des élèves** de trouver leur place. Certains sont plus observateurs, d'autres plus à l'aise dans les manipulations ; d'autres encore sont plus « scolaires » et pourront compléter ainsi des énigmes différentes. En effet, dans les jeux, on trouve des profils de joueurs différents : l'archéologue, qui explore à la recherche d'indices ; le détective, qui résout les énigmes ; le capitaine, qui mène les opérations ; et le joker, calme, rassurant, polyvalent.

3 Pourquoi un escape game en EMC ?

• Des situations concrètes

Les scénarios d'escape games proposés sont des **situations concrètes** pour faire réfléchir les élèves en articulant **valeurs**, **savoirs** et **pratiques**.

La **culture civique** que les élèves doivent développer grâce à différentes actions doit les mettre au contact de la société dans des situations de **coopération**, de **mutualisation**, tout en **échangeant des arguments** et en **confrontant des idées**. Des situations qui sont favorisées par le jeu.

• Articuler les trois finalités de l'EMC

Les situations d'escape games permettent d'articuler les trois finalités de l'EMC.

• **Respecter autrui** : les élèves apprennent à respecter l'autre, sa liberté, pour le considérer comme un(e) égal(e) et développer des relations.

• **Acquérir les valeurs de la République :** il faut respecter les règles communes, qui permettent d'accéder à une connaissance des cadres d'une société démocratique dans laquelle l'élève vit.

• **Construire une culture civique :** le jeu permet de développer le sentiment d'appartenance à la communauté tout en favorisant l'autonomie des citoyens. Il s'agit d'un projet collectif qui favorise l'implication des élèves et leur participation à des actions.

• Développer l'autonomie des citoyens

Durant l'escape game, le travail sur des valeurs fondamentales permet à l'élève de se développer en tant que personne et en tant que **futur citoyen**. Il développe une capacité à **juger par lui-même**, lui permettant de **vivre de manière autonome**.

• Mettre en œuvre le Parcours citoyen

Le **Parcours citoyen** permet la transmission des **valeurs** et **principes de la République** en abordant les grands champs de l'**éducation à la citoyenneté**.

Il s'appuie en particulier sur l'**enseignement moral et civique** et sur l'**éducation aux médias et à l'information (EMI)**.

Les compétences en **EMI** sont, avec la **citoyenneté numérique**, des **compétences du XXIe siècle (C21)** définies par de grands organismes internationaux (OCDE, Conseil de l'Europe, UNICEF). Elles correspondent à des « capacités qui devraient permettre d'améliorer les façons de penser, d'apprendre, de travailler et de vivre dans le monde » (Vademecum EMI, janvier 2022, p. 11). Ces C21 correspondent à l'**esprit critique**, la **créativité**, la **collaboration** et la **communication**, toutes mises en œuvre dans un escape game.

• Le jeu, une autre modalité de travail

Le jeu sort encore des habitudes des élèves à l'école ; il crée un **effet de nouveauté et de curiosité**. Par ailleurs, lorsque l'on dit « jeu », les élèves n'ont pas l'impression de travailler et se laissent plus facilement embarquer dans la tâche à accomplir, car elle les motive.

→ Pour résumer, l'objectif d'un escape game est bien celui d'apprendre. La reprise en classe (débriefing) permet de faire prendre conscience de toutes les connaissances et compétences rencontrées et mobilisées (métacognition). Il s'agit d'atteindre les mêmes objectifs poursuivis habituellement en cours par le biais d'activités différentes, moins scolaires (méthode nouvelle qui fait ses preuves).

4 Quel est l'intérêt pour les élèves ?

L'escape game permet de **développer les trois savoirs : le savoir, le savoir-faire et le savoir-être**. En effet, il ne fait pas uniquement appel aux savoirs, aux connaissances disciplinaires, il requiert également des savoir-faire (être logique, savoir analyser, travailler rapidement, développer des stratégies…) et des savoir-être (travailler en équipe, communiquer, accepter les erreurs, y compris celles des autres, être patient, s'engager sur le plan cognitif, persévérer…).

L'escape game va **stimuler l'intelligence émotionnelle** des élèves. Il va susciter chez eux des émotions et des sentiments tout au long de la mission. Ils passent, au cours du jeu, par différentes émotions qu'ils doivent apprendre à maîtriser : la joie, l'enthousiasme, la fierté ou le plaisir d'y arriver, ou au contraire, la peur ou la frustration de se tromper ou de se confronter à l'échec… L'objectif n'est pas de changer la personnalité des élèves mais de leur **apprendre à contrôler des émotions ou des comportements** souvent contre-productifs pour construire de nouvelles habitudes, comme celle de **s'entraider**, et **améliorer le regard des autres sur eux**. De plus, s'appuyer sur les émotions permet d'ancrer les apprentissages à plus long terme.

La ludicisation des apprentissages va **changer leur regard sur la discipline** et sur le rôle de l'élève-joueur dans la classe-équipe. Souvent, au cours des escape games, des élèves qui ne sont pas forcément en position de réussite dans la discipline se rendent compte qu'ils ont **un niveau de compréhension supérieur** à ce qu'ils imaginaient. Cette révélation peut **débloquer** l'élève dans son rapport à la discipline. Le temps imparti et contraignant d'un escape game va **transformer le temps du cours** : tout à coup, le temps passe trop vite.

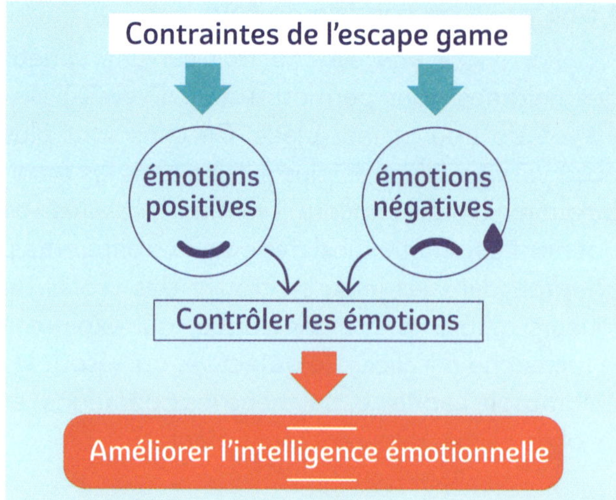

Par le jeu, l'élève devient **acteur de ses apprentissages** : il ne les subit pas, au contraire, il mène le jeu. Il développe ainsi son autonomie, il ne peut pas attendre simplement une correction comme pour un exercice mais veut accomplir la tâche ou la mission qui lui est confiée et **prend des initiatives** pour y arriver.

5 Quelles compétences disciplinaires et transversales du socle les escape games permettent-ils de développer ?

L'escape game en EMC permettra surtout de développer les compétences de quatre domaines du socle commun de connaissances, de compétences et de culture :

- **Domaine 1** les langages pour penser et communiquer
- **Domaine 2** les méthodes et outils pour apprendre
- **Domaine 3** la formation de la personne et du citoyen
- **Domaine 5** les représentations du monde et de l'activité humaine

Domaine 1.1 : comprendre, s'exprimer en utilisant la langue française à l'oral et à l'écrit

La langue française est sollicitée au cours des activités proposées par la compréhension de documents écrits, sonores ou vidéo. Les élèves travaillent à la fois à l'écrit, avec des bilans à rédiger (sous différentes formes : textes, nuages de mots, schémas...) et à l'oral, avec une présentation à toute la classe.

	Cycle 3	Cycle 4
Pratiquer différents langages	– Écrire pour construire sa pensée et son savoir, pour argumenter et écrire pour communiquer et échanger. – S'exprimer à l'oral pour penser, communiquer et échanger.	
Analyser et comprendre un document	– Comprendre le sens général d'un document. – Extraire des informations pertinentes pour répondre à une question.	

• Domaine 2 : les méthodes et outils pour apprendre

La maîtrise des méthodes et outils pour apprendre permet de développer l'autonomie et le savoir-être dans le cadre du groupe.

	Cycle 3	Cycle 4
Coopérer et mutualiser	Organiser son travail dans le cadre d'un groupe pour élaborer une production collective et mettre à la disposition des autres ses compétences et ses connaissances.	
		Négocier une solution commune si une production collective est demandée.
Raisonner, justifier une démarche et les choix effectués	Formuler des hypothèses.	Construire des hypothèses d'interprétation.

• Domaine 3 : la formation de la personne et du citoyen

Les compétences citoyennes sont attendues dans le cadre des escape games par l'utilisation du travail en groupes qui nécessite d'écouter l'autre, de le respecter, de réfléchir à ce qu'il dit, tout en prenant des initiatives.

	Cycle 3	Cycle 4
Expression de la sensibilité, respect des autres	**Le respect d'autrui** Respecter autrui et accepter les différences.	**Respect d'autrui** Comprendre que les valeurs de la République peuvent entrer en tension.
La règle et le droit	**Connaître les valeurs, les principes et les symboles de la République française, de l'Union européenne et des sociétés démocratiques.**	**Connaître et comprendre le fondement des principes et des valeurs de la République française et des sociétés démocratiques.**
Réflexion et discernement	**Exercer son jugement, construire l'esprit critique** S'informer de manière rigoureuse.	Être capable de confronter ses jugements à ceux d'autrui dans une discussion.
Responsabilité, sens de l'engagement	Coopérer dans le cadre des projets et des travaux de groupes.	Importance de l'engagement individuel ou collectif des citoyens dans une démocratie.

• Domaine 5 : les représentations du monde et de l'activité humaine

Les escape games proposés sont ancrés dans le culturel et font voyager les élèves dans différents lieux ou époques.

	Cycle 3	Cycle 4
Se repérer dans le temps	Situer un fait dans une époque ou une période donnée.	
Analyser et comprendre un document	– Comprendre le sens général d'un document. – Extraire des informations pertinentes pour répondre à une question.	

• Compétences EMI (référentiel cycle 4)

Utiliser les médias et les informations de manière autonome : méthode de recherche exploratoire d'informations.

Exploiter l'information de manière raisonnée : distinguer les sources d'information, s'interroger sur la validité et sur la fiabilité d'une information.

Utiliser les médias de manière responsable : règles de base du droit d'expression et de publication en particulier sur les réseaux ; déontologie des journalistes.

Focus sur le matériel élèves

Pour chaque escape game, les élèves auront à disposition les éléments suivants.

1 6 plateaux et 6 feuilles de route

ESCAPE GAME 2
Le réseau Libertés

- Chaque jeu est conçu pour faire travailler 6 équipes en parallèle.
- Chaque groupe d'élèves aura à sa disposition 1 plateau et au moins 1 feuille de route.

Équipe 1 :

à photocopier en recto-verso, et en couleurs si possible

Équipe 2 :

à photocopier en recto-verso, et en couleurs si possible

Équipe 3 :

à photocopier en recto-verso, et en couleurs si possible

Équipe 4 :

à photocopier en recto-verso, et en couleurs si possible

Équipe 5 :

à photocopier en recto-verso, et en couleurs si possible

Équipe 6 :

à photocopier en recto-verso, et en couleurs si possible

2 Le matériel complémentaire

▶ **Dans le jeu 1, une fiche contenant 6 cartes de traduction du code morse est à distribuer** (1 carte par équipe).

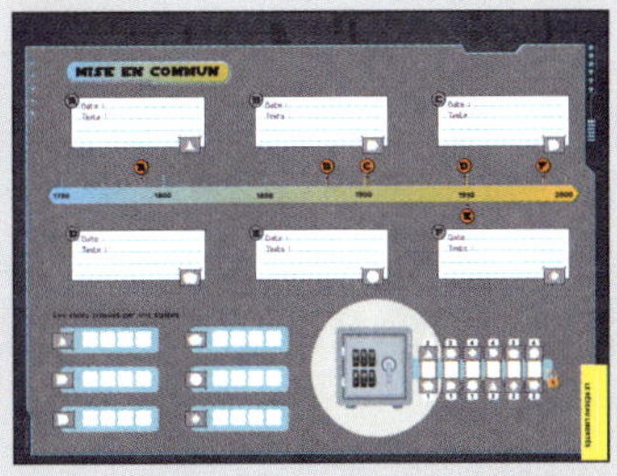

▶ **1 fiche de mise en commun** pour la résolution finale du jeu

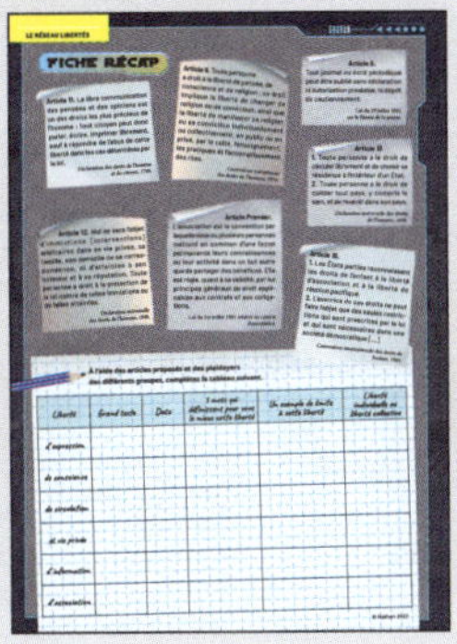

▶ **1 fiche récap** pour récapituler les acquis

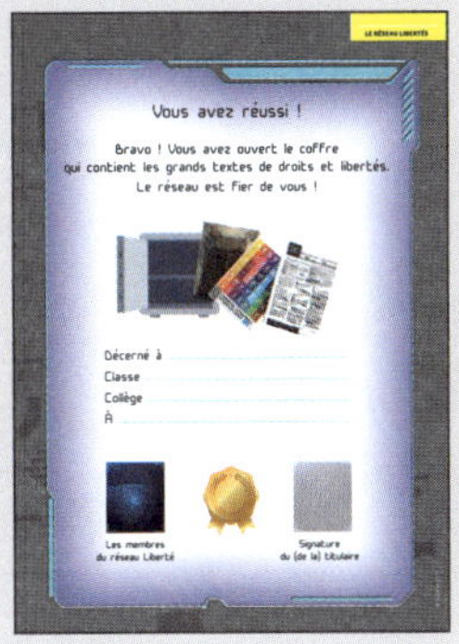

▶ **1 fiche « victoire »** à distribuer à la fin du jeu

3 Une tablette ou un smartphone (minimum) par équipe, équipé de l'application Nathan Live!

▶ L'outil numérique sera utilisé pour accéder aux audios et vidéos en scannant des éléments précis du plateau.

Avec Nathan Live!, les plateaux prennent vie !

1. Téléchargez gratuitement l'appli. Google Play App Store
2. Ouvrez l'application et scannez les zones du plateau indiquées pour accéder aux ressources audios et vidéos.

Scannez cette page avec Nathan Live!

Focus sur le matériel enseignant

Pour chaque escape game, le guide pédagogique vous donne toutes les indications pour organiser vos séances pas à pas.

1 L'introduction et la mise en place du jeu

La présentation du jeu

Le timing

Les repères, notions et compétences travaillés

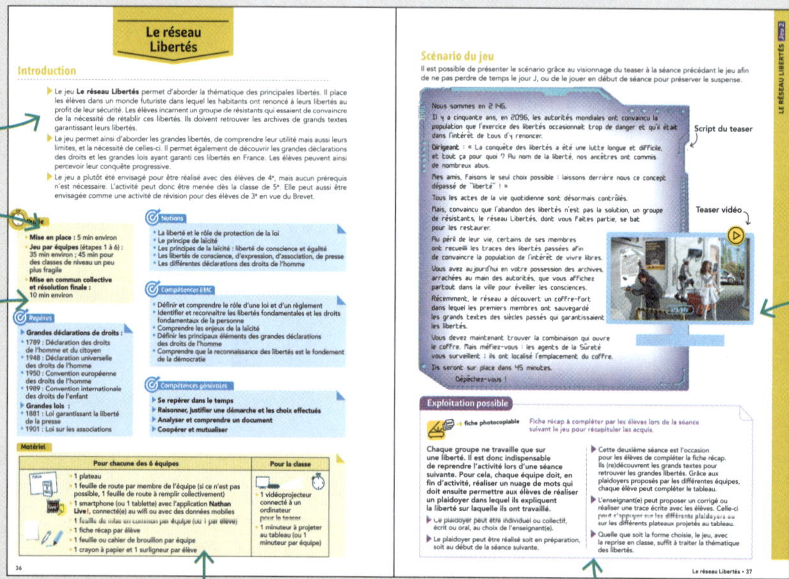

Le teaser

Le matériel

Des pistes d'exploitation

2 Les énigmes pas à pas pour chaque plateau et sa feuille de route

Un repère temporel pour chaque étape de jeu afin d'évaluer si certaines équipes ont du retard et ont besoin d'aide

La feuille de route corrigée : toutes les étapes de résolution des énigmes sont détaillées pour aider l'enseignant(e)

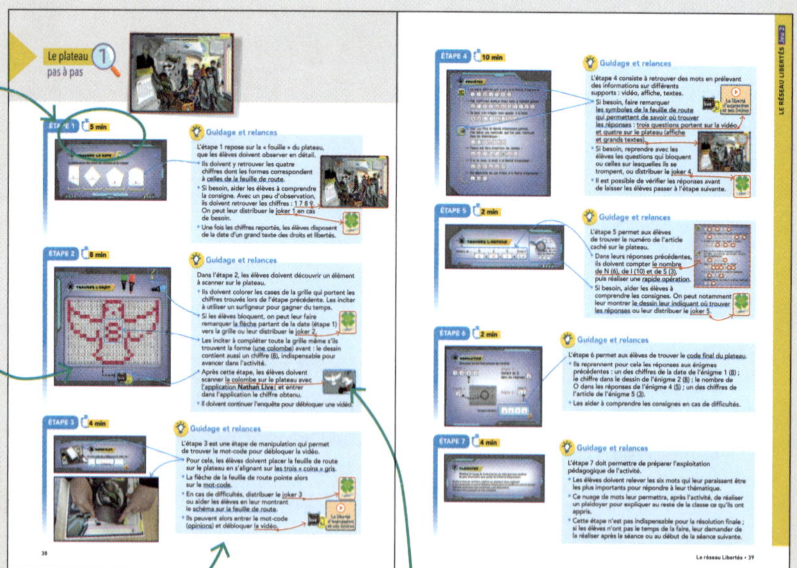

Des pistes de relance et des indices pour débloquer les élèves le cas échéant

Les éléments du plateau à repérer ou à scanner par les élèves

3 La mise en commun collective et la résolution finale du jeu

Les informations à communiquer par chaque équipe à la classe

La mise en œuvre pratique de chaque étape

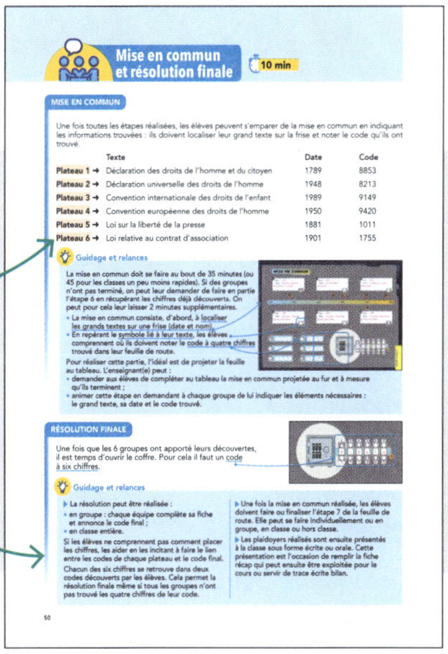
Mise en commun et résolution finale — 10 min

MISE EN COMMUN

Une fois toutes les étapes réalisées, les élèves peuvent s'emparer de la mise en commun en indiquant les informations trouvées : ils doivent localiser leur grand texte sur la frise et noter le code qu'ils ont trouvé.

	Texte	Date	Code
Plateau 1 →	Déclaration des droits de l'homme et du citoyen	1789	8853
Plateau 2 →	Déclaration universelle des droits de l'homme	1948	8213
Plateau 3 →	Convention internationale des droits de l'enfant	1989	9149
Plateau 4 →	Convention européenne des droits de l'homme	1950	9420
Plateau 5 →	Loi sur la liberté de la presse	1881	1011
Plateau 6 →	Loi relative au contrat d'association	1901	1755

Guidage et relances

RÉSOLUTION FINALE

Guidage et relances

4 Une synthèse des étapes du jeu : toutes les réponses en un coup d'œil !

Le déroulé des étapes

à photocopier pour une utilisation facile durant la séance de jeu

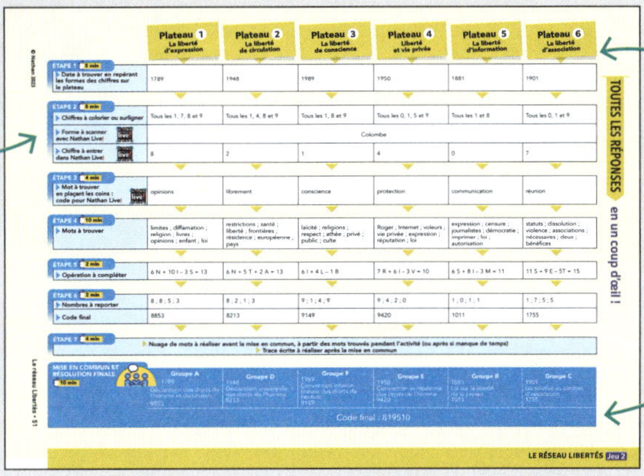

Les solutions plateau par plateau

La mise en commun et résolution finale

5 Les ressources numériques

▶ Accessible via l'appli Biblio Manuels (voir p. 4), la version numérique de la pochette contient toutes les ressources en version vidéoprojetable, ainsi que les audios, les vidéos, les scripts et les fiches à photocopier en version corrigée.

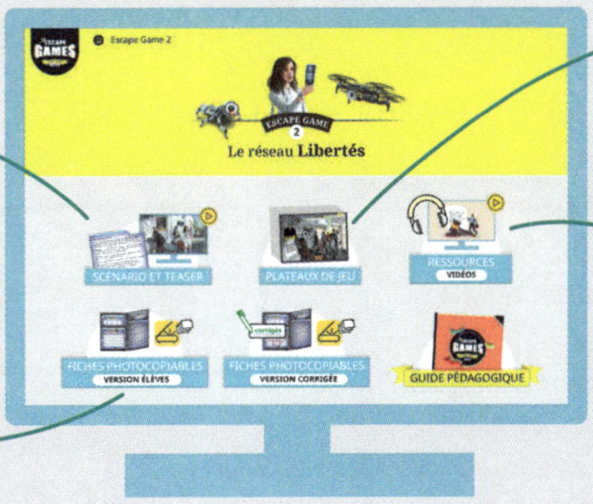

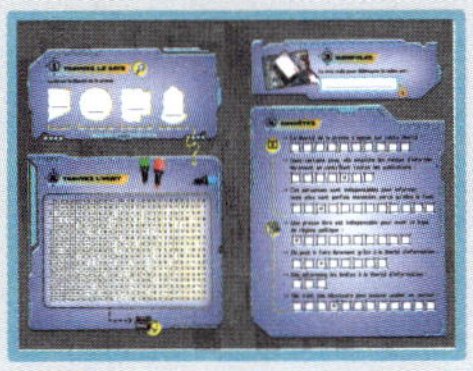

DÉROULÉ TYPE D'UN ESCAPE GAME

Lors de la séance précédente

- Présentation du jeu (fonctionnement, autorisation du téléphone…).
- Constitution des équipes. Si les élèves utilisent leur smartphone personnel, leur demander d'installer l'application **Nathan Live!** pour la prochaine séance.

Le jour J

1 — 5 min

- **Préparation** de la salle et du matériel (plateaux + feuilles de route + tablettes ou téléphones des élèves)

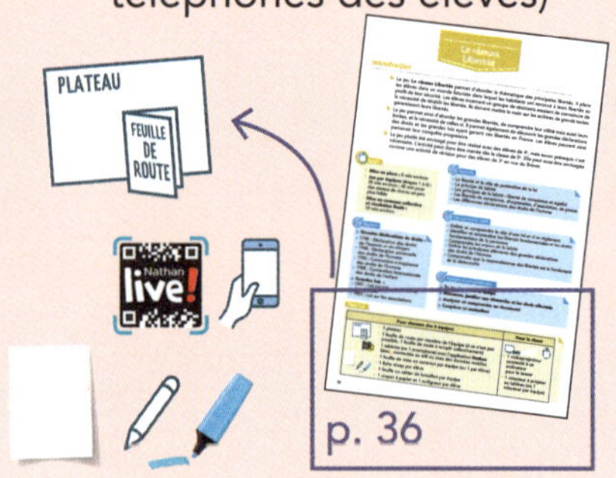

2 — 2 min

- **Visionnage du teaser**

3 — 35 min

- **Phase de jeu en équipes :** chaque groupe résout les énigmes proposées sur la feuille de route à l'aide du plateau.

4 — Mise en commun et résolution finale — 10 min

- **Phase de mise en commun et résolution finale :** chaque équipe restitue ce qu'elle a découvert et la mise en commun des informations mène à la réussite de la mission.

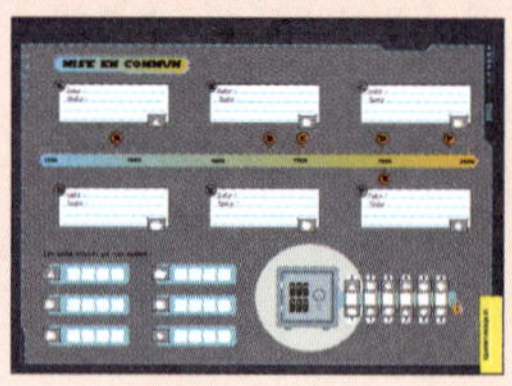

Lors de la séance suivante

- Activités récapitulatives et de prolongements sur le thème du jeu

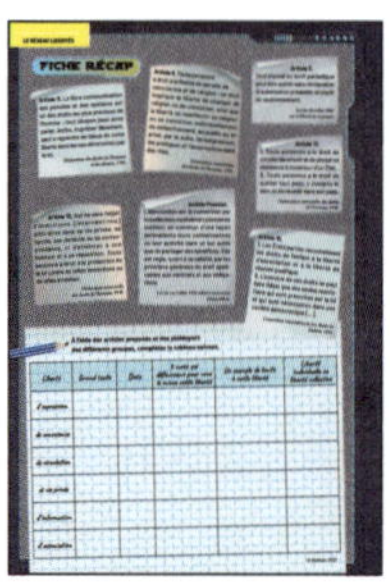

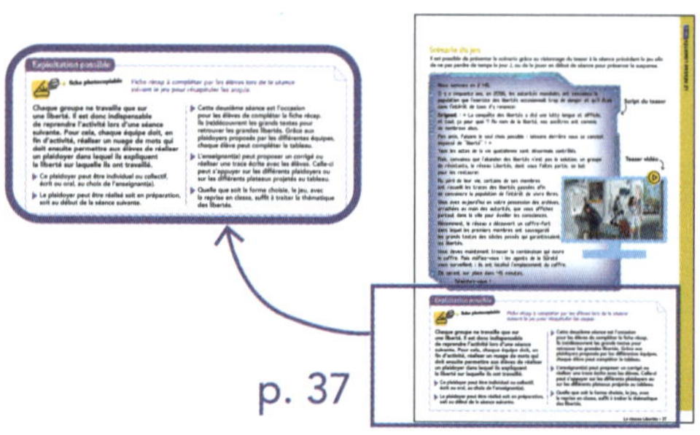

1 Les étapes de la mise en place du jeu

L'enseignant(e) pourra s'organiser de la manière suivante pour mettre en place un escape game dans les meilleures conditions possibles.

EN AMONT DE LA SÉANCE DE JEU

- **Prise en main du jeu** par l'enseignant(e) et appropriation des univers, lieux, thématiques que les élèves vont découvrir en étudiant les plateaux et feuilles de route.

- **Préparation du matériel :**

- Si possible, plastifier les plateaux afin de les conserver en bon état et permettre aux élèves d'écrire dessus avec des feutres effaçables, pour pouvoir les réutiliser.

- Photocopier en recto-verso, et en couleurs si possible, un exemplaire de chaque feuille de route par groupe. Il est possible de prévoir un exemplaire de la feuille de route par membre de l'équipe pour que chacun garde la trace du travail effectué.

- Photocopier également le matériel supplémentaire à distribuer au cours du jeu (fiche de mise en commun, fiche récap…), en couleurs si possible.

Feuilles de route et matériel supplémentaire à photocopier

- Installer l'application **Nathan Live!** sur les tablettes ou téléphones qui seront utilisés pour jouer. Les tablettes et téléphones doivent bénéficier d'un accès à Internet le jour de la séance.
GP → guide pédagogique p. 11

Biblio MANUELS

- Si cela n'est pas possible, les accès aux documents audios et vidéos pourront se faire sur l'ordinateur de la classe, par le biais de la version numérique du jeu, utilisable hors connexion.
GP → guide pédagogique p. 4

- Photocopier la fiche synthétique des réponses aux énigmes de toutes les équipes pour faciliter le rôle de maître du jeu de l'enseignant(e).

Toutes les réponses en un coup d'œil !

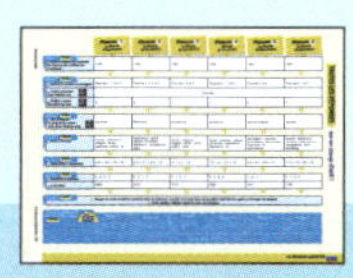

Fiche des réponses à photocopier

LA SÉANCE PRÉCÉDANT LA SÉANCE DE JEU

Annonce du jeu

- Expliquer le principe et les règles du jeu.
  GP → **guide pédagogique p. 18**
- Préparer les équipes.

Répartition des élèves en 6 équipes

- Prévoir des groupes hétérogènes pour s'assurer de l'implication de tous et dans un souci d'efficacité.
- Attribuer éventuellement un rôle à chacun des membres de l'équipe ou laisser les élèves s'organiser eux-mêmes. GP → **guide pédagogique p. 19**

JUSTE AVANT LA SÉANCE DE JEU

Organisation de la salle

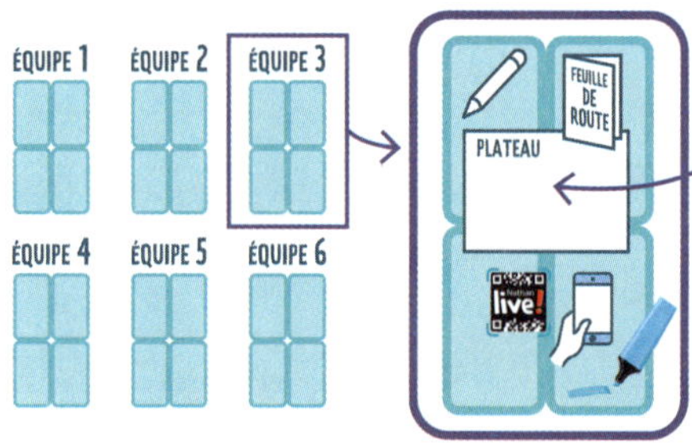

Attention : le jeu 3 commence sans le plateau !

minuteur

- Disposer la salle **en 6 groupes de tables** permettant aux élèves de s'organiser facilement, de consulter le plateau, la feuille de route et un minuteur.
- Placer **un plateau et au moins une feuille de route** sur chaque groupe de tables (sauf pour le jeu 3 qui commence sans plateau, voir p. 54 à 65), ainsi qu'une tablette ou un smartphone équipé de l'application **Nathan Live!** et de quoi écrire et, pour les jeux 2 et 3, surligner.
- Pour le jeu 1, placer 1 à 6 feuilles de format carré sur chaque table (voir p. 20 à 33)
- Afficher **un minuteur** au tableau ou s'assurer que chaque équipe dispose d'un minuteur, sur un téléphone par exemple.
- Éventuellement, et en fonction des possibilités de chaque enseignant(e), projeter une image dans le thème du jeu, décorer la salle et/ou diffuser un fond sonore.

Matériel de l'enseignant(e)

- Préparer le matériel supplémentaire à distribuer au cours du jeu (fiche de mise en commun, fiche « victoire », fiche récap).
  → **fiches photocopiables**

Biblio MANUELS

- La mise en commun peut s'effectuer en classe entière en projetant la fiche au tableau à partir de la version numérique du jeu ou bien en distribuant une fiche par équipe (ou par joueur).

- Avoir à portée de main la fiche synthétique des réponses aux énigmes de toutes les équipes.

Toutes les réponses en un coup d'œil !

LE JEU

5 min

Lancement du jeu

- Répartir les équipes dans la classe et rappeler le fonctionnement du jeu. GP → **guide pédagogique p. 18**
- Visionner le teaser du jeu.
- Démarrer le minuteur (au tableau ou un par groupe) pour les 35 minutes de jeu en équipes. Pour les classes plus faibles, il est possible de laisser 45 minutes de jeu en équipes et de faire la mise en commun à la séance suivante.

35 min

Déroulement du jeu en équipes

- Guider et relancer les élèves si nécessaire, en privilégiant les équipes qui semblent plus lentes. L'enseignant(e) peut également faire aider les équipes les plus lentes par d'autres équipes. Le bon déroulement de la séance dépend en partie du fait que chacun des groupes arrive au bout de sa quête dans un laps de temps sensiblement égal.

10 min

Déroulement de la phase de mise en commun et résolution finale

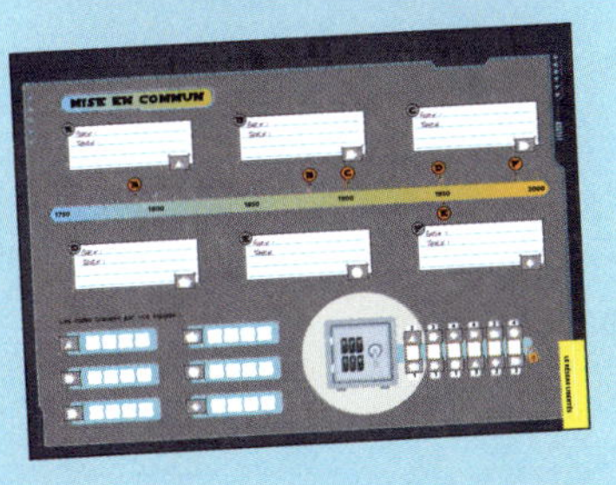

- Animer la mise en commun : chaque groupe présente le (ou les) code(s) découvert(s), nécessaire(s) pour trouver le code final.

> - Cette étape s'effectue en classe entière en projetant la fiche de mise en commun au tableau à partir de la version numérique du jeu, ou bien en distribuant une fiche de mise en commun par équipe (ou par joueur).
>
> → **fiches photocopiables**

- Guider les élèves vers la résolution finale si besoin ou laisser les équipes aller récupérer les indices pour résoudre l'énigme. Cette résolution peut s'effectuer en collaboratif ou en compétitif entre les équipes.

LORS DES SÉANCES SUIVANTES

Reprise en classe (débriefing)

- C'est la phase de reprise qui permet l'apprentissage. Elle commence par un recueil des émotions, puis un temps de réflexion, un temps d'institutionnalisation des connaissances et des compétences, et enfin, une phase de conclusion.

Travail sur la fiche récap

- Photocopier la **fiche récap** à compléter par les élèves lors de la séance suivant le jeu pour récapituler les acquis.

Prolongements possibles

- Prévoir une séance pour que chaque groupe présente son plateau et les énigmes élucidées à l'ensemble de la classe. Ce travail peut ensuite servir de base pour construire le cours sur le thème abordé ou encore servir de révision.

2 Les principes du jeu

QUELLES SONT LES RÈGLES À INDIQUER AUX ÉLÈVES ?

- Il s'agit d'un jeu collectif, joué en équipes. La coopération et la communication sont essentielles pour réussir. L'enseignant(e) peut ajouter un peu de compétition entre les groupes à la fin du jeu dans la résolution de l'énigme s'il ou elle le souhaite.
- Les 6 équipes vont vivre des situations différentes. Elles devront échanger leurs informations lorsque cela leur sera demandé, à la fin du jeu.
- Le temps étant limité (une séance), il peut être judicieux de se répartir les tâches au sein d'une équipe pour gagner en efficacité.
- Il faut suivre la feuille de route et résoudre les énigmes proposées grâce au plateau, sur lequel se trouvent des éléments utiles à observer et à scanner pour accéder à des documents.
- La feuille de route donne certaines consignes et indices mais pas toutes les clés ! C'est aux joueurs de chercher à comprendre comment résoudre les énigmes.
- Des éléments des plateaux doivent être scannés avec l'application Nathan Live! pour faire apparaître des ressources audios ou vidéos. Les seuls éléments à scanner se trouvent sur les plateaux, pas sur les feuilles de route.

QUEL EST LE RÔLE DE L'ENSEIGNANT(E) ?

Lors de la séance consacrée au jeu, l'enseignant(e) n'est plus le centre d'attention des élèves, mais devient « le maître du jeu ».

- **Avant le jeu :**

– Le maître du jeu explique le principe et les règles du jeu.

- **Pendant le jeu :**

– Le maître du jeu circule pour aider et guider les équipes.

- **Lors de la mise en commun et de la résolution finale :**

– Le maître du jeu reprend la main. Il redevient le garant de la correction et facilite les interactions et la circulation des informations.

– Il indique à chaque équipe qu'elle doit faire un bref compte rendu des éléments trouvés, en s'appuyant sur leur feuille de route et leur plateau. Si le rôle a été préalablement attribué, il s'adresse à l'ambassadeur ou ambassadrice de chaque équipe, qui parle au nom de ses membres.

– Quand chaque équipe s'est exprimée, le maître du jeu précise comment se déroule la résolution finale (en classe entière ou en équipe) et l'anime ou la supervise selon la méthode choisie.

COMMENT ORGANISER LES ÉQUIPES ?

- Afin de s'assurer de l'implication de tous les élèves et dans un souci d'efficacité, il est important de constituer des groupes hétérogènes. La présence d'un élève moteur dans chacun des groupes s'impose.
- Selon les habitudes de travail de l'enseignant(e), il peut choisir d'attribuer un rôle à chaque membre de l'équipe (coordinateur, secrétaire, gardien du temps, maître du silence, ambassadeur) ou bien laisser le groupe s'organiser.

Le coordinateur ou **la coordinatrice** – ou maître(sse) de la tâche – contrôle que le groupe travaille correctement.

Le ou **la secrétaire** est en charge de la prise de notes sur la feuille de route.

Le gardien ou **la gardienne du temps** garde un œil sur le minuteur et informe le reste de l'équipe du temps qu'il reste pour mener à bien la mission.

Le maître ou **la maîtresse du silence** a en charge le volume sonore et la cordialité des échanges au sein de chaque groupe.

L'ambassadeur ou **l'ambassadrice** parle pour le groupe lors de la phase de mise en commun.

À QUOI FAIRE ATTENTION DANS LE JEU ?

- Les escape games proposés ont pour thèmes des notions clés du Parcours citoyen. Il faut veiller à ce que les élèves comprennent bien le lexique utilisé et les valeurs inhérentes, avec leur histoire (moment d'apparition/de construction).
- Le jeu permet également de travailler la langue française, orale dans les échanges, écrite dans le bilan de fin de feuille de route. Il faut veiller à ce que la langue soit bien employée.

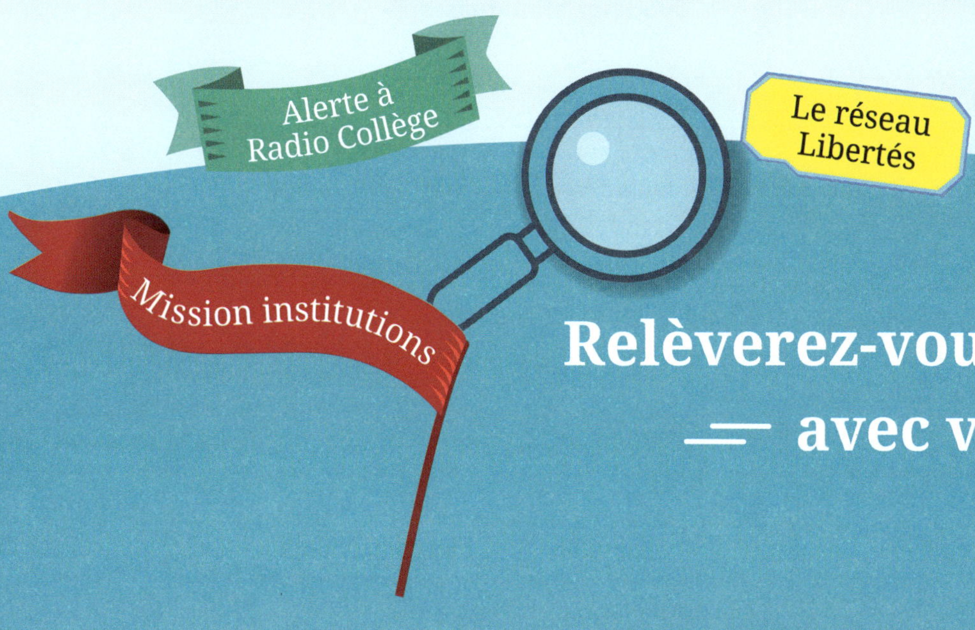

Relèverez-vous le défi avec vos élèves ?

Alerte à Radio Collège

Introduction

- Dans le jeu **Alerte à Radio Collège**, les élèves du club radio doivent empêcher la mise en ligne d'un fichier contenant de fausses informations sur des élèves de l'association sportive.
- Le jeu peut servir à construire une séquence d'EMC autour des médias et de l'esprit critique. De nombreuses compétences en EMI sont mobilisées. Il peut également être utilisé par les professeur(e)s documentalistes ou les CPE dans le cadre des actions du Comité d'éducation à la santé, à la citoyenneté et à l'environnement (CESCE) ou de la Semaine de la presse et des médias à l'école (SPME).
- Le jeu est pensé plutôt en découverte pour le niveau 6e, avec des attendus de fin de cycle 3. Il peut également être investi en révision jusqu'au niveau 3e. L'enseignant(e) peut soit choisir de l'utiliser comme découverte de la notion « s'informer », présente dans tous les cycles d'enseignement, soit, en ne choisissant que certains plateaux, cibler la ou les compétences qu'il ou elle souhaite travailler. Dans ce cas, on pré-remplira les éléments manquants sur la fiche de mise en commun, ou on ne la traitera pas.

Durée

- **Mise en place :** 5 min environ
- **Jeu par équipes** (étapes 1 à 6) : 45 mn (6e-5e) ou 35 mn (4e-3e)
- **Mise en commun collective et résolution finale :** 10 min environ

Compétences EMC

- **Respecter autrui :** repérer les préjugés et les différences
- **Acquérir et partager les valeurs de la République :** comprendre les valeurs et principes dans une société démocratique ; libertés, égalité
- **Construire une culture civique :**
  - exercer un jugement critique
  - comprendre les différents médias : sources, mécanisme de prise d'information dans un monde numérique
  - avoir conscience de la responsabilité de l'utilisateur d'Internet
  - faire la distinction entre savoirs vérifiés, faits établis et opinions personnelles

Notions

- Information
- Médias
- Stéréotypes
- Hiérarchie de l'information
- Déontologie
- Infox

Compétences EMI

- **Utiliser les médias et les informations de manière autonome**
- **Exploiter l'information de manière raisonnée :**
  - distinguer les sources d'information, s'interroger sur la validité et sur la fiabilité d'une information
  - découvrir des représentations du monde véhiculées par les médias
- **Utiliser les médias de manière responsable :**
  - droit d'expression et de publication
  - déontologie des journalistes

Compétences générales

- **Raisonner, justifier une démarche et les choix effectués**
- **Comprendre un document**
- **Pratiquer différents langages : rédiger ; lexique**
- **Coopérer et mutualiser**

Matériel

Pour chacune des 6 équipes	Pour la classe
• 1 plateau • 1 feuille de route par membre de l'équipe (si ce n'est pas possible, 1 feuille de route à remplir collectivement) • 1 smartphone (ou 1 tablette) avec l'application **Nathan Live!**, connecté(e) au wifi ou avec des données mobiles • 1 feuille au format carré par équipe (ou 1 par élève) • 1 feuille de mise en commun par équipe (ou 1 par élève) • 1 fiche récap par élève • 1 feuille ou cahier de brouillon par équipe • 1 crayon à papier par élève	• 1 vidéoprojecteur connecté à un ordinateur pour le teaser • 1 minuteur à projeter au tableau (ou 1 minuteur par équipe)

Scénario du jeu

Il est possible de présenter le scénario grâce au visionnage du teaser à la séance précédant le jeu afin de ne pas perdre de temps le jour J, ou de le jouer en début de séance pour préserver le suspense.

Comme toutes les semaines, la conférence de rédaction de la webradio Radio Collège se réunit au CDI.

En voulant mettre en ligne les sujets du jour, Lola réalise qu'un fichier inconnu est en train de charger sur le site. Si vous ne faites rien, il va être mis en ligne ! Et le nom du fichier, « deepfake_eleves-asso-sportive_rumeur.mp3 », ne laisse aucun doute sur sa nature : quelqu'un essaie de diffuser une fausse information sur la webradio du collège !

Vous ne savez pas quel en est le contenu, mais une chose est sûre : elle risque d'avoir de graves conséquences pour les élèves de l'association sportive du collège !

Vous essayez d'arrêter le téléchargement, mais impossible ! Le fichier est protégé par un mot de passe. Heureusement, le fichier est lourd et les ordinateurs du CDI, un peu lents… Mais il ne faut pas tarder !

Vous devez trouver le mot de passe qui empêchera le téléchargement de cette fausse nouvelle.

Vous avez à votre disposition les ressources du CDI et de votre sac à dos pour empêcher cette catastrophe.

Dépêchez-vous ! Il ne reste que 45 minutes avant la fin du téléchargement.

Script du teaser

Teaser vidéo

Exploitation possible

→ fiche photocopiable

Fiche récap à compléter par les élèves lors de la séance suivant le jeu pour récapituler les acquis.

Chaque groupe ne travaille que sur une partie des documents. La mise en commun permet à tous les élèves de découvrir tous les thèmes abordés, avec une reprise plateau par plateau, affichés au tableau :

- chaque groupe peut préparer un résumé de ses découvertes et les présenter à l'ensemble de la classe oralement ;
- ce résumé peut servir de trace écrite à toute la classe selon le plan de cours proposé par l'enseignant(e) ;
- dans l'optique d'une classe-puzzle, chaque membre du groupe doit avoir compris les notions de sa feuille de route et être capable de les expliquer à un autre groupe. Chaque élève devient alors expert dans un autre groupe dans lequel il explique ce qu'il a découvert. Au retour, chaque groupe rédige une trace écrite complète sur l'information dans les médias et les précautions à prendre quand on s'informe.

Le plateau 1 pas à pas

Deux durées indicatives sont proposées pour chaque étape, pour une phase en équipes en 35 min (4ᵉ-3ᵉ) ou 45 mn (6ᵉ-5ᵉ, ou 4ᵉ-3ᵉ d'un niveau un peu plus faible). Les enseignants ont toute latitude pour inclure l'étape 6 dans le temps imparti du jeu ou l'utiliser pour faire le débriefing lors de la séance suivante, selon la vitesse de travail des élèves et leur niveau.

ÉTAPE 1

6 min (6ᵉ-5ᵉ) | 5 min (4ᵉ-3ᵉ)

Guidage et relances

La première étape repose sur la « fouille » du plateau pour compléter une définition.

- Laisser découvrir les documents du plateau : décor, texte, téléphones, écouteurs… afin de trouver le papier déchiré avec le mot en morse.
- Attirer si besoin l'attention sur la loupe et la carte morse qui renvoient à la carte dont dispose chaque groupe pour décrypter le mot.
- Si les élèves ont du mal à trouver, distribuer le joker 1.

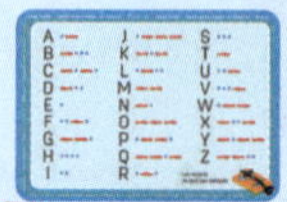

ÉTAPE 2

5 min (6ᵉ-5ᵉ) | 4 min (4ᵉ-3ᵉ)

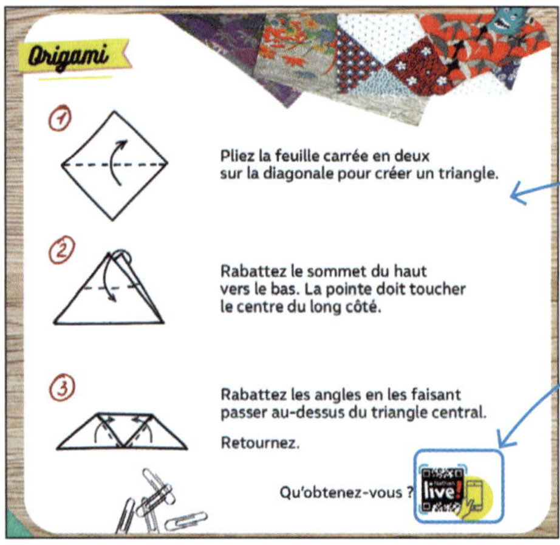

Guidage et relances

L'étape 2 consiste à réaliser un origami (pliage) pour trouver ce qu'il faut scanner pour entrer le code découvert à l'étape 1.

- Pour trouver la réponse, il faut suivre les étapes pour réaliser l'origami.
- Une tête d'animal apparaît : c'est celle qu'il faut scanner sur le plateau.
- Si besoin, attirer l'attention sur le logo **Nathan Live!** pour que les élèves comprennent qu'ils doivent scanner le plateau. En cas de difficulté ou d'erreur, distribuer le joker 2.
- Il faut bien scanner le plateau de jeu et non la feuille de route du groupe.
- Le code à entrer est le code trouvé dans la première étape. Il permet de débloquer une vidéo.

ÉTAPE 3

12 min (6ᵉ-5ᵉ) | 10 min (4ᵉ-3ᵉ)

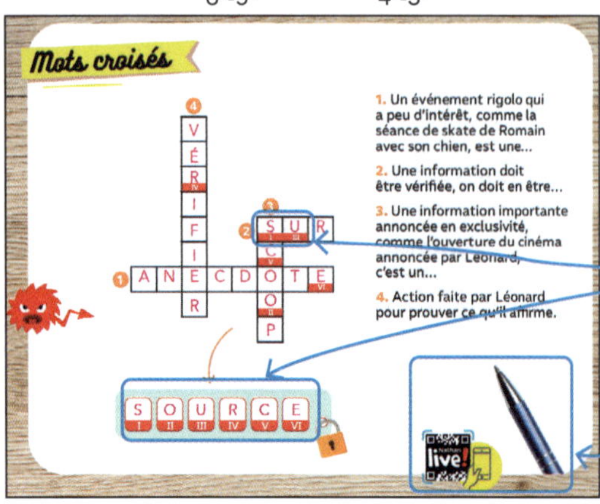

Guidage et relances

L'étape 3 consiste à compléter des mots croisés à l'aide d'une vidéo pour trouver un mot-code permettant de déchiffrer l'énigme suivante.

- Le code entré dans **Nathan Live!** précédemment déclenche une vidéo qui permet de compléter les mots croisés.
- Les élèves doivent repérer les chiffres romains pour trouver les lettres qui composent le mot-code.
- Si besoin, attirer l'attention sur le stylo à scanner avec **Nathan Live!** pour entrer le code trouvé.

ÉTAPE 4

10 min 6e-5e — 8 min 4e-3e

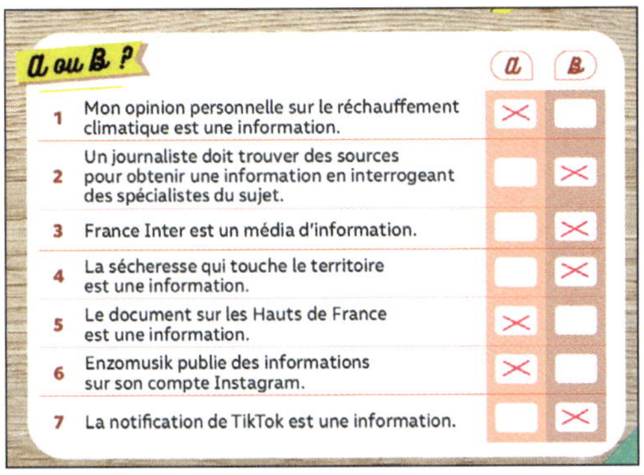

A ou B ?

		A	B
1	Mon opinion personnelle sur le réchauffement climatique est une information.	X	
2	Un journaliste doit trouver des sources pour obtenir une information en interrogeant des spécialistes du sujet.		X
3	France Inter est un média d'information.		X
4	La sécheresse qui touche le territoire est une information.		X
5	Le document sur les Hauts de France est une information.	X	
6	Enzomusik publie des informations sur son compte Instagram.	X	
7	La notification de TikTok est une information.		X

Guidage et relances

L'étape 4 consiste à compléter un vrai ou faux.
En scannant le stylo à l'étape précédente, les élèves ont découvert que la lettre A correspond à « faux » et la lettre B à « vrai ».

- Les élèves doivent utiliser la définition d'information pour justifier que plusieurs éléments du plateau sont une information ou non, ainsi que tous les éléments du plateau : l'audio que les élèves déclenchent en scannant les écouteurs avec **Nathan Live!** ; les journaux papier ; les deux téléphones ; l'affiche des Hauts-de-France ; l'infographie et/ou le texte manuscrit.
- En cas d'erreur, distribuer les jokers 3 et/ou 4.

ÉTAPE 5

2 min

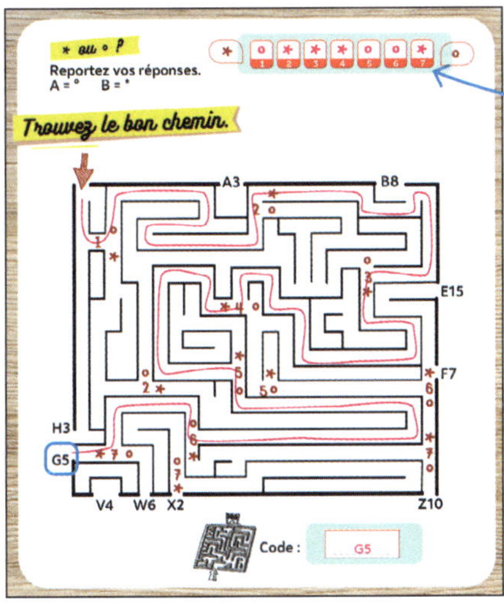

Guidage et relances

L'étape 5 consiste à trouver la bonne sortie dans le labyrinthe.

- Les réponses de l'étape précédente « A ou B ? » doivent être reportées en changeant « A » par « ° » et « B » par « * » afin de trouver la sortie dans le labyrinthe (G5).
- Si les élèves ne parviennent pas à trouver une sortie au labyrinthe ou qu'ils sortent à la mauvaise sortie, cela est sûrement dû à une erreur dans les réponses : il faut revenir en arrière, à l'étape 4, pour vérifier les réponses.

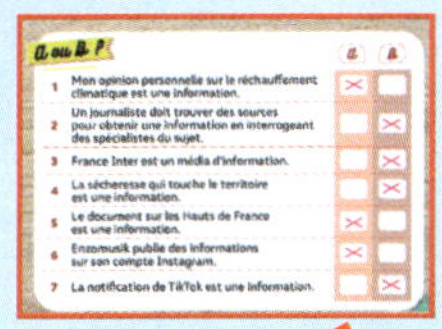

ÉTAPE 6

10 min 6e-5e — 6 min 4e-3e

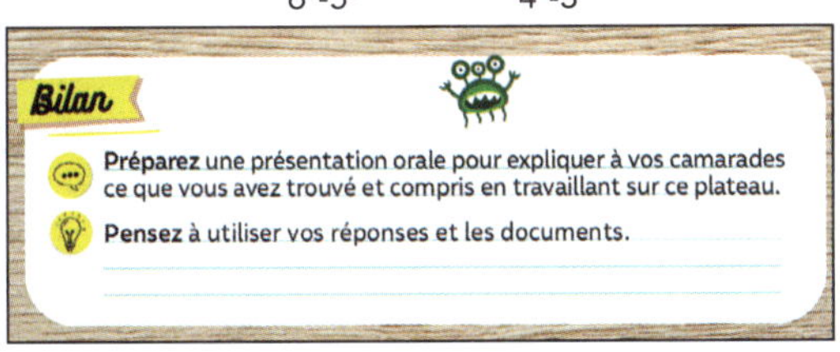

Bilan

Préparez une présentation orale pour expliquer à vos camarades ce que vous avez trouvé et compris en travaillant sur ce plateau.

Pensez à utiliser vos réponses et les documents.

Guidage et relances

L'étape 6 consiste à faire une synthèse à l'oral de ce qui a été découvert au long du jeu.

- Le but est de revenir sur le vocabulaire vu pour bien le comprendre afin de l'expliquer aux autres groupes.
- Inciter les joueurs qui ont fini tôt à préparer un brouillon pour leur présentation orale, en étant précis sur le vocabulaire et sur ce qu'est une information.
- Si les joueurs manquent de temps, cette étape peut être terminée à la maison ou reprise au cours suivant pour la séance de débriefing, en fonction de la rapidité de la classe.

Le plateau ② pas à pas

Deux durées indicatives sont proposées pour chaque étape, pour une phase en équipes en 35 min (4e-3e) ou 45 mn (6e-5e, ou 4e-3e d'un niveau un peu plus faible). Les enseignants ont toute latitude pour inclure l'étape 6 dans le temps imparti du jeu ou l'utiliser pour faire le débriefing lors de la séance suivante, selon la vitesse de travail des élèves et leur niveau.

ÉTAPE 1

6 min (6e-5e) — 5 min (4e-3e)

Guidage et relances

La première étape repose sur la « fouille » du plateau pour compléter une définition.

- Laisser découvrir les documents du plateau : décor, texte, téléphone, écouteurs… afin de trouver le papier déchiré avec le mot en morse.
- Attirer si besoin l'attention sur la loupe et la carte morse qui renvoient à la carte dont dispose chaque groupe pour décrypter le mot.
- Si les élèves ont du mal à trouver, distribuer le joker 1.

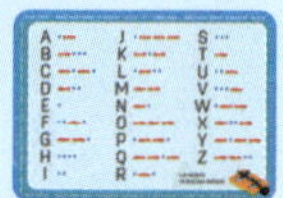

ÉTAPE 2

5 min (6e-5e) — 4 min (4e-3e)

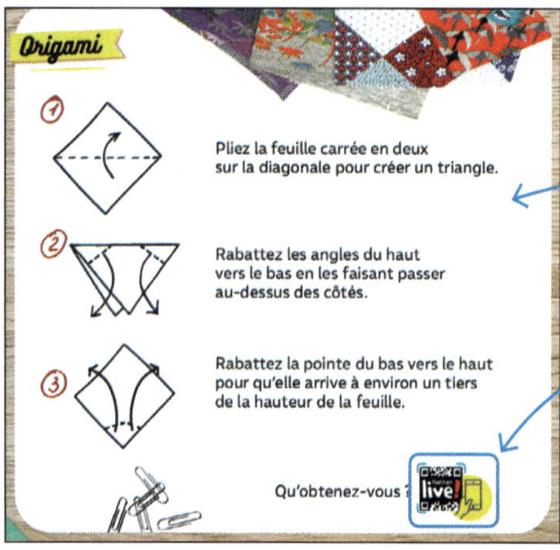

Guidage et relances

L'étape 2 consiste à réaliser un origami (pliage) pour trouver ce qu'il faut scanner pour entrer le code découvert à l'étape 1.

- Pour trouver la réponse, il faut suivre les étapes pour réaliser l'origami.
- Une tête d'animal apparaît : c'est celle qu'il faut scanner sur le plateau.
- Si besoin, attirer l'attention sur le logo **Nathan Live!** pour que les élèves comprennent qu'ils doivent scanner le plateau. En cas de difficulté ou d'erreur, distribuer le joker 2.
- Il faut bien scanner le plateau de jeu et non la feuille de route du groupe.
- Le code à entrer est le code trouvé dans la première étape. Il permet de débloquer une vidéo.

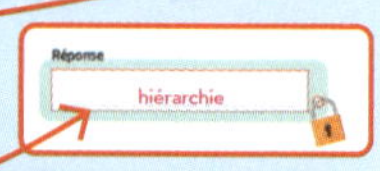

ÉTAPE 3

12 min (6e-5e) — 10 min (4e-3e)

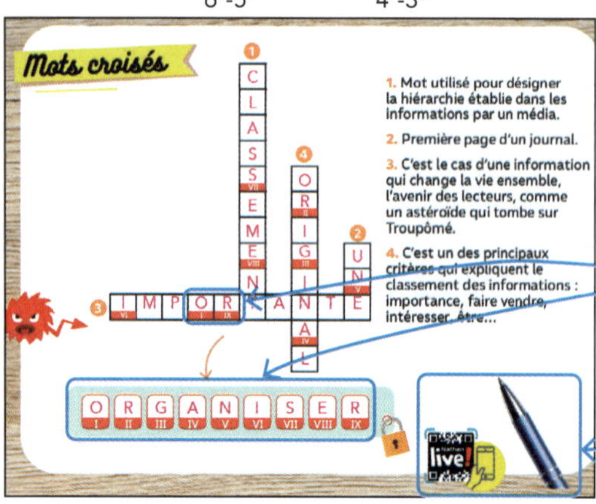

Guidage et relances

L'étape 3 consiste à compléter des mots croisés à l'aide d'une vidéo pour trouver un mot-code permettant de déchiffrer l'énigme suivante.

- Le code entré dans **Nathan Live!** précédemment déclenche une vidéo qui permet de compléter les mots croisés.
- Les élèves doivent repérer les chiffres romains pour trouver les lettres qui composent le mot-code.
- Si besoin, attirer l'attention sur le stylo à scanner avec **Nathan Live!** pour entrer le code trouvé.

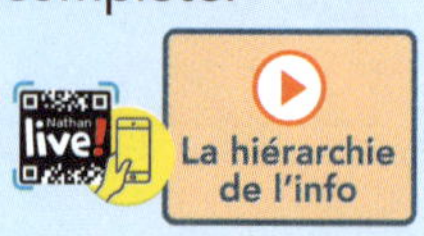

ÉTAPE 4 — 10 min (6e-5e) — 8 min (4e-3e)

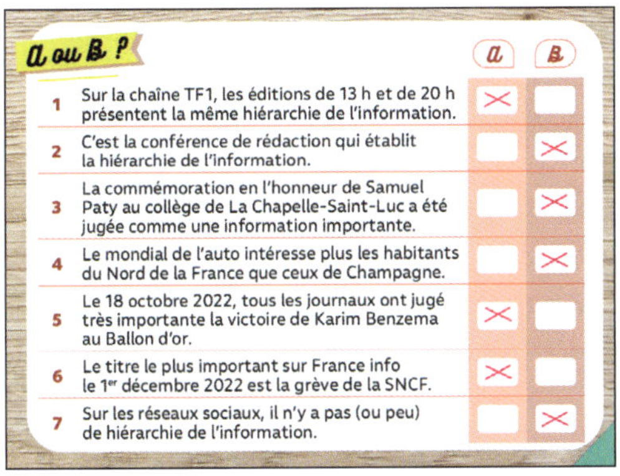

A ou B ?

		A	B
1	Sur la chaîne TF1, les éditions de 13 h et de 20 h présentent la même hiérarchie de l'information.	X	
2	C'est la conférence de rédaction qui établit la hiérarchie de l'information.		X
3	La commémoration en l'honneur de Samuel Paty au collège de La Chapelle-Saint-Luc a été jugée comme une information importante.		X
4	Le mondial de l'auto intéresse plus les habitants du Nord de la France que ceux de Champagne.		X
5	Le 18 octobre 2022, tous les journaux ont jugé très importante la victoire de Karim Benzema au Ballon d'or.	X	
6	Le titre le plus important sur France info le 1er décembre 2022 est la grève de la SNCF.	X	
7	Sur les réseaux sociaux, il n'y a pas (ou peu) de hiérarchie de l'information.		X

Guidage et relances

L'étape 4 consiste à compléter un vrai ou faux. En scannant le stylo à l'étape précédente, les élèves ont découvert que la lettre A correspond à « faux » et la lettre B à « vrai ».

- Les élèves doivent utiliser la notion de hiérarchie des médias pour répondre aux questions, en analysant les éléments du plateau : l'audio que les élèves déclenchent en scannant les écouteurs avec **Nathan Live!** ; la tablette ; le téléphone ; les journaux papier ; le texte collé.
- En cas d'erreur, distribuer les jokers 3 et/ou 4.

ÉTAPE 5 — 2 min

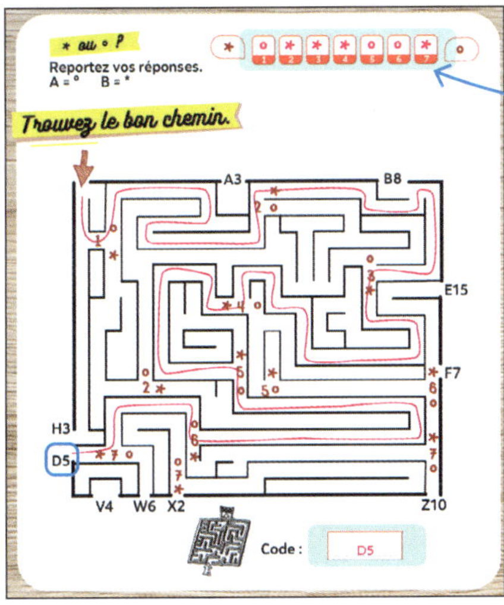

Guidage et relances

L'étape 5 consiste à trouver la bonne sortie dans le labyrinthe.

- Les réponses de l'étape précédente « A ou B ? » doivent être reportées en changeant « A » par « ° » et « B » par « * » afin de trouver la sortie dans le labyrinthe (D5).
- Si les élèves ne parviennent pas à trouver une sortie au labyrinthe ou qu'ils sortent à la mauvaise sortie, cela est sûrement dû à une erreur dans les réponses : il faut revenir en arrière, à l'étape 4, pour vérifier les réponses.

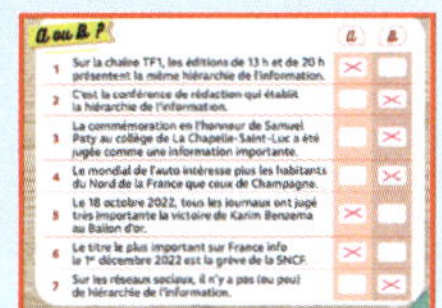

ÉTAPE 6 — 10 min (6e-5e) — 6 min (4e-3e)

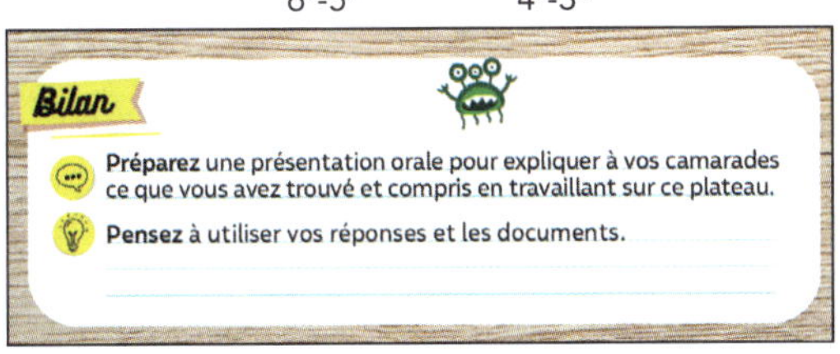

Bilan

Préparez une présentation orale pour expliquer à vos camarades ce que vous avez trouvé et compris en travaillant sur ce plateau.

Pensez à utiliser vos réponses et les documents.

Guidage et relances

L'étape 6 consiste à faire une synthèse à l'oral de ce qui a été découvert au long du jeu.

- Le but est de revenir sur le vocabulaire vu pour bien le comprendre afin de l'expliquer aux autres groupes.
- Inciter les joueurs qui ont fini tôt à préparer un brouillon pour leur présentation orale, en étant précis sur le vocabulaire et la notion de hiérarchie des médias.
- Si les joueurs manquent de temps, cette étape peut être terminée à la maison ou reprise au cours suivant pour la séance de débriefing, en fonction de la rapidité de la classe.

Le plateau 3 pas à pas

Deux durées indicatives sont proposées pour chaque étape, pour une phase en équipes en 35 min (4e-3e) ou 45 mn (6e-5e, ou 4e-3e d'un niveau un peu plus faible). Les enseignants ont toute latitude pour inclure l'étape 6 dans le temps imparti du jeu ou l'utiliser pour faire le débriefing lors de la séance suivante, selon la vitesse de travail des élèves et leur niveau.

ÉTAPE 1

6 min (6e-5e) — 5 min (4e-3e)

Guidage et relances

La première étape repose sur la « fouille » du plateau pour compléter une définition.

- Laisser découvrir les documents du plateau : décor, texte, téléphones, écouteurs… afin de trouver le papier déchiré avec le mot en morse.
- Attirer si besoin l'attention sur la loupe et la carte morse qui renvoient à la carte dont dispose chaque groupe pour décrypter le mot.
- Si les élèves ont du mal à trouver, distribuer le joker 1.

ÉTAPE 2

5 min (6e-5e) — 4 min (4e-3e)

Guidage et relances

L'étape 2 consiste à réaliser un origami (pliage) pour trouver ce qu'il faut scanner pour entrer le code découvert à l'étape 1.

- Pour trouver la réponse, il faut suivre les étapes pour réaliser l'origami.
- Une tête d'animal apparaît : c'est celle qu'il faut scanner sur le plateau.
- Si besoin, attirer l'attention sur le logo **Nathan Live!** pour que les élèves comprennent qu'ils doivent scanner le plateau. En cas de difficulté ou d'erreur, distribuer le joker 2.
- Il faut bien scanner le plateau de jeu et non la feuille de route du groupe.
- Le code à entrer est le code trouvé dans la première étape. Il permet de débloquer une vidéo.

ÉTAPE 3

12 min (6e-5e) — 10 min (4e-3e)

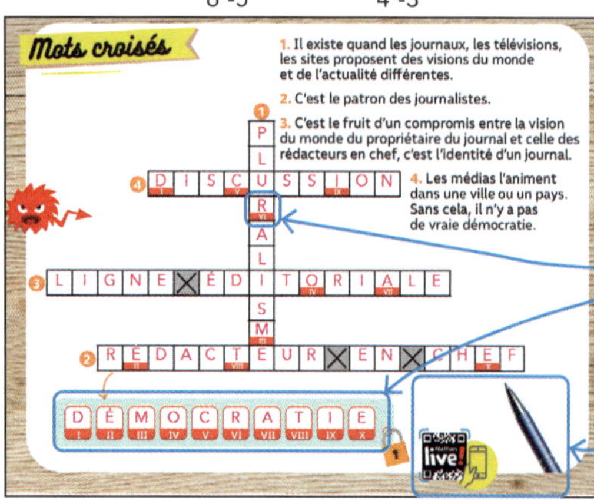

Guidage et relances

L'étape 3 consiste à compléter des mots croisés à l'aide d'une vidéo pour trouver un mot-code permettant de déchiffrer l'énigme suivante.

- Le code entré dans **Nathan Live!** précédemment déclenche une vidéo qui permet de compléter les mots croisés.
- Les élèves doivent repérer les chiffres romains pour trouver les lettres qui composent le mot-code.
- Si besoin, attirer l'attention sur le stylo à scanner avec **Nathan Live!** pour entrer le code trouvé.

Le pluralisme des médias

ÉTAPE 4 — 10 min (6e-5e) — 8 min (4e-3e)

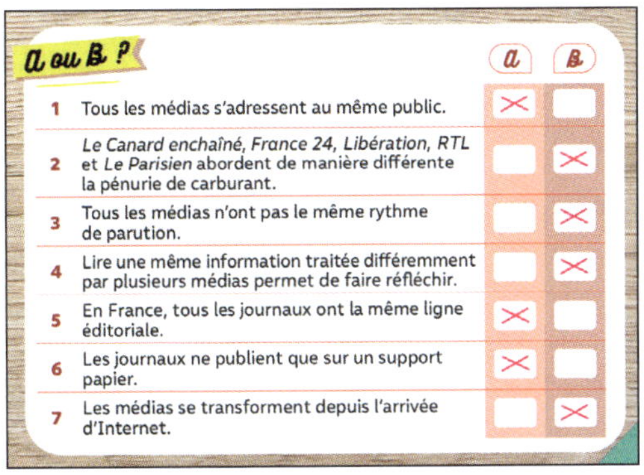

A ou B ?

		A	B
1	Tous les médias s'adressent au même public.	X	
2	*Le Canard enchaîné, France 24, Libération, RTL* et *Le Parisien* abordent de manière différente la pénurie de carburant.		X
3	Tous les médias n'ont pas le même rythme de parution.		X
4	Lire une même information traitée différemment par plusieurs médias permet de faire réfléchir.		X
5	En France, tous les journaux ont la même ligne éditoriale.	X	
6	Les journaux ne publient que sur un support papier.	X	
7	Les médias se transforment depuis l'arrivée d'Internet.		X

Guidage et relances

L'étape 4 consiste à compléter un vrai ou faux. En scannant le stylo à l'étape précédente, les élèves ont découvert que la lettre A correspond à « faux » et la lettre B à « vrai ».

- Les élèves doivent utiliser la définition de média pour identifier les bons documents, ainsi que tous les éléments du plateau : l'audio que les élèves déclenchent en scannant les écouteurs avec **Nathan Live!** ; la presse papier ; les deux téléphones ; la tablette ; le texte manuscrit.

- En cas d'erreur, distribuer les jokers 3 et/ou 4.

ÉTAPE 5 — 2 min

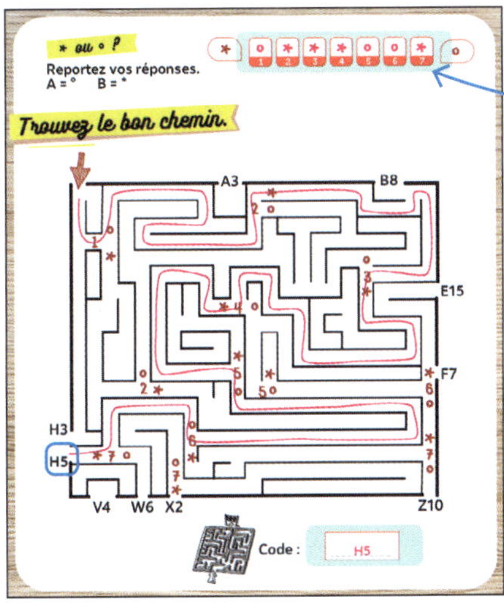

Guidage et relances

L'étape 5 consiste à trouver la bonne sortie dans le labyrinthe.

- Les réponses de l'étape précédente « A ou B ? » doivent être reportées en changeant « A » par « ° » et « B » par « * » afin de trouver la sortie dans le labyrinthe (H5).
- Si les élèves ne parviennent pas à trouver une sortie au labyrinthe ou qu'ils sortent à la mauvaise sortie, cela est sûrement dû à une erreur dans les réponses : il faut revenir en arrière, à l'étape 4, pour vérifier les réponses.

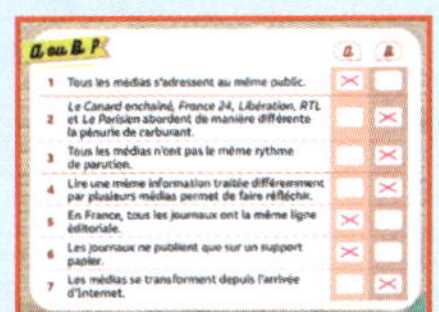

ÉTAPE 6 — 10 min (6e-5e) — 6 min (4e-3e)

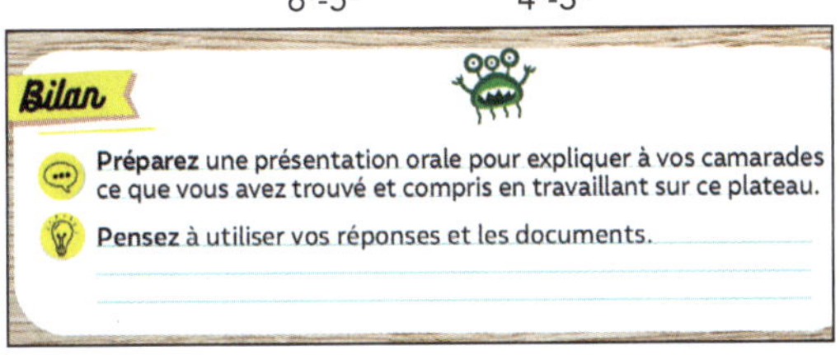

Guidage et relances

L'étape 6 consiste à faire une synthèse à l'oral de ce qui a été découvert au long du jeu.

- Le but est de revenir sur le vocabulaire vu pour bien le comprendre afin de l'expliquer aux autres groupes.
- Inciter les joueurs qui ont fini tôt à préparer un brouillon pour leur présentation orale, en étant précis sur le vocabulaire et la notion pluralisme des médias.
- Si les joueurs manquent de temps, cette étape peut être terminée à la maison ou reprise au cours suivant pour la séance de débriefing, en fonction de la rapidité de la classe.

Le plateau 4 pas à pas

Deux durées indicatives sont proposées pour chaque étape, pour une phase en équipes en 35 min (4e-3e) ou 45 mn (6e-5e, ou 4e-3e d'un niveau un peu plus faible). Les enseignants ont toute latitude pour inclure l'étape 6 dans le temps imparti du jeu ou l'utiliser pour faire le débriefing lors de la séance suivante, selon la vitesse de travail des élèves et leur niveau.

ÉTAPE 1

6 min (6e-5e) | 5 min (4e-3e)

Guidage et relances

La première étape repose sur la « fouille » du plateau pour compléter une définition.

- Laisser découvrir les documents du plateau : décor, texte, téléphones, écouteurs… afin de trouver les papiers déchirés avec les mots en morse.
- Attirer si besoin l'attention sur la loupe et la carte morse qui renvoient à la carte dont dispose chaque groupe pour décrypter les mots.
- Si les élèves ont du mal à trouver, distribuer le joker 1.

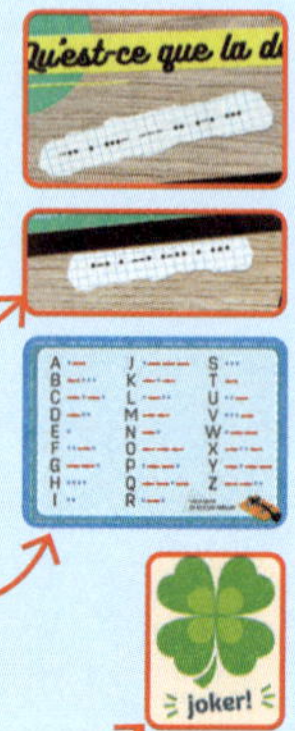

ÉTAPE 2

5 min (6e-5e) | 4 min (4e-3e)

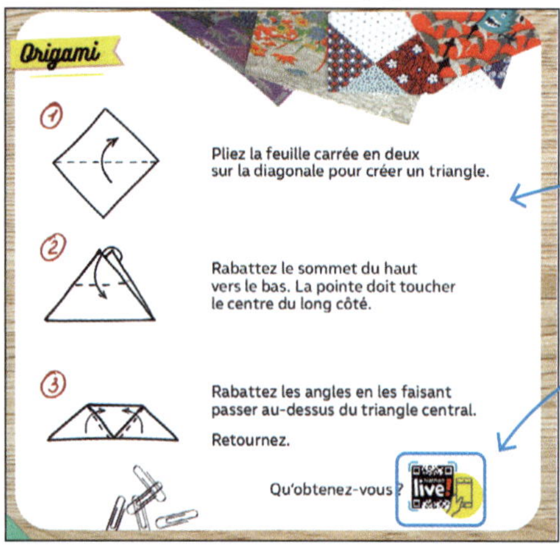

Guidage et relances

L'étape 2 consiste à réaliser un origami (pliage) pour trouver ce qu'il faut scanner pour entrer le code découvert à l'étape 1.

- Pour trouver la réponse, il faut suivre les étapes pour réaliser l'origami.
- Une tête d'animal apparaît : c'est celle qu'il faut scanner sur le plateau.
- Si besoin, attirer l'attention sur le logo **Nathan Live!** pour que les élèves comprennent qu'ils doivent scanner le plateau. En cas de difficulté ou d'erreur, distribuer le joker 2.
- Il faut bien scanner le plateau de jeu et non la feuille de route du groupe.
- Le code à entrer est le code trouvé dans la première étape. Il permet de débloquer une vidéo.

ÉTAPE 3

12 min (6e-5e) | 10 min (4e-3e)

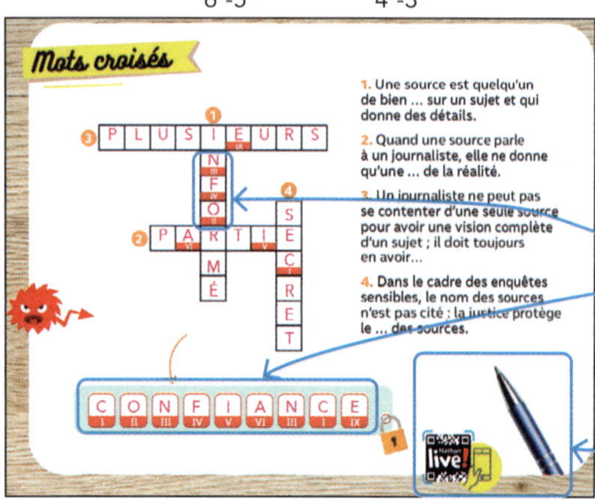

Guidage et relances

L'étape 3 consiste à compléter des mots croisés à l'aide d'une vidéo pour trouver un mot-code permettant de déchiffrer l'énigme suivante.

- Le code entré dans **Nathan Live!** précédemment déclenche une vidéo qui permet de compléter les mots croisés.
- Les élèves doivent repérer les chiffres romains pour trouver les lettres qui composent le mot-code.
- Si besoin, attirer l'attention sur le stylo à scanner avec **Nathan Live!** pour entrer le code trouvé.

ÉTAPE 4

10 min 6e-5e | 8 min 4e-3e

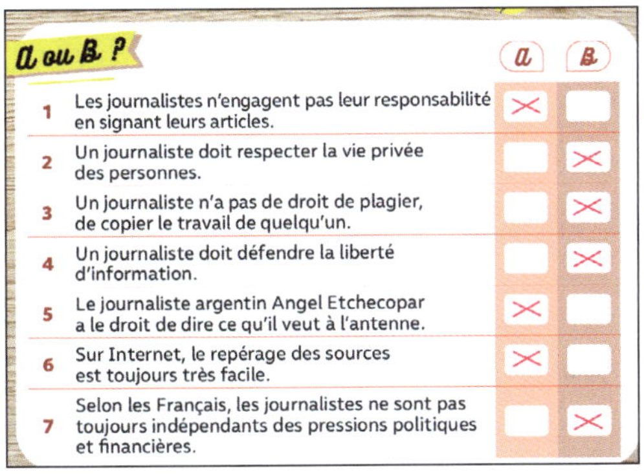

A ou B ?

		A	B
1	Les journalistes n'engagent pas leur responsabilité en signant leurs articles.	X	
2	Un journaliste doit respecter la vie privée des personnes.		X
3	Un journaliste n'a pas de droit de plagier, de copier le travail de quelqu'un.		X
4	Un journaliste doit défendre la liberté d'information.		X
5	Le journaliste argentin Angel Etchecopar a le droit de dire ce qu'il veut à l'antenne.	X	
6	Sur Internet, le repérage des sources est toujours très facile.	X	
7	Selon les Français, les journalistes ne sont pas toujours indépendants des pressions politiques et financières.		X

Guidage et relances

L'étape 4 consiste à compléter un vrai ou faux. En scannant le stylo à l'étape précédente, les élèves ont découvert que la lettre A correspond à « faux » et la lettre B à « vrai ».

- Les élèves doivent utiliser la définition de déontologie pour justifier ce que les journalistes doivent ou ne doivent pas faire, ainsi que tous les éléments du plateau : l'audio que les élèves déclenchent en scannant les écouteurs avec **Nathan Live!** ; la bande dessinée ; l'extrait de journal papier ; le schéma ; l'infographie ; le texte manuscrit.

- En cas d'erreur, distribuer les jokers 3 et/ou 4.

ÉTAPE 5

2 min

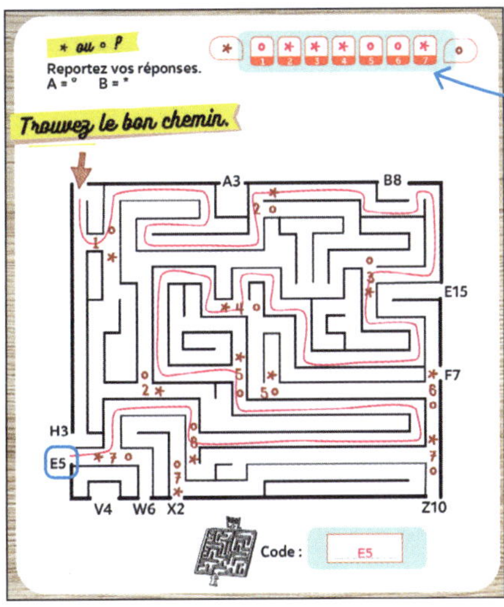

Guidage et relances

L'étape 5 consiste à trouver la bonne sortie dans le labyrinthe.

- Les réponses de l'étape précédente « A ou B ? » doivent être reportées en changeant « A » par « ° » et « B » par « * » afin de trouver la sortie dans le labyrinthe (E5).
- Si les élèves ne parviennent pas à trouver une sortie au labyrinthe ou qu'ils sortent à la mauvaise sortie, cela est sûrement dû à une erreur dans les réponses : il faut revenir en arrière, à l'étape 4, pour vérifier les réponses.

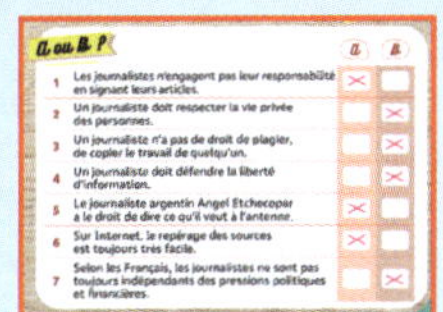

ÉTAPE 6

10 min 6e-5e | 6 min 4e-3e

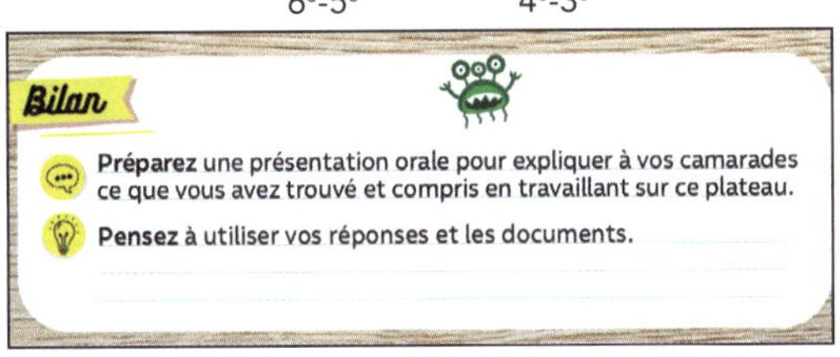

Guidage et relances

L'étape 6 consiste à faire une synthèse à l'oral de ce qui a été découvert au long du jeu.

- Le but est de revenir sur le vocabulaire vu pour bien le comprendre afin de l'expliquer aux autres groupes.
- Inciter les joueurs qui ont fini tôt à préparer un brouillon pour leur présentation orale, en étant précis sur le vocabulaire et sur la notion de déontologie des médias.
- Si les joueurs manquent de temps, cette étape peut être terminée à la maison ou reprise au cours suivant pour la séance de débriefing, en fonction de la rapidité de la classe.

Le plateau 5 pas à pas

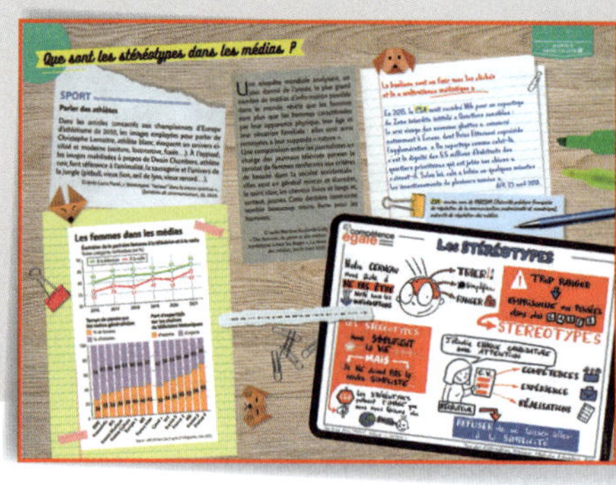

Deux durées indicatives sont proposées pour chaque étape, pour une phase en équipes en 35 min (4e-3e) ou 45 mn (6e-5e, ou 4e-3e d'un niveau un peu plus faible). Les enseignants ont toute latitude pour inclure l'étape 6 dans le temps imparti du jeu ou l'utiliser pour faire le débriefing lors de la séance suivante, selon la vitesse de travail des élèves et leur niveau.

ÉTAPE 1

6 min (6e-5e) — 5 min (4e-3e)

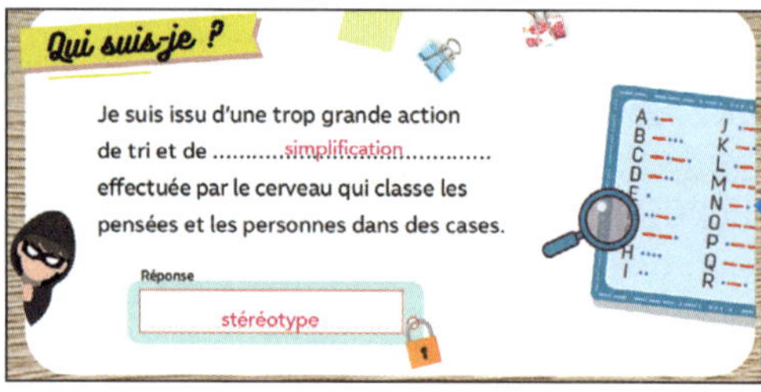

Guidage et relances

La première étape repose sur la « fouille » du plateau pour compléter une définition.

- Laisser découvrir les documents du plateau : décor, texte, schémas… afin de trouver le papier déchiré avec le mot en morse.
- Attirer si besoin l'attention sur la loupe et la carte morse qui renvoient à la carte dont dispose chaque groupe pour décrypter le mot.
- Si les élèves ont du mal à trouver, distribuer le joker 1.

ÉTAPE 2

5 min (6e-5e) — 4 min (4e-3e)

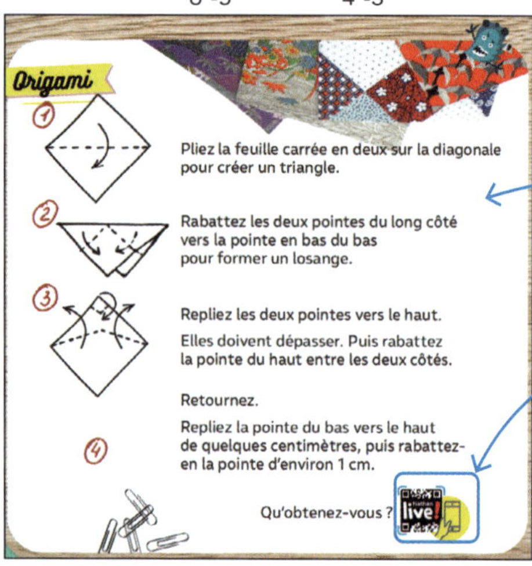

Guidage et relances

L'étape 2 consiste à réaliser un origami (pliage) pour trouver ce qu'il faut scanner pour entrer le code découvert à l'étape 1.

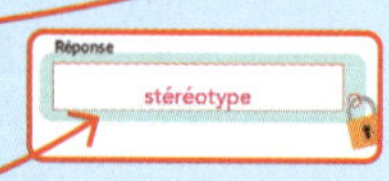

- Pour trouver la réponse, il faut suivre les étapes pour réaliser l'origami.
- Une tête d'animal apparaît : c'est celle qu'il faut scanner sur le plateau.
- Si besoin, attirer l'attention sur le logo **Nathan Live!** pour que les élèves comprennent qu'ils doivent scanner le plateau. En cas de difficulté ou d'erreur, distribuer le joker 2.
- Il faut bien scanner le plateau de jeu et non la feuille de route du groupe.
- Le code à entrer est le code trouvé dans la première étape. Il permet de débloquer une vidéo.

ÉTAPE 3

12 min (6e-5e) — 10 min (4e-3e)

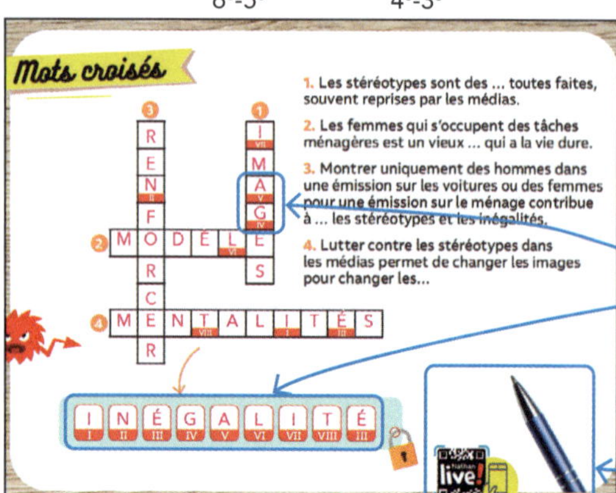

Guidage et relances

L'étape 3 consiste à compléter des mots croisés à l'aide d'une vidéo pour trouver un mot-code permettant de déchiffrer l'énigme suivante.

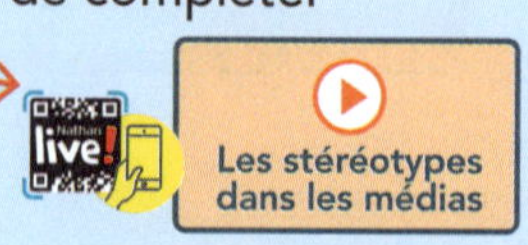

- Le code entré dans **Nathan Live!** précédemment déclenche une vidéo qui permet de compléter les mots croisés.
- Les élèves doivent repérer les chiffres romains pour trouver les lettres qui composent le mot-code.
- Si besoin, attirer l'attention sur le stylo à scanner avec **Nathan Live!** pour entrer le code trouvé.

ÉTAPE 4

10 min 6e-5e — 8 min 4e-3e

A ou B ?

		A	B
1	La présentation de la victoire de Christophe Lemaitre ne montre pas de stéréotypes.	X	
2	Les femmes ont moins de temps de parole que les hommes à la radio.		X
3	Les présentatrices de journaux télévisés sont le plus souvent conformes aux critères de beauté de la société occidentale.		X
4	Les médias diffusent parfois des stéréotypes sur les banlieues.		X
5	Les femmes ont autant de temps de parole que les hommes à la radio et à la télévision.	X	
6	Le CSA (aujourd'hui ARCOM) est l'autorité qui permet la diffusion de stéréotypes dans les médias.	X	
7	Les femmes sont moins invitées comme expertes que les hommes sur TF1 et Canal +.		X

Guidage et relances

L'étape 4 consiste à compléter un vrai ou faux. En scannant le stylo à l'étape précédente, les élèves ont découvert que la lettre A correspond à « faux » et la lettre B à « vrai ».

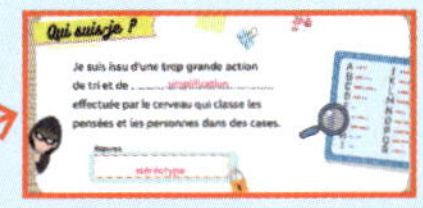

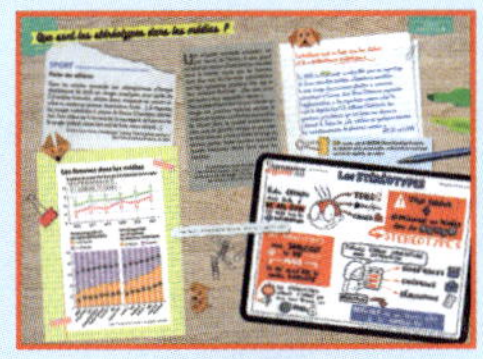

- Les élèves doivent utiliser la définition de stéréotype pour comprendre certaines questions, ainsi que les documents du plateau : l'extrait de journal papier ; l'extrait de revue ; le graphique ; le texte manuscrit.
- En cas d'erreur, distribuer les jokers 3 et/ou 4.

ÉTAPE 5

2 min

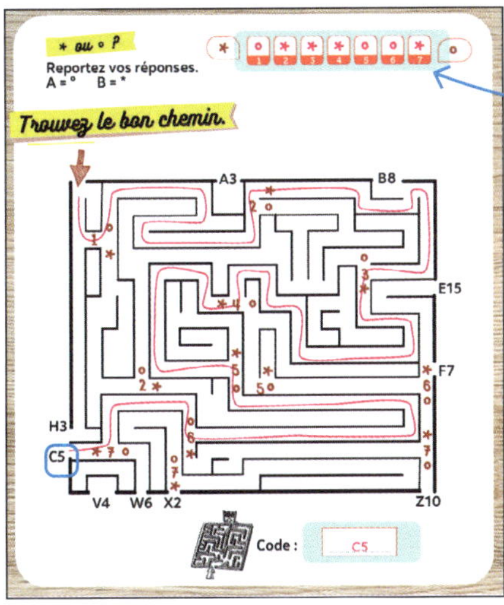

Guidage et relances

L'étape 5 consiste à trouver la bonne sortie dans le labyrinthe.

- Les réponses de l'étape précédente « A ou B ? » doivent être reportées en changeant « A » par « ° » et « B » par « * » afin de trouver la sortie dans le labyrinthe (C5).
- Si les élèves ne parviennent pas à trouver une sortie au labyrinthe ou qu'ils sortent à la mauvaise sortie, cela est sûrement dû à une erreur dans les réponses : il faut revenir en arrière, à l'étape 4, pour vérifier les réponses.

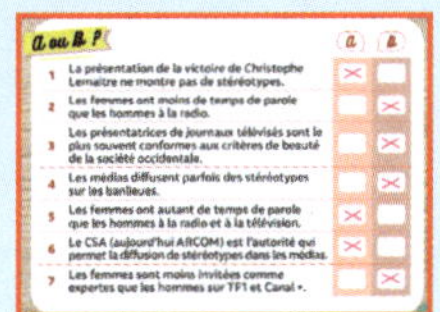

ÉTAPE 6

10 min 6e-5e — 6 min 4e-3e

Bilan

Préparez une présentation orale pour montrer à vos camarades ce que vous avez trouvé et compris en travaillant sur ce plateau.

Pensez à utiliser vos réponses et les documents.

Guidage et relances

L'étape 6 consiste à faire une synthèse à l'oral de ce qui a été découvert au long du jeu.

- Le but est de revenir sur le vocabulaire vu pour bien le comprendre afin de l'expliquer aux autres groupes.
- Inciter les joueurs qui ont fini tôt à préparer un brouillon pour leur présentation orale, en étant précis sur le vocabulaire et la notion de stéréotype.
- Si les joueurs manquent de temps, cette étape peut être terminée à la maison ou reprise au cours suivant pour la séance de débriefing, en fonction de la rapidité de la classe.

Le plateau 6 pas à pas

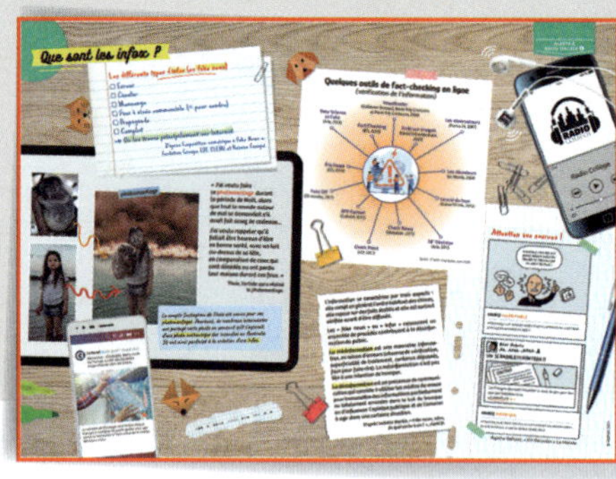

Deux durées indicatives sont proposées pour chaque étape, pour une phase en équipes en 35 min (4ᵉ-3ᵉ) ou 45 mn (6ᵉ-5ᵉ, ou 4ᵉ-3ᵉ d'un niveau un peu plus faible). Les enseignants ont toute latitude pour inclure l'étape 6 dans le temps imparti du jeu ou l'utiliser pour faire le débriefing lors de la séance suivante, selon la vitesse de travail des élèves et leur niveau.

ÉTAPE 1

6 min (6ᵉ-5ᵉ) – 5 min (4ᵉ-3ᵉ)

Guidage et relances

La première étape repose sur la « fouille » du plateau pour compléter une définition.

- Laisser découvrir les documents du plateau : décor, texte, téléphone, écouteurs… afin de trouver le papier déchiré avec le mot en morse.
- Attirer si besoin l'attention sur la loupe et la carte morse qui renvoient à la carte dont dispose chaque groupe pour décrypter le mot.

- Si les élèves ont du mal à trouver, distribuer le joker 1.

ÉTAPE 2

5 min (6ᵉ 5ᵉ) – 4 min (4ᵉ-3ᵉ)

Guidage et relances

L'étape 2 consiste à réaliser un origami (pliage) pour trouver ce qu'il faut scanner pour entrer le code découvert à l'étape 1.

- Pour trouver la réponse, il faut suivre les étapes pour réaliser l'origami.
- Une tête d'animal apparaît : c'est celle qu'il faut scanner sur le plateau.
- Si besoin, attirer l'attention sur le logo **Nathan Live!** pour que les élèves comprennent qu'ils doivent scanner le plateau. En cas de difficulté ou d'erreur, distribuer le joker 2.

- Il faut bien scanner le plateau de jeu et non la feuille de route du groupe.

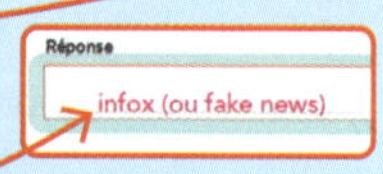

- Le code à entrer est le code trouvé dans la première étape. Il permet de débloquer une vidéo.

ÉTAPE 3

12 min (6ᵉ-5ᵉ) – 10 min (4ᵉ-3ᵉ)

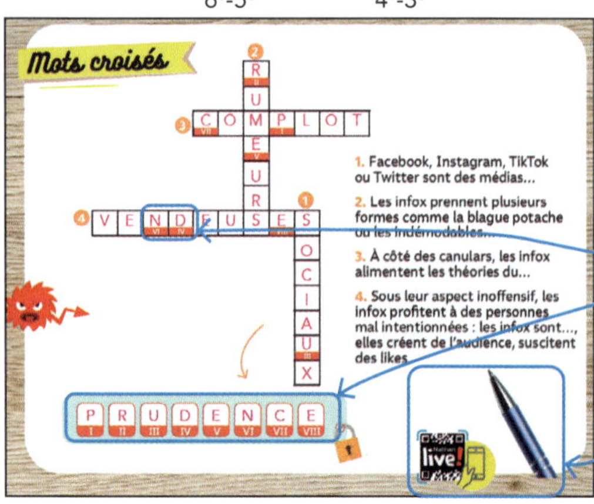

Guidage et relances

L'étape 3 consiste à compléter des mots croisés à l'aide d'une vidéo pour trouver un mot-code permettant de déchiffrer l'énigme suivante.

- Le code entré dans **Nathan Live!** précédemment déclenche une vidéo qui permet de compléter les mots croisés.

- Les élèves doivent repérer les chiffres romains pour trouver les lettres qui composent le mot-code.
- Si besoin, attirer l'attention sur le stylo à scanner avec **Nathan Live!** pour entrer le code trouvé.

ÉTAPE 4

10 min 6e-5e — 8 min 4e-3e

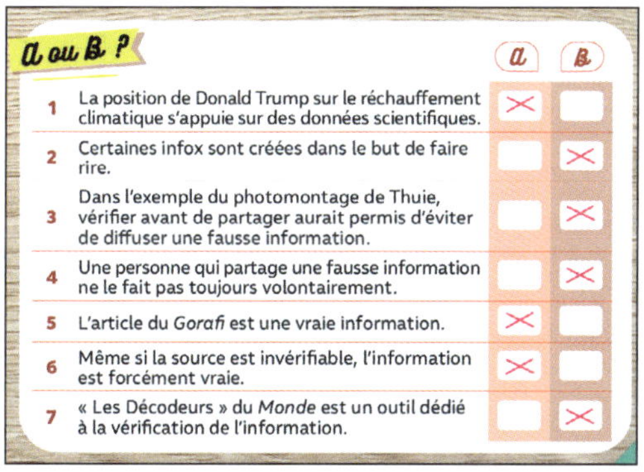

A ou B ?

		A	B
1	La position de Donald Trump sur le réchauffement climatique s'appuie sur des données scientifiques.	X	
2	Certaines infox sont créées dans le but de faire rire.		X
3	Dans l'exemple du photomontage de Thuie, vérifier avant de partager aurait permis d'éviter de diffuser une fausse information.		X
4	Une personne qui partage une fausse information ne le fait pas toujours volontairement.		X
5	L'article du *Gorafi* est une vraie information.	X	
6	Même si la source est invérifiable, l'information est forcément vraie.	X	
7	« Les Décodeurs » du *Monde* est un outil dédié à la vérification de l'information.		X

Guidage et relances

L'étape 4 consiste à compléter un vrai ou faux. En scannant le stylo à l'étape précédente, les élèves ont découvert que la lettre A correspond à « faux » et la lettre B à « vrai ».

- Les élèves doivent utiliser la définition d'infox pour justifier que plusieurs éléments du plateau sont une infox ou non, ainsi que les éléments du plateau : l'audio que les élèves déclenchent en scannant les écouteurs avec **Nathan Live!** ; le texte imprimé ; la tablette avec le photomontage ; le téléphone avec l'extrait du *Gorafi* ; les vignettes du *Monde* ; le schéma.
- En cas d'erreur, distribuer les jokers 3 et/ou 4.

ÉTAPE 5

2 min

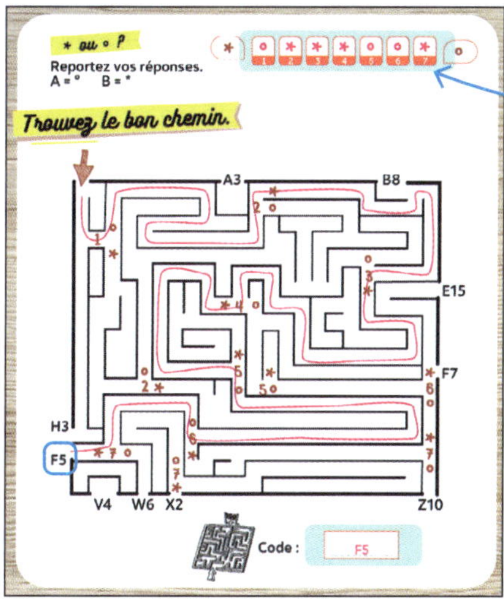

Guidage et relances

L'étape 5 consiste à trouver la bonne sortie dans le labyrinthe.

- Les réponses de l'étape précédente « A ou B ? » doivent être reportées en changeant « A » par « ° » et « B » par « * » afin de trouver la sortie dans le labyrinthe (F5).
- Si les élèves ne parviennent pas à trouver une sortie au labyrinthe ou qu'ils sortent à la mauvaise sortie, cela est sûrement dû à une erreur dans les réponses : il faut revenir en arrière, à l'étape 4, pour vérifier les réponses.

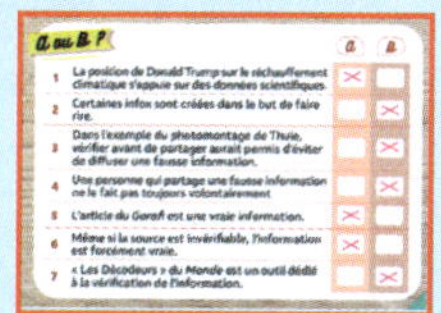

ÉTAPE 6

10 min 6e-5e — 6 min 4e-3e

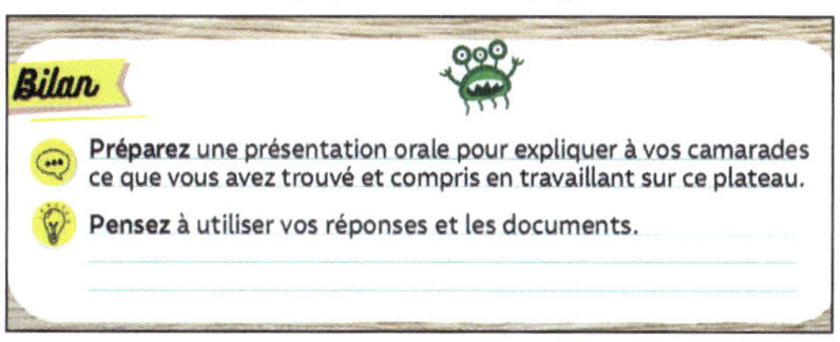

Guidage et relances

L'étape 6 consiste à faire une synthèse à l'oral de ce qui a été découvert au long du jeu.

- Le but est de revenir sur le vocabulaire vu pour bien le comprendre afin de l'expliquer aux autres groupes.
- Inciter les joueurs qui ont fini tôt à préparer un brouillon pour leur présentation orale, en étant précis sur le vocabulaire pour faire comprendre ce que sont les infox (ou fake news).
- Si les joueurs manquent de temps, cette étape peut être terminée à la maison ou reprise au cours suivant pour la séance de débriefing, en fonction de la rapidité de la classe.

Mise en commun et résolution finale

10 min

MISE EN COMMUN

Une fois toutes les étapes réalisées, les élèves ont trouvé un code composé d'une lettre et d'un chiffre pour localiser le dossier dans lequel se trouve le fichier « deepfake_eleves-asso-sportive_rumeur.mp3 ». Il faut ensuite trouver le mot de passe pour arrêter le téléchargement, en mettant les notions clés liées à chaque plateau.

	Code
Plateau 1 →	G5
Plateau 2 →	D5
Plateau 3 →	H5
Plateau 4 →	E5
Plateau 5 →	C5
Plateau 6 →	F5

Guidage et relances

- La mise en commun peut être animée par l'enseignant(e), qui interroge chaque groupe. Le porte-parole donne le code de sortie du labyrinthe. Les groupes trouvent ensemble le dossier contenant le fichier (anecdotes). En cas de difficulté, distribuer le joker 5. Chaque groupe indique la notion à compléter selon son plateau. La fiche de mise en commun est projetée au tableau et complétée au fur et à mesure.
- Autre possibilité : lorsque le temps est écoulé – ou avant, si des groupes sont en avance –, un ambassadeur de chaque groupe peut aller voir les autres groupes pour demander un résumé de ce qui a été trouvé afin de compléter la mise en commun. Une correction collective a lieu ensuite.

joker!

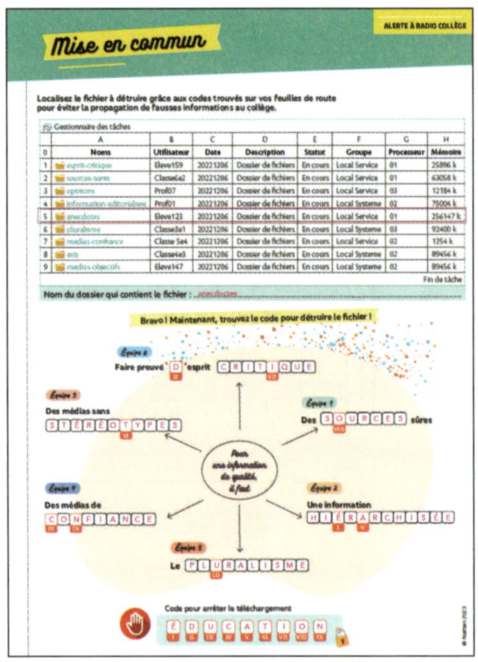

ALERTE À RADIO COLLÈGE

Mise en commun

Localisez le fichier à détruire grâce aux codes trouvés sur vos feuilles de route pour éviter la propagation de fausses informations au collège.

Gestionnaire des tâches

	A	B	C	D	E	F	G	H
0	Noms	Utilisateur	Date	Description	Statut	Groupe	Processeur	Mémoire
1	esprit-critique	Eleve159	20221206	Dossier de fichiers	En cours	Local Service	01	25896 k
2	sources-sures	Classe6e2	20221206	Dossier de fichiers	En cours	Local Service	01	63058 k
3	opinions	Prof07	20221206	Dossier de fichiers	En cours	Local Service	03	12184 k
4	information-editorialisee	Prof01	20221206	Dossier de fichiers	En cours	Local Systeme	02	75004 k
5	anecdotes	Eleve123	20221206	Dossier de fichiers	En cours	Local Service	01	256147 k
6	pluralisme	Classe3e1	20221206	Dossier de fichiers	En cours	Local Systeme	03	92400 k
7	medias-confiance	Classe 5e4	20221206	Dossier de fichiers	En cours	Local Service	02	1254 k
8	avis	Classe4e3	20221206	Dossier de fichiers	En cours	Local Systeme	02	89456 k
9	medias-objectifs	Eleve147	20221206	Dossier de fichiers	En cours	Local Systeme	02	89456 k

Fin de tâche

Nom du dossier qui contient le fichier : anecdotes

Bravo ! Maintenant, trouvez le code pour détruire le fichier !

Pour une information de qualité, il faut

Équipe 6 — Faire preuve D'esprit CRITIQUE

Équipe 1 — Des SOURCES sûres

Équipe 2 — Une information HIÉRARCHISÉE

Équipe 3 — Le PLURALISME

Équipe 4 — Des médias de CONFIANCE

Équipe 5 — Des médias sans STÉRÉOTYPES

Code pour arrêter le téléchargement

É D U C A T I O N

I II III IV V VI VII VIII IX

© Nathan 2023

RÉSOLUTION FINALE

Une fois les notions complétées, les élèves reportent les lettres des cases portant un chiffre romain dans les cases du bas. Ils découvrent alors le mot de passe pour détruire le fichier : éducation.

Guidage et relances

Cette dernière phase du jeu pourra se dérouler :

- **sur un mode collaboratif :** chaque équipe donne son indice, qui est inscrit au tableau, par exemple. Le but est de trouver tous ensemble le mot de passe à partir des éléments clés pour avoir une information de qualité.

On peut procéder par essai-erreur : une proposition est faite, l'enseignant(e) vérifie.

- **sur un mode compétitif :** une fois les indices dévoilés, la première équipe qui trouve le mot « éducation » gagne le jeu !

TOUTES LES RÉPONSES en un coup d'œil !

	Plateau 1 Qu'est-ce qu'une information ?	Plateau 2 Qu'est-ce que la hiérarchie de l'information ?	Plateau 3 Qu'est-ce que la pluralité des médias ?	Plateau 4 Qu'est-ce que la déontologie des médias ?	Plateau 5 Que sont les stéréotypes dans les médias ?	Plateau 6 Que sont les infox ?
ÉTAPE 1 6 ou 5 min						
Mot(s) en morse du plateau à traduire	vérifié	importance	audiovisuels	• devoirs • règles	simplification	déformée
Réponse à trouver	information	hiérarchie	média	Déontologie ou Charte de déontologie ou charte de déontologie de Munich	stéréotype	infox ou fake news
ÉTAPE 2 5 ou 4 min						
Origami à réaliser puis à retrouver sur le plateau et à scanner avec Nathan Live!	tête de renard	tête de chien	tête de chat	tête de renard	tête de chat	tête de chien
ÉTAPE 3 12 ou 10 min						
Mots croisés	1. anecdote ; 2. sûr ; 3. scoop ; 4. vérifier	1. classement ; 2. une ; 3. importante ; 4. original	1. pluralisme ; 2. rédacteur en chef ; 3. ligne éditoriale ; 4. discussion	1. informé ; 2. partie ; 3. plusieurs ; 4. secret	1. images ; 2. modèle ; 3. renforcer ; 4. mentalités	1. sociaux ; 2. rumeurs ; 3. complot ; 4. vendeuses
Mot à trouver en reportant les lettres	source	organiser	démocratie	confiance	inégalité	prudence
Image à scanner sur Nathan Live!	Le stylo					
ÉTAPE 4 10 ou 8 min						
Comprendre la signification A et B	A = faux ; B = vrai					
° ou * ?	1. A (faux) ; 2. B (vrai) ; 3. B (vrai) ; 4. B (vrai) ; 5. A (faux) ; 6. A (faux) ; 7. B (vrai)					
ÉTAPE 5 2 min						
Réponses de l'étape précédente à reporter et à suivre dans le labyrinthe	A = ° ; B = * 1. ° ; 2. * ; 3. * ; 4. * ; 5. ° ; 6. ° ; 7. *					
Code à trouver	G5	D5	H5	E5	C5	F5
ÉTAPE 6 10 ou 6 min	**Présentation orale, à réaliser avant ou après la mise en commun en fonction de l'avancement des groupes**					

MISE EN COMMUN ET RÉSOLUTION FINALE 10 min

Dossier à trouver : celui de la ligne 5 (« anecdotes »)
Mots à remplir : sources (groupe 1) ; hiérarchisée (groupe 2) ; pluralisme (groupe 3) ; confiance (groupe 4) ; stéréotype (groupe 5) ; d'esprit critique (groupe 6)
Code pour arrêter le téléchargement : éducation (lettres des cases rouges à mettre dans l'ordre)

Le réseau Libertés

Introduction

▶ Le jeu **Le réseau Libertés** permet d'aborder la thématique des principales libertés. Il place les élèves dans un monde futuriste dans lequel les habitants ont renoncé à leurs libertés au profit de leur sécurité. Les élèves incarnent un groupe de résistants qui essaient de convaincre de la nécessité de rétablir ces libertés. Ils doivent retrouver les archives de grands textes garantissant leurs libertés.

▶ Le jeu permet ainsi d'aborder les grandes libertés, de comprendre leur utilité mais aussi leurs limites, et la nécessité de celles-ci. Il permet également de découvrir les grandes déclarations des droits et les grandes lois ayant garanti ces libertés en France. Les élèves peuvent ainsi percevoir leur conquête progressive.

▶ Le jeu a plutôt été envisagé pour être réalisé avec des élèves de 4e, mais aucun prérequis n'est nécessaire. L'activité peut donc être menée dès la classe de 5e. Elle peut aussi être envisagée comme une activité de révision pour des élèves de 3e en vue du Brevet.

Durée

- **Mise en place :** 5 min environ
- **Jeu par équipes** (étapes 1 à 6) : 35 min environ ; 45 min pour des classes de niveau un peu plus fragile
- **Mise en commun collective et résolution finale :** 10 min environ

Repères

▶ **Grandes déclarations de droits :**
- 1789 : Déclaration des droits de l'homme et du citoyen
- 1948 : Déclaration universelle des droits de l'homme
- 1950 : Convention européenne des droits de l'homme
- 1989 : Convention internationale des droits de l'enfant

▶ **Grandes lois :**
- 1881 : Loi garantissant la liberté de la presse
- 1901 : Loi sur les associations

Notions

- La liberté et le rôle de protection de la loi
- Le principe de laïcité
- Les principes de la laïcité : liberté de conscience et égalité
- Les libertés de conscience, d'expression, d'association, de presse
- Les différentes déclarations des droits de l'homme

Compétences EMC

- Définir et comprendre le rôle d'une loi et d'un règlement
- Identifier et reconnaître les libertés fondamentales et les droits fondamentaux de la personne
- Comprendre les enjeux de la laïcité
- Définir les principaux éléments des grandes déclarations des droits de l'homme
- Comprendre que la reconnaissance des libertés est le fondement de la démocratie

Compétences générales

▶ **Se repérer dans le temps**
▶ **Raisonner, justifier une démarche et les choix effectués**
▶ **Analyser et comprendre un document**
▶ **Coopérer et mutualiser**

Matériel

Pour chacune des 6 équipes	Pour la classe
• 1 plateau • 1 feuille de route par membre de l'équipe (si ce n'est pas possible, 1 feuille de route à remplir collectivement) • 1 smartphone (ou 1 tablette) avec l'application **Nathan Live!**, connecté(e) au wifi ou avec des données mobiles • 1 feuille de mise en commun par équipe (ou 1 par élève) • 1 fiche récap par élève • 1 feuille ou cahier de brouillon par équipe • 1 crayon à papier et 1 surligneur par élève	• 1 vidéoprojecteur connecté à un ordinateur pour le teaser • 1 minuteur à projeter au tableau (ou 1 minuteur par équipe)

Scénario du jeu

Il est possible de présenter le scénario grâce au visionnage du teaser à la séance précédant le jeu afin de ne pas perdre de temps le jour J, ou de le jouer en début de séance pour préserver le suspense.

Script du teaser

Nous sommes en 2 146.

Il y a cinquante ans, en 2096, les autorités mondiales ont convaincu la population que l'exercice des libertés occasionnait trop de danger et qu'il était dans l'intérêt de tous d'y renoncer.

Dirigeant : « La conquête des libertés a été une lutte longue et difficile, et tout ça pour quoi ? Au nom de la liberté, nos ancêtres ont commis de nombreux abus.

Mes amis, faisons le seul choix possible : laissons derrière nous ce concept dépassé de "liberté" ! »

Tous les actes de la vie quotidienne sont désormais contrôlés.

Mais, convaincu que l'abandon des libertés n'est pas la solution, un groupe de résistants, le réseau Libertés, dont vous faites partie, se bat pour les restaurer.

Au péril de leur vie, certains de ses membres ont recueilli les traces des libertés passées afin de convaincre la population de l'intérêt de vivre libres.

Vous avez aujourd'hui en votre possession des archives, arrachées au main des autorités, que vous affichez partout dans la ville pour éveiller les consciences.

Récemment, le réseau a découvert un coffre-fort dans lequel les premiers membres ont sauvegardé les grands textes des siècles passés qui garantissaient les libertés.

Vous devez maintenant trouver la combinaison qui ouvre le coffre. Mais méfiez-vous : les agents de la Sûreté vous surveillent ; ils ont localisé l'emplacement du coffre.

Ils seront sur place dans 45 minutes.

Dépêchez-vous !

Teaser vidéo

Exploitation possible

→ fiche photocopiable

Fiche récap à compléter par les élèves lors de la séance suivant le jeu pour récapituler les acquis.

Chaque groupe ne travaille que sur une liberté. Il est donc indispensable de reprendre l'activité lors d'une séance suivante. Pour cela, chaque équipe doit, en fin d'activité, réaliser un nuage de mots qui doit ensuite permettre aux élèves de réaliser un plaidoyer dans lequel ils expliquent la liberté sur laquelle ils ont travaillé.

- Ce plaidoyer peut être individuel ou collectif, écrit ou oral, au choix de l'enseignant(e).
- Le plaidoyer peut être réalisé soit en préparation, soit au début de la séance suivante.
- Cette deuxième séance est l'occasion pour les élèves de compléter la fiche récap. Ils (re)découvrent les grands textes pour retrouver les grandes libertés. Grâce aux plaidoyers proposés par les différentes équipes, chaque élève peut compléter le tableau.
- L'enseignant(e) peut proposer un corrigé ou réaliser une trace écrite avec les élèves. Celle-ci peut s'appuyer sur les différents plaidoyers ou sur les différents plateaux projetés au tableau.
- Quelle que soit la forme choisie, le jeu, avec la reprise en classe, suffit à traiter la thématique des libertés.

Le plateau 1 pas à pas

ÉTAPE 1 — 5 min

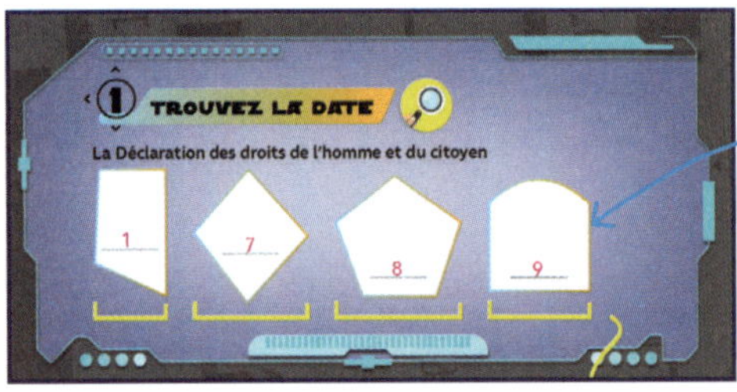

Guidage et relances

L'étape 1 repose sur la « fouille » du plateau, que les élèves doivent observer en détail.

- Ils doivent y retrouver les quatre chiffres dont les formes correspondent à celles de la feuille de route.
- Si besoin, aider les élèves à comprendre la consigne. Avec un peu d'observation, ils doivent retrouver les chiffres : 1 7 8 9. On peut leur distribuer le joker 1 en cas de besoin.

- Une fois les chiffres reportés, les élèves disposent de la date d'un grand texte des droits et libertés.

ÉTAPE 2 — 8 min

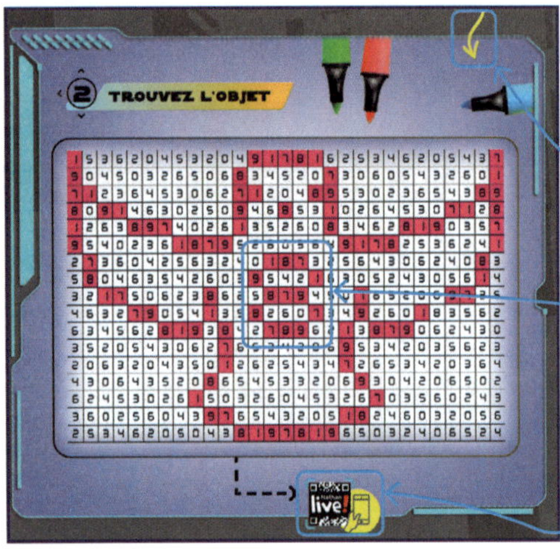

Guidage et relances

Dans l'étape 2, les élèves doivent découvrir un élément à scanner sur le plateau.

- Ils doivent colorer les cases de la grille qui portent les chiffres trouvés lors de l'étape précédente. Les inciter à utiliser un surligneur pour gagner du temps.
- Si les élèves bloquent, on peut leur faire remarquer la flèche partant de la date (étape 1) vers la grille ou leur distribuer le joker 2.

- Les inciter à compléter toute la grille même s'ils trouvent la forme (une colombe) avant : le dessin contient aussi un chiffre (8), indispensable pour avancer dans l'activité.
- Après cette étape, les élèves doivent scanner la colombe sur le plateau avec l'application **Nathan Live!** et entrer dans l'application le chiffre obtenu.

- Il doivent continuer l'enquête pour débloquer une vidéo.

ÉTAPE 3 — 4 min

Guidage et relances

L'étape 3 est une étape de manipulation qui permet de trouver le mot-code pour débloquer la vidéo.

- Pour cela, les élèves doivent placer la feuille de route sur le plateau en s'alignant sur les trois « coins » gris.
- La flèche de la feuille de route pointe alors sur le mot-code.
- En cas de difficultés, distribuer le joker 3 ou aider les élèves en leur montrant le schéma sur la feuille de route.

- Ils peuvent alors entrer le mot-code (opinions) et débloquer la vidéo.

ÉTAPE 4 — 10 min

Guidage et relances

L'étape 4 consiste à retrouver des mots en prélevant des informations sur différents supports : vidéo, affiche, textes.

- Si besoin, faire remarquer les symboles de la feuille de route qui permettent de savoir où trouver les réponses : trois questions portent sur la vidéo et quatre sur le plateau (affiche et grands textes).

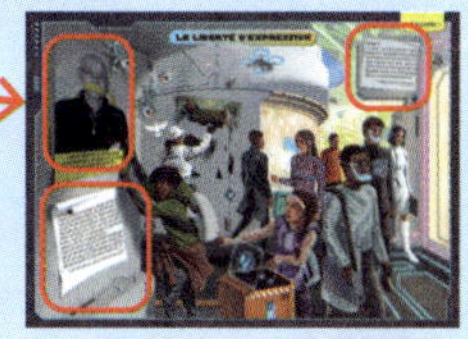

- Si besoin, reprendre avec les élèves les questions qui bloquent ou celles sur lesquelles ils se trompent, ou distribuer le joker 4.
- Il est possible de vérifier les réponses avant de laisser les élèves passer à l'étape suivante.

ÉTAPE 5 — 2 min

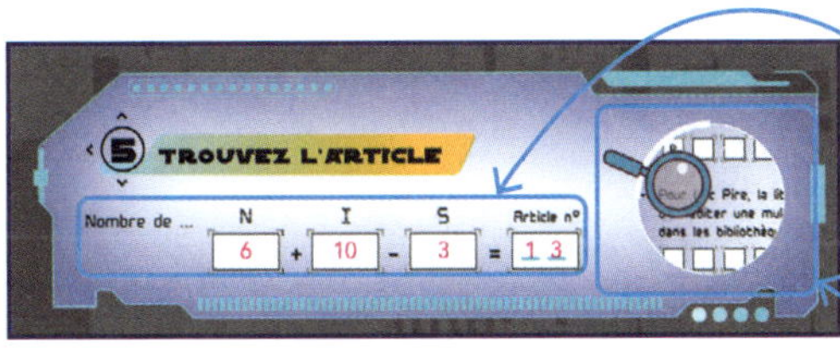

Guidage et relances

L'étape 5 permet aux élèves de trouver le numéro de l'article caché sur le plateau.

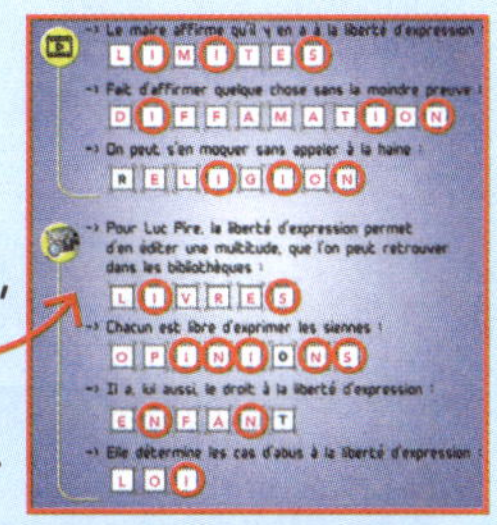

- Dans leurs réponses précédentes, ils doivent compter le nombre de N (6), de I (10) et de S (3), puis réaliser une rapide opération.
- Si besoin, aider les élèves à comprendre les consignes. On peut notamment leur montrer le dessin leur indiquant où trouver les réponses ou leur distribuer le joker 5.

ÉTAPE 6 — 2 min

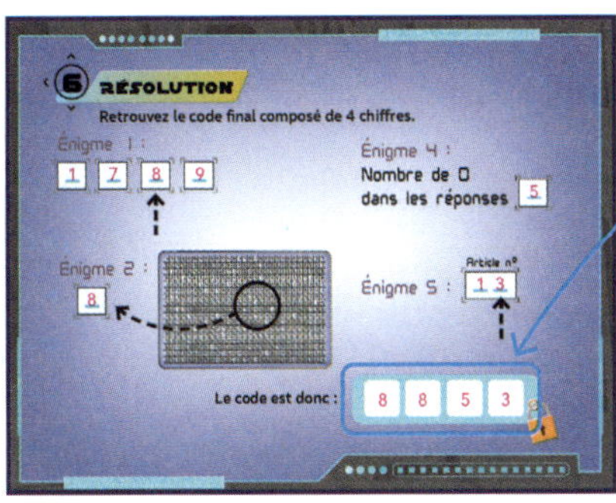

Guidage et relances

L'étape 6 permet aux élèves de trouver le code final du plateau.

- Ils reprennent pour cela les réponses aux énigmes précédentes : un des chiffres de la date de l'énigme 1 (8) ; le chiffre dans le dessin de l'énigme 2 (8) ; le nombre de O dans les réponses de l'énigme 4 (5) ; un des chiffres de l'article de l'énigme 5 (3).
- Les aider à comprendre les consignes en cas de difficultés.

ÉTAPE 7 — 4 min

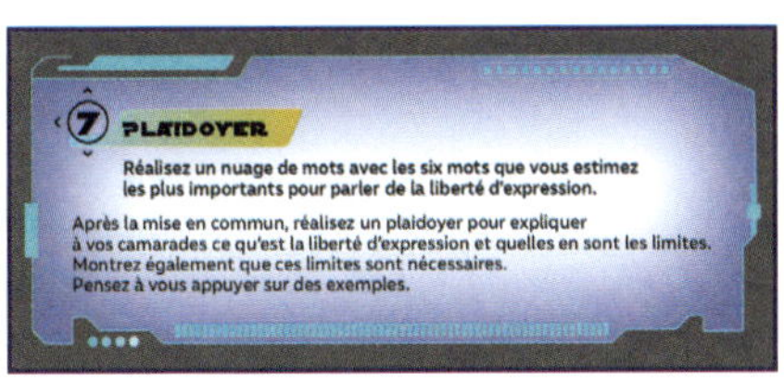

Guidage et relances

L'étape 7 doit permettre de préparer l'exploitation pédagogique de l'activité.

- Les élèves doivent relever les six mots qui leur paraissent être les plus importants pour répondre à leur thématique.
- Ce nuage de mots leur permettra, après l'activité, de réaliser un plaidoyer pour expliquer au reste de la classe ce qu'ils ont appris.
- Cette étape n'est pas indispensable pour la résolution finale ; si les élèves n'ont pas le temps de la faire, leur demander de la réaliser après la séance ou au début de la séance suivante.

Le plateau 2 pas à pas

ÉTAPE 1 5 min

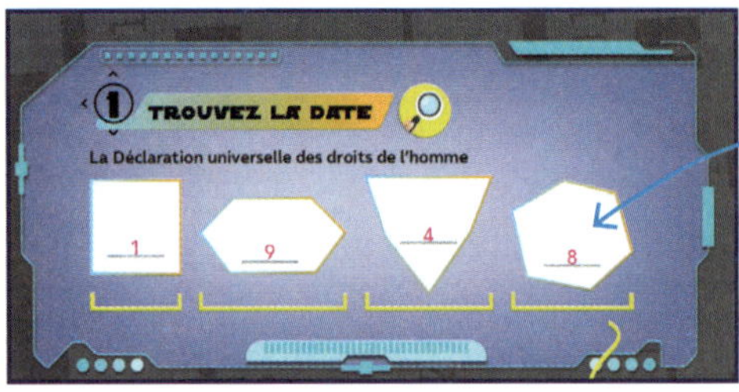

Guidage et relances

L'étape 1 repose sur la « fouille » du plateau, que les élèves doivent observer en détail.

- Ils doivent y retrouver les quatre chiffres dont les formes correspondent à celles de la feuille de route.
- Si besoin, aider les élèves à comprendre la consigne. Avec un peu d'observation, ils doivent retrouver les chiffres : 1 9 4 8. On peut leur distribuer le joker 1 en cas de besoin.
- Une fois les chiffres reportés, les élèves disposent de la date d'un grand texte des droits et libertés.

ÉTAPE 2 8 min

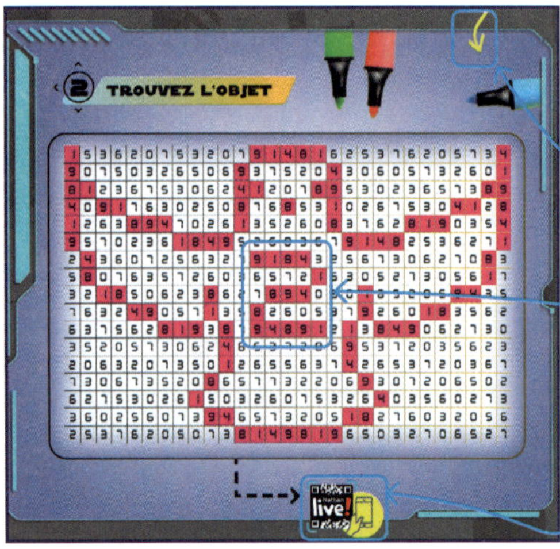

Guidage et relances

Dans l'étape 2, les élèves doivent découvrir un élément à scanner sur le plateau.

- Ils doivent colorer les cases de la grille qui portent les chiffres trouvés lors de l'étape précédente. Les inciter à utiliser un surligneur pour gagner du temps.
- Si les élèves bloquent, on peut leur faire remarquer la flèche partant de la date (étape 1) vers la grille ou leur distribuer le joker 2.
- Les inciter à compléter toute la grille même s'ils trouvent la forme (une colombe) avant : le dessin contient aussi un chiffre (2), indispensable pour avancer dans l'activité.
- Après cette étape, les élèves doivent scanner la colombe sur le plateau avec l'application **Nathan Live!** et entrer dans l'application le chiffre obtenu.
- Il doivent continuer l'enquête pour débloquer une vidéo.

ÉTAPE 3 4 min

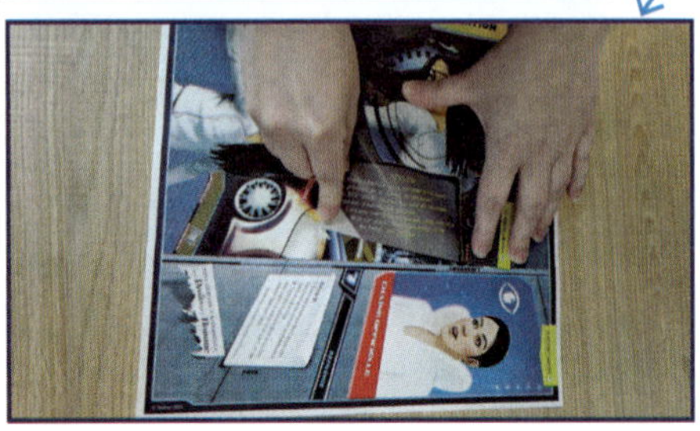

Guidage et relances

L'étape 3 est une étape de manipulation qui permet de trouver le mot-code pour débloquer la vidéo.

- Pour cela, les élèves doivent placer la feuille de route sur le plateau en s'alignant sur les trois « coins » gris.
- La flèche de la feuille de route pointe alors sur le mot-code.
- En cas de difficultés, distribuer le joker 3 ou aider les élèves en leur montrant le schéma sur la feuille de route.
- Ils peuvent alors entrer le mot-code (librement) et débloquer la vidéo.

ÉTAPE 4 — 10 min

Guidage et relances

L'étape 4 consiste à retrouver des mots en prélevant des informations sur différents supports : vidéo, affiche, textes.

- Si besoin, faire remarquer les symboles de la feuille de route qui permettent de savoir où trouver les réponses : trois questions portent sur la vidéo et quatre sur le plateau (affiche et grands textes).

- Si besoin, reprendre avec les élèves les questions qui bloquent ou celles sur lesquelles ils se trompent, ou distribuer le joker 4.
- Il est possible de vérifier les réponses avant de laisser les élèves passer à l'étape suivante.

ÉTAPE 5 — 2 min

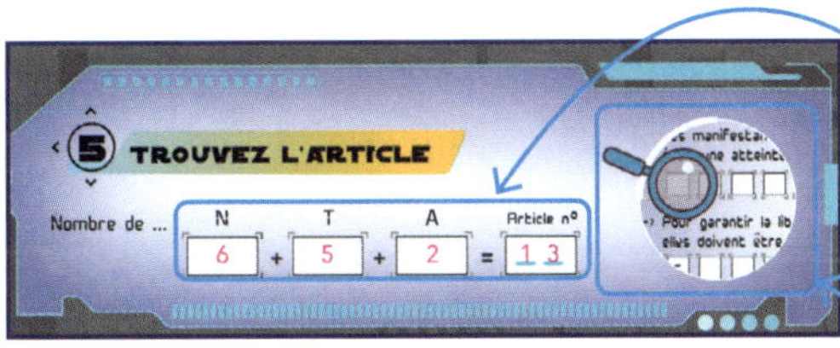

Guidage et relances

L'étape 5 permet aux élèves de trouver le numéro de l'article caché sur le plateau.

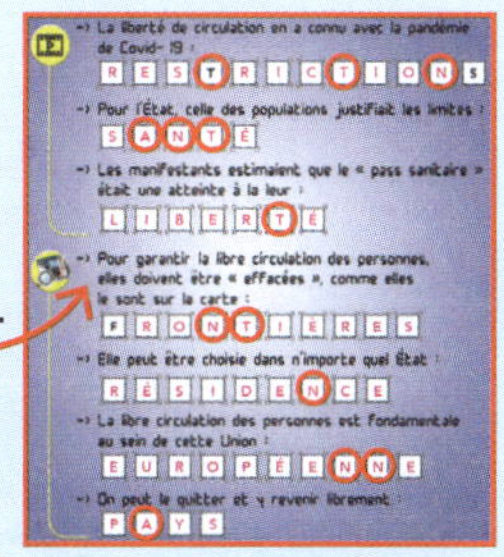

- Dans leurs réponses précédentes, ils doivent compter le nombre de N (6), de T (5) et de A (2), puis réaliser une rapide opération.
- Si besoin, aider les élèves à comprendre les consignes. On peut notamment leur montrer le dessin leur indiquant où trouver les réponses ou leur distribuer le joker 5.

ÉTAPE 6 — 2 min

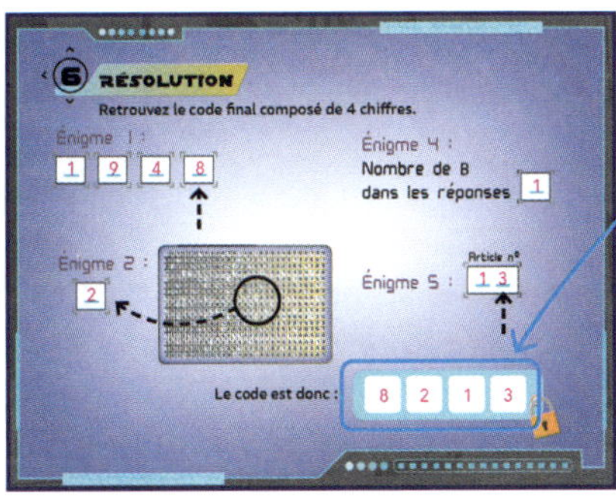

Guidage et relances

L'étape 6 permet aux élèves de trouver le code final du plateau.

- Ils reprennent pour cela les réponses aux énigmes précédentes : un des chiffres de la date de l'énigme 1 (8) ; le chiffre dans le dessin de l'énigme 2 (2) ; le nombre de B dans les réponses de l'énigme 4 (1) ; un des chiffres de l'article de l'énigme 5 (3).
- Les aider à comprendre les consignes en cas de difficultés.

ÉTAPE 7 — 4 min

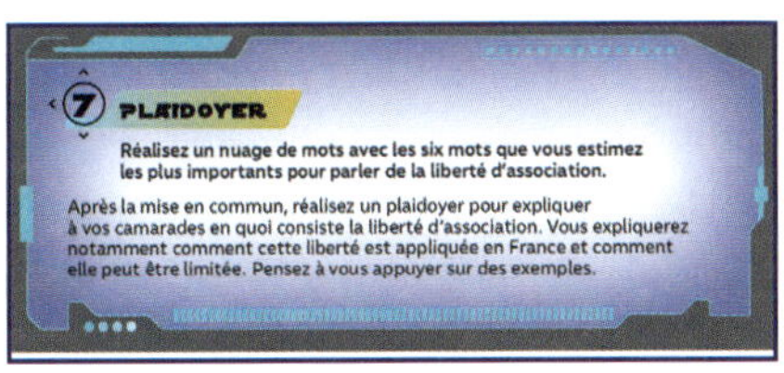

Guidage et relances

L'étape 7 doit permettre de préparer l'exploitation pédagogique de l'activité.

- Les élèves doivent relever les six mots qui leur paraissent être les plus importants pour répondre à leur thématique.
- Ce nuage de mots leur permettra, après l'activité, de réaliser un plaidoyer pour expliquer au reste de la classe ce qu'ils ont appris.
- Cette étape n'est pas indispensable pour la résolution finale ; si les élèves n'ont pas le temps de la faire, leur demander de la réaliser après la séance ou au début de la séance suivante.

Le plateau 3 pas à pas

ÉTAPE 1 — 5 min

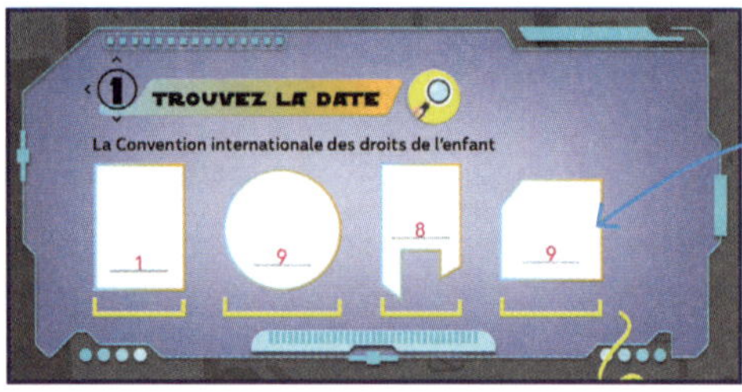

Guidage et relances

L'étape 1 repose sur la « fouille » du plateau, que les élèves doivent observer en détail.

- Ils doivent y retrouver les quatre chiffres dont les formes correspondent à celles de la feuille de route.
- Si besoin, aider les élèves à comprendre la consigne. Avec un peu d'observation, ils doivent retrouver les chiffres : 1 9 8 9. On peut leur distribuer le joker 1 en cas de besoin.

- Une fois les chiffres reportés, les élèves disposent de la date d'un grand texte des droits et libertés.

ÉTAPE 2 — 8 min

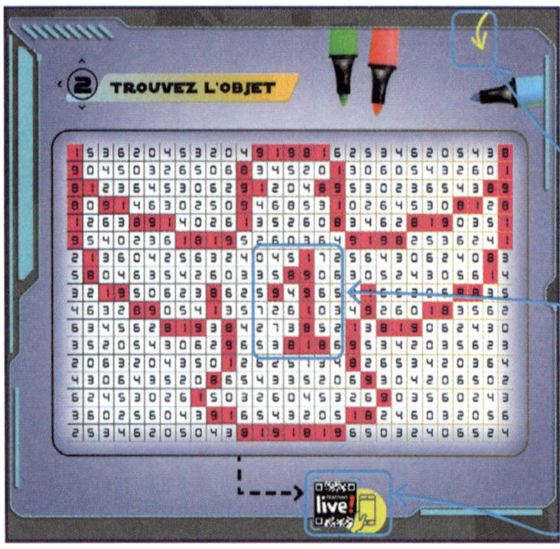

Guidage et relances

Dans l'étape 2, les élèves doivent découvrir un élément à scanner sur le plateau.

- Ils doivent colorer les cases de la grille qui portent les chiffres trouvés lors de l'étape précédente. Les inciter à utiliser un surligneur pour gagner du temps.
- Si les élèves bloquent, on peut leur faire remarquer la flèche partant de la date (étape 1) vers la grille ou leur distribuer le joker 2.

- Les inciter à compléter toute la grille même s'ils trouvent la forme (une colombe) avant : le dessin contient aussi un chiffre (1), indispensable pour avancer dans l'activité.
- Après cette étape, les élèves doivent scanner la colombe sur le plateau avec l'application **Nathan Live!** et entrer dans l'application le chiffre obtenu.

- Il doivent continuer l'enquête pour débloquer une vidéo.

ÉTAPE 3 — 4 min

Guidage et relances

L'étape 3 est une étape de manipulation qui permet de trouver le mot-code pour débloquer la vidéo.

- Pour cela, les élèves doivent placer la feuille de route sur le plateau en s'alignant sur les trois « coins » gris.
- La flèche de la feuille de route pointe alors sur le mot-code.
- En cas de difficultés, distribuer le joker 3 ou aider les élèves en leur montrant le schéma sur la feuille de route.

- Ils peuvent alors entrer le mot-code (conscience) et débloquer la vidéo.

ÉTAPE 4 — 10 min

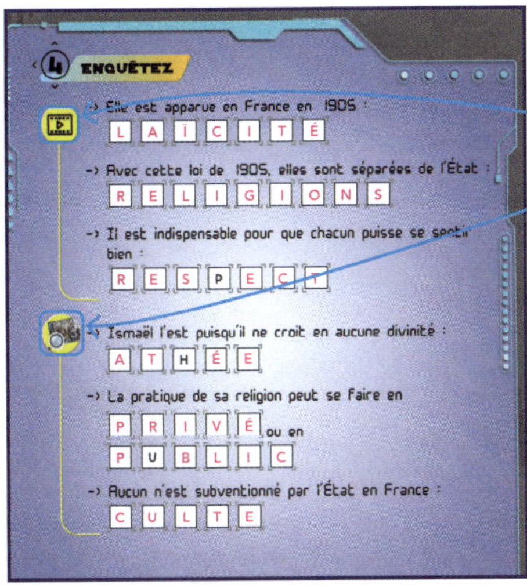

Guidage et relances

L'étape 4 consiste à retrouver des mots en prélevant des informations sur différents supports : vidéo, affiche, textes.

- Si besoin, faire remarquer les symboles de la feuille de route qui permettent de savoir où trouver les réponses : trois questions portent sur la vidéo et quatre sur le plateau (affiche et grands textes).

- Si besoin, reprendre avec les élèves les questions qui bloquent ou celles sur lesquelles ils se trompent, ou distribuer le joker 4.
- Il est possible de vérifier les réponses avant de laisser les élèves passer à l'étape suivante.

ÉTAPE 5 — 2 min

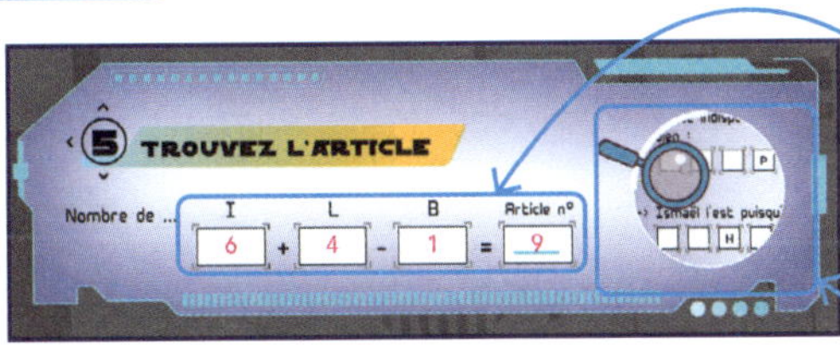

Guidage et relances

L'étape 5 permet aux élèves de trouver le numéro de l'article caché sur le plateau.

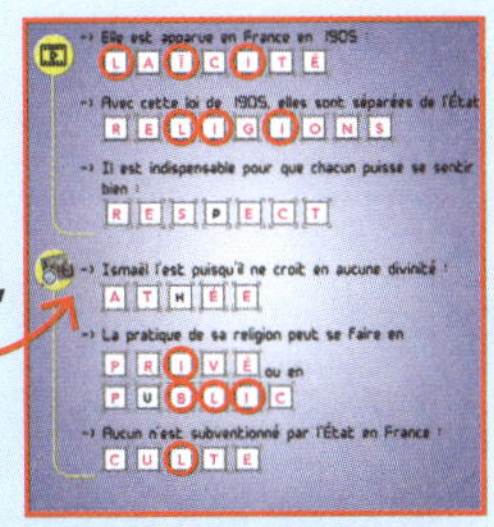

- Dans leurs réponses précédentes, ils doivent compter le nombre de I (6), de L (4) et de B (1), puis réaliser une rapide opération.
- Si besoin, aider les élèves à comprendre les consignes. On peut notamment leur montrer le dessin leur indiquant où trouver les réponses ou leur distribuer le joker 5.

ÉTAPE 6 — 2 min

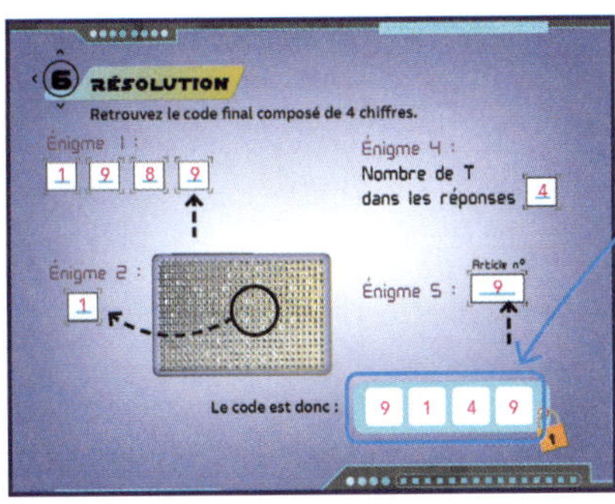

Guidage et relances

L'étape 6 permet aux élèves de trouver le code final du plateau.

- Ils reprennent pour cela les réponses aux énigmes précédentes : un des chiffres de la date de l'énigme 1 (9) ; le chiffre dans le dessin de l'énigme 2 (1) ; le nombre de T dans les réponses de l'énigme 4 (4) ; le chiffre de l'article de l'énigme 5 (9).
- Les aider à comprendre les consignes en cas de difficultés.

ÉTAPE 7 — 4 min

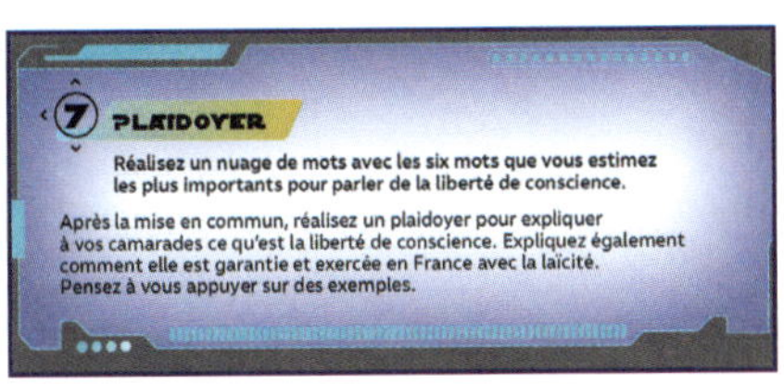

Guidage et relances

L'étape 7 doit permettre de préparer l'exploitation pédagogique de l'activité.

- Les élèves doivent relever les six mots qui leur paraissent être les plus importants pour répondre à leur thématique.
- Ce nuage de mots leur permettra, après l'activité, de réaliser un plaidoyer pour expliquer au reste de la classe ce qu'ils ont appris.
- Cette étape n'est pas indispensable pour la résolution finale ; si les élèves n'ont pas le temps de la faire, leur demander de la réaliser après la séance ou au début de la séance suivante.

Le plateau 4 pas à pas

ÉTAPE 1 5 min

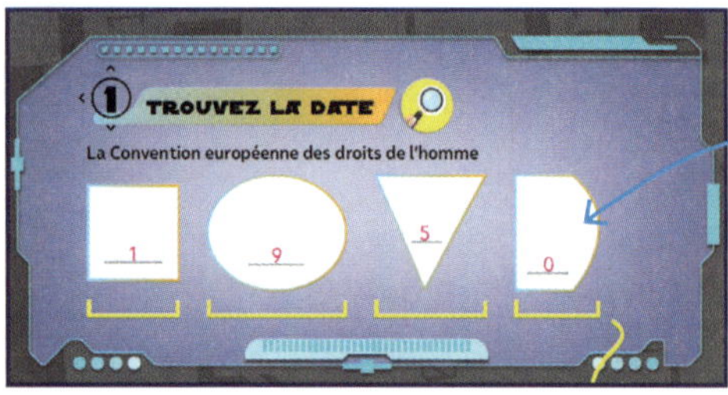

Guidage et relances

L'étape 1 repose sur la « fouille » du plateau, que les élèves doivent observer en détail.

- Ils doivent y retrouver les quatre chiffres dont les formes correspondent à celles de la feuille de route.
- Si besoin, aider les élèves à comprendre la consigne. Avec un peu d'observation, ils doivent retrouver les chiffres : 1 9 5 0. On peut leur distribuer le joker 1 en cas de besoin.

- Une fois les chiffres reportés, les élèves disposent de la date d'un grand texte des droits et libertés.

ÉTAPE 2 8 min

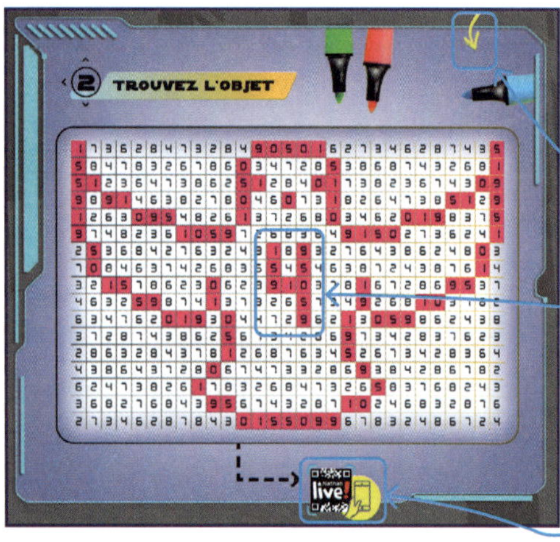

Guidage et relances

Dans l'étape 2, les élèves doivent découvrir un élément à scanner sur le plateau.

- Ils doivent colorer les cases de la grille qui portent les chiffres trouvés lors de l'étape précédente. Les inciter à utiliser un surligneur pour gagner du temps.
- Si les élèves bloquent, on peut leur faire remarquer la flèche partant de la date (étape 1) vers la grille ou leur distribuer le joker 2.

- Les inciter à compléter toute la grille même s'ils trouvent la forme (une colombe) avant : le dessin contient aussi un chiffre (4), indispensable pour avancer dans l'activité.
- Après cette étape, les élèves doivent scanner la colombe sur le plateau avec l'application **Nathan Live!** et entrer dans l'application le chiffre obtenu.

- Il doivent continuer l'enquête pour débloquer une vidéo.

ÉTAPE 3 4 min

Guidage et relances

L'étape 3 est une étape de manipulation qui permet de trouver le mot-code pour débloquer la vidéo.

- Pour cela, les élèves doivent placer la feuille de route sur le plateau en s'alignant sur les trois « coins » gris.
- La flèche de la feuille de route pointe alors sur le mot-code.

- En cas de difficultés, distribuer le joker 3 ou aider les élèves en leur montrant le schéma sur la feuille de route.
- Ils peuvent alors entrer le mot-code (protection) et débloquer la vidéo.

ÉTAPE 4 — 10 min

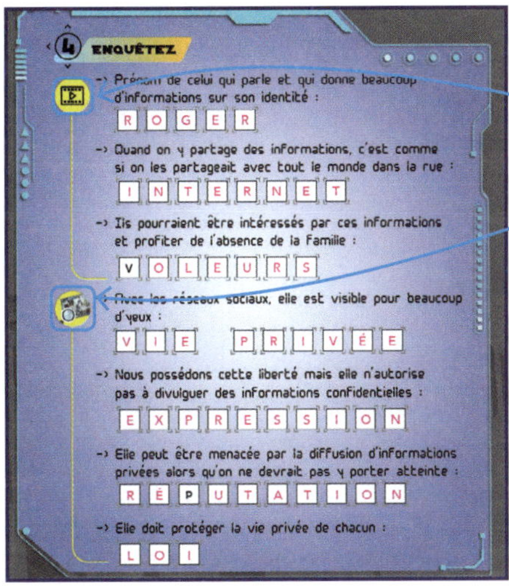

Guidage et relances

L'étape 4 consiste à retrouver des mots en prélevant des informations sur différents supports : vidéo, affiche, textes.

- Si besoin, faire remarquer les symboles de la feuille de route qui permettent de savoir où trouver les réponses : trois questions portent sur la vidéo et quatre sur le plateau (affiche et grands textes).

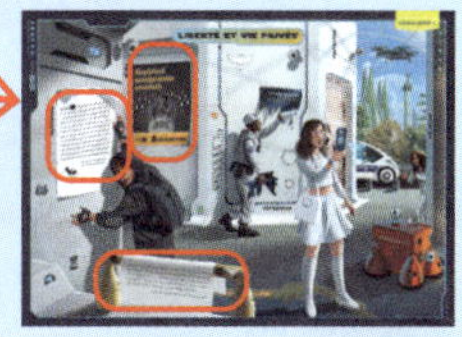

- Si besoin, reprendre avec les élèves les questions qui bloquent ou celles sur lesquelles ils se trompent, ou distribuer le joker 4.
- Il est possible de vérifier les réponses avant de laisser les élèves passer à l'étape suivante.

ÉTAPE 5 — 2 min

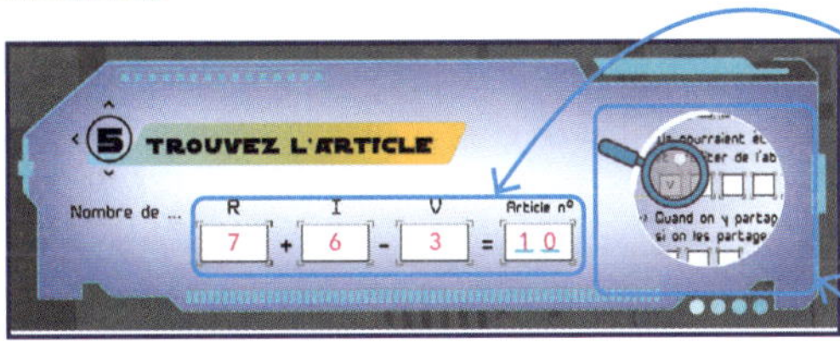

Guidage et relances

L'étape 5 permet aux élèves de trouver le numéro de l'article caché sur le plateau.

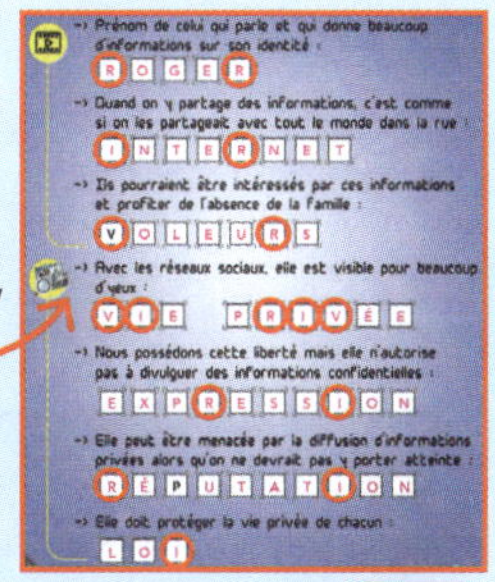

- Dans leurs réponses précédentes, ils doivent compter le nombre de R (7), de I (6) et de V (3), puis réaliser une rapide opération.
- Si besoin, aider les élèves à comprendre les consignes. On peut notamment leur montrer le dessin leur indiquant où trouver les réponses ou leur distribuer le joker 5.

ÉTAPE 6 — 2 min

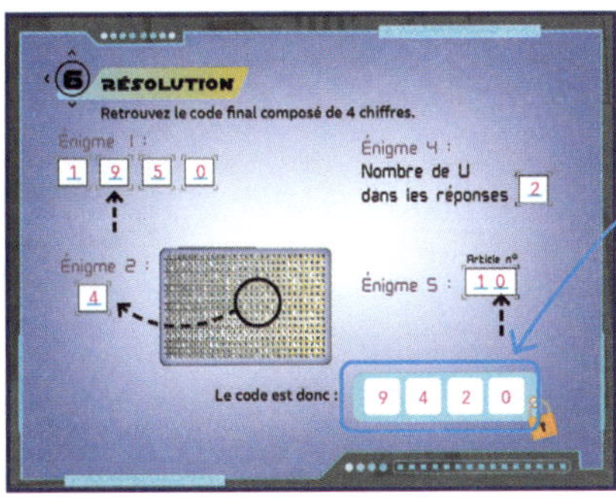

Guidage et relances

L'étape 6 permet aux élèves de trouver le code final du plateau.

- Ils reprennent pour cela les réponses aux énigmes précédentes : un des chiffres de la date de l'énigme 1 (9) ; le chiffre dans le dessin de l'énigme 2 (4) ; le nombre de U dans les réponses de l'énigme 4 (2) ; un des chiffres de l'article de l'énigme 5 (0).
- Les aider à comprendre les consignes en cas de difficultés.

ÉTAPE 7 — 4 min

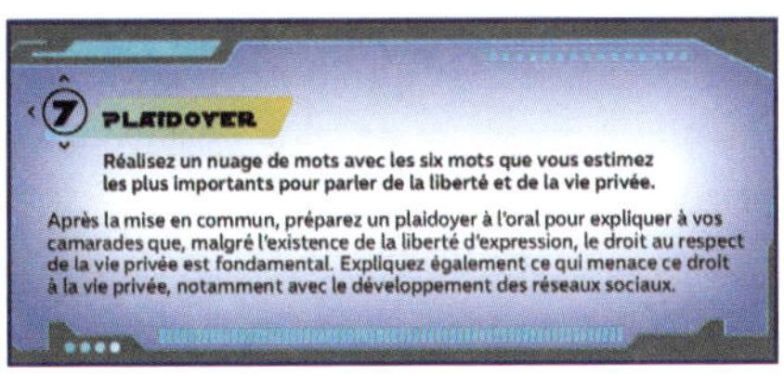

Guidage et relances

L'étape 7 doit permettre de préparer l'exploitation pédagogique de l'activité.

- Les élèves doivent relever les six mots qui leur paraissent être les plus importants pour répondre à leur thématique.
- Ce nuage de mots leur permettra, après l'activité, de réaliser un plaidoyer pour expliquer au reste de la classe ce qu'ils ont appris.
- Cette étape n'est pas indispensable pour la résolution finale ; si les élèves n'ont pas le temps de la faire, leur demander de la réaliser après la séance ou au début de la séance suivante.

Le plateau 5 pas à pas

ÉTAPE 1 — 5 min

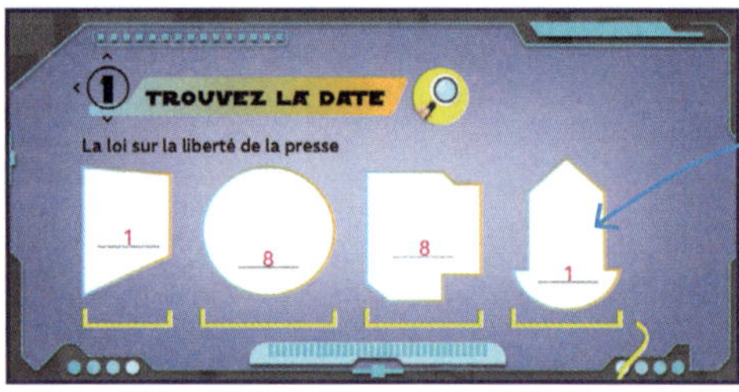

Guidage et relances

L'étape 1 repose sur la « fouille » du plateau, que les élèves doivent observer en détail.

- Ils doivent y retrouver les quatre chiffres dont les formes correspondent à celles de la feuille de route.
- Si besoin, aider les élèves à comprendre la consigne. Avec un peu d'observation, ils doivent retrouver les chiffres : 1 8 8 1. On peut leur distribuer le joker 1 en cas de besoin.

- Une fois les chiffres reportés, les élèves disposent de la date d'un grand texte des droits et libertés.

ÉTAPE 2 — 8 min

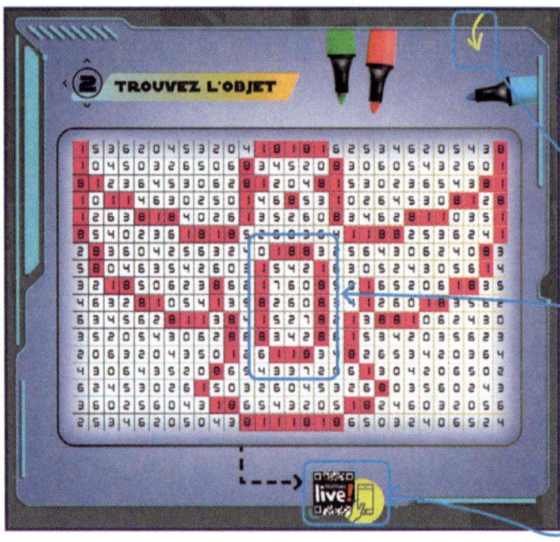

Guidage et relances

Dans l'étape 2, les élèves doivent découvrir un élément à scanner sur le plateau.

- Ils doivent colorer les cases de la grille qui portent les chiffres trouvés lors de l'étape précédente. Les inciter à utiliser un surligneur pour gagner du temps.
- Si les élèves bloquent, on peut leur faire remarquer la flèche partant de la date (étape 1) vers la grille ou leur distribuer le joker 2.

- Les inciter à compléter toute la grille même s'ils trouvent la forme (une colombe) avant : le dessin contient aussi un chiffre (0), indispensable pour avancer dans l'activité.
- Après cette étape, les élèves doivent scanner la colombe sur le plateau avec l'application **Nathan Live!** et entrer dans l'application le chiffre obtenu.

- Il doivent continuer l'enquête pour débloquer une vidéo.

ÉTAPE 3 — 4 min

Guidage et relances

L'étape 3 est une étape de manipulation qui permet de trouver le mot-code pour débloquer la vidéo.

- Pour cela, les élèves doivent placer la feuille de route sur le plateau en s'alignant sur les trois « coins » gris.
- La flèche de la feuille de route pointe alors sur le mot-code.
- En cas de difficultés, distribuer le joker 3 ou aider les élèves en leur montrant le schéma sur la feuille de route.

- Ils peuvent alors entrer le mot-code (communication) et débloquer la vidéo.

ÉTAPE 4 10 min

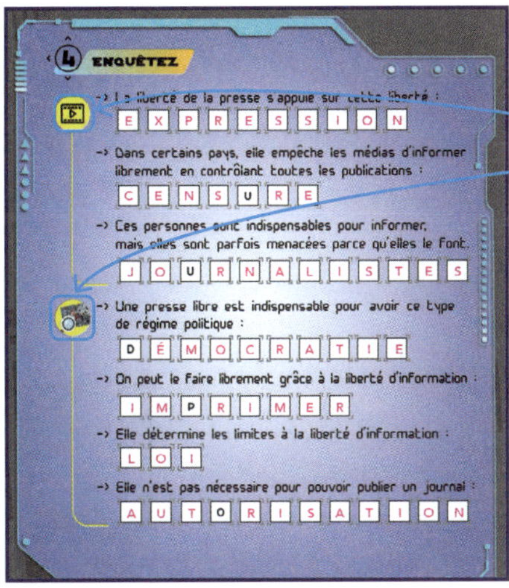

Guidage et relances

L'étape 4 consiste à retrouver des mots en prélevant des informations sur différents supports : vidéo, affiche, textes.

- Si besoin, faire remarquer les symboles de la feuille de route qui permettent de savoir où trouver les réponses : trois questions portent sur la vidéo et quatre sur le plateau (affiche et grands textes).

- Si besoin, reprendre avec les élèves les questions qui bloquent ou celles sur lesquelles ils se trompent, ou distribuer le joker 4.
- Il est possible de vérifier les réponses avant de laisser les élèves passer à l'étape suivante.

ÉTAPE 5 2 min

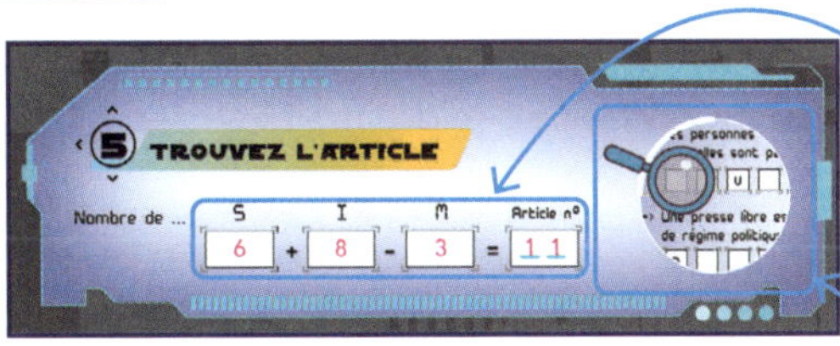

Guidage et relances

L'étape 5 permet aux élèves de trouver le numéro de l'article caché sur le plateau.

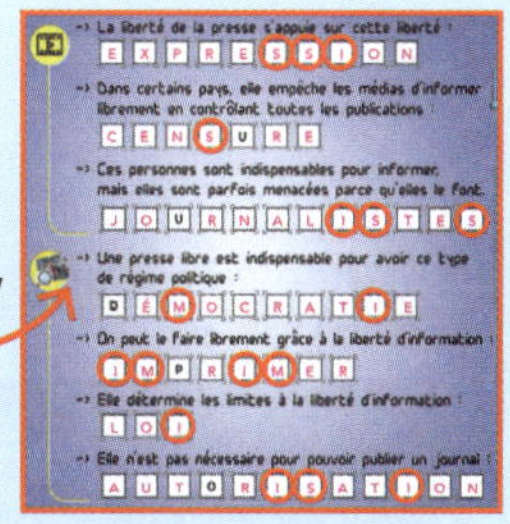

- Dans leurs réponses précédentes, ils doivent compter le nombre de S (6), de I (8) et de M (3), puis réaliser une rapide opération.
- Si besoin, aider les élèves à comprendre les consignes. On peut notamment leur montrer le dessin leur indiquant où trouver les réponses ou leur distribuer le joker 5.

ÉTAPE 6 2 min

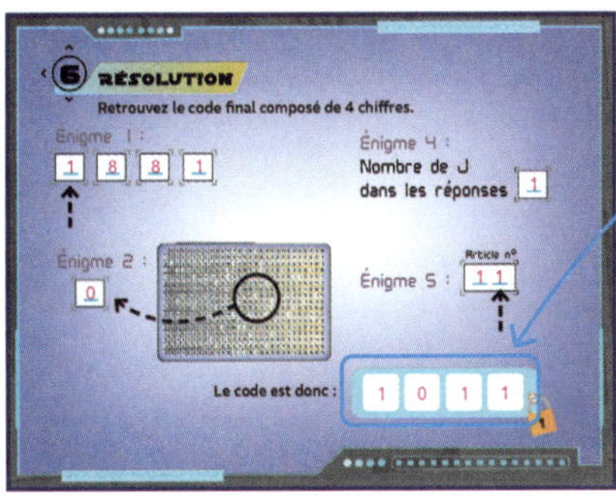

Guidage et relances

L'étape 6 permet aux élèves de trouver le code final du plateau.

- Ils reprennent pour cela les réponses aux énigmes précédentes : un des chiffres de la date de l'énigme 1 (1) ; le chiffre dans le dessin de l'énigme 2 (0) ; le nombre de J dans les réponses de l'énigme 4 (1) ; un des chiffres de l'article de l'énigme 5 (1).
- Les aider à comprendre les consignes en cas de difficultés.

ÉTAPE 7 4 min

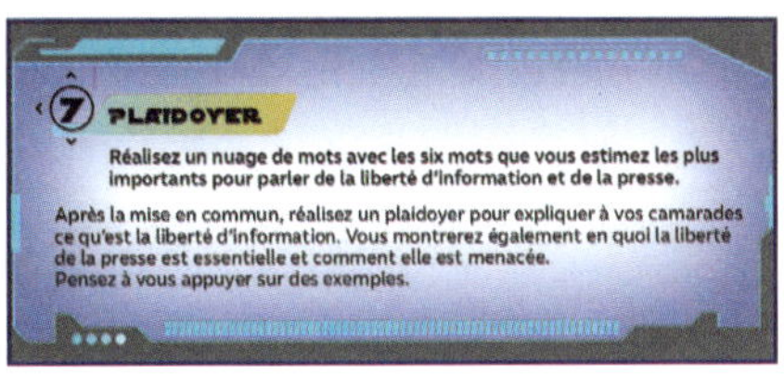

Guidage et relances

L'étape 7 doit permettre de préparer l'exploitation pédagogique de l'activité.

- Les élèves doivent relever les six mots qui leur paraissent être les plus importants pour répondre à leur thématique.
- Ce nuage de mots leur permettra, après l'activité, de réaliser un plaidoyer pour expliquer au reste de la classe ce qu'ils ont appris.
- Cette étape n'est pas indispensable pour la résolution finale ; si les élèves n'ont pas le temps de la faire, leur demander de la réaliser après la séance ou au début de la séance suivante.

Le plateau 6 pas à pas

ÉTAPE 1 5 min

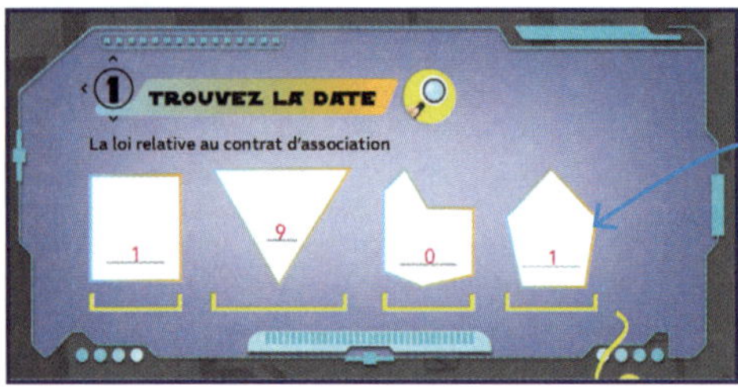

Guidage et relances

L'étape 1 repose sur la « fouille » du plateau, que les élèves doivent observer en détail.

- Ils doivent y retrouver les quatre chiffres dont les formes correspondent à celles de la feuille de route.
- Si besoin, aider les élèves à comprendre la consigne. Avec un peu d'observation, ils doivent retrouver les chiffres : 1 9 0 1. On peut leur distribuer le joker 1 en cas de besoin.

- Une fois les chiffres reportés, les élèves disposent de la date d'un grand texte des droits et libertés.

ÉTAPE 2 8 min

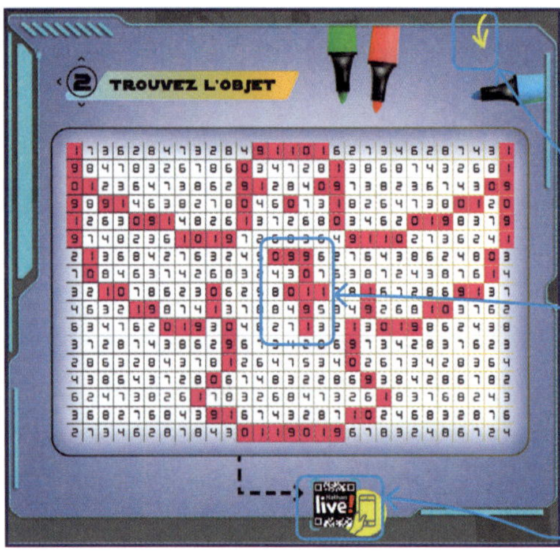

Guidage et relances

Dans l'étape 2, les élèves doivent découvrir un élément à scanner sur le plateau.

- Ils doivent colorer les cases de la grille qui portent les chiffres trouvés lors de l'étape précédente. Les inciter à utiliser un surligneur pour gagner du temps.
- Si les élèves bloquent, on peut leur faire remarquer la flèche partant de la date (étape 1) vers la grille ou leur distribuer le joker 2.

- Les inciter à compléter toute la grille même s'ils trouvent la forme (une colombe) avant : le dessin contient aussi un chiffre (7), indispensable pour avancer dans l'activité.
- Après cette étape, les élèves doivent scanner la colombe sur le plateau avec l'application **Nathan Live!** et entrer dans l'application le chiffre obtenu.

- Il doivent continuer l'enquête pour débloquer une vidéo.

ÉTAPE 3 4 min

Guidage et relances

L'étape 3 est une étape de manipulation qui permet de trouver le mot-code pour débloquer la vidéo.

- Pour cela, les élèves doivent placer la feuille de route sur le plateau en s'alignant sur les trois « coins » gris.
- La flèche de la feuille de route pointe alors sur le mot-code.
- En cas de difficultés, distribuer le joker 3 ou aider les élèves en leur montrant le schéma sur la feuille de route.

- Ils peuvent alors entrer le mot-code (réunion) et débloquer la vidéo.

ÉTAPE 4 10 min

Guidage et relances

L'étape 4 consiste à retrouver des mots en prélevant des informations sur différents supports : vidéo, affiche, textes.

- Si besoin, faire remarquer les symboles de la feuille de route qui permettent de savoir où trouver les réponses : trois questions portent sur la vidéo et quatre sur le plateau (affiche et grands textes).

- Si besoin, reprendre avec les élèves les questions qui bloquent ou celles sur lesquelles ils se trompent, ou distribuer le joker 4.
- Il est possible de vérifier les réponses avant de laisser les élèves passer à l'étape suivante.

ÉTAPE 5 2 min

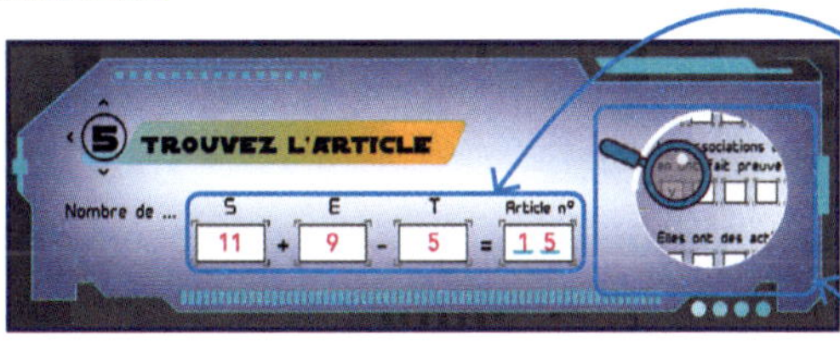

Guidage et relances

L'étape 5 permet aux élèves de trouver le numéro de l'article caché sur le plateau.

- Dans leurs réponses précédentes, ils doivent compter le nombre de S (11), E (9) et T (5), puis réaliser une rapide opération.
- Si besoin, aider les élèves à comprendre les consignes. On peut notamment leur montrer le dessin leur indiquant où trouver les réponses ou leur distribuer le joker 5.

ÉTAPE 6 2 min

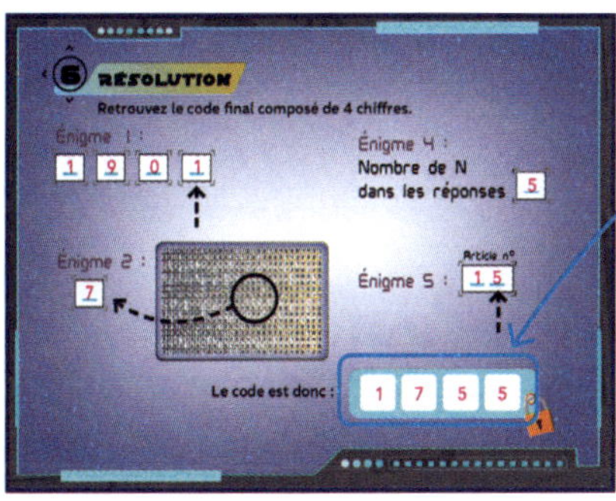

Guidage et relances

L'étape 6 permet aux élèves de trouver le code final du plateau.

- Ils reprennent pour cela les réponses aux énigmes précédentes : un des chiffres de la date de l'énigme 1 (1) ; le chiffre dans le dessin de l'énigme 2 (7) ; le nombre de N dans les réponses de l'énigme 4 (5) ; un des chiffres de l'article de l'énigme 5 (5).
- Les aider à comprendre les consignes en cas de difficultés.

ÉTAPE 7 4 min

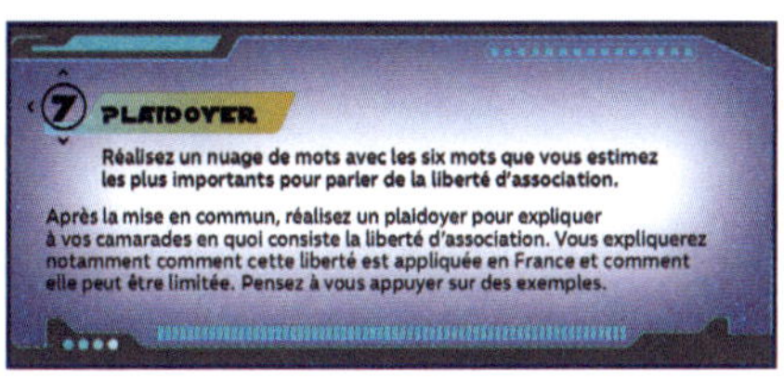

Guidage et relances

L'étape 7 doit permettre de préparer l'exploitation pédagogique de l'activité.

- Les élèves doivent relever les six mots qui leur paraissent être les plus importants pour répondre à leur thématique.
- Ce nuage de mots leur permettra, après l'activité, de réaliser un plaidoyer pour expliquer au reste de la classe ce qu'ils ont appris.
- Cette étape n'est pas indispensable pour la résolution finale ; si les élèves n'ont pas le temps de la faire, leur demander de la réaliser après la séance ou au début de la séance suivante.

Mise en commun et résolution finale

10 min

MISE EN COMMUN

Une fois toutes les étapes réalisées, les élèves peuvent s'emparer de la mise en commun en indiquant les informations trouvées : ils doivent localiser leur grand texte sur la frise et noter le code qu'ils ont trouvé.

	Texte	Date	Code
Plateau 1 →	Déclaration des droits de l'homme et du citoyen	1789	8853
Plateau 2 →	Déclaration universelle des droits de l'homme	1948	8213
Plateau 3 →	Convention internationale des droits de l'enfant	1989	9149
Plateau 4 →	Convention européenne des droits de l'homme	1950	9420
Plateau 5 →	Loi sur la liberté de la presse	1881	1011
Plateau 6 →	Loi relative au contrat d'association	1901	1755

Guidage et relances

La mise en commun doit se faire au bout de 35 minutes (ou 45 pour les classes un peu moins rapides). Si des groupes n'ont pas terminé, on peut leur demander de faire en partie l'étape 6 en récupérant les chiffres déjà découverts. On peut pour cela leur laisser 2 minutes supplémentaires.

- La mise en commun consiste, d'abord, à localiser les grands textes sur une frise (date et nom).
- En repérant le symbole lié à leur texte, les élèves comprennent où ils doivent noter le code à quatre chiffres trouvé dans leur feuille de route.

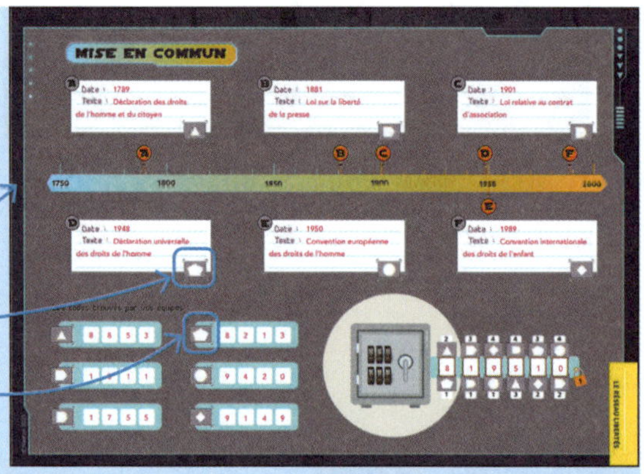

Pour réaliser cette partie, l'idéal est de projeter la feuille au tableau. L'enseignant(e) peut :

- demander aux élèves de compléter au tableau la mise en commun projetée au fur et à mesure qu'ils terminent ;
- animer cette étape en demandant à chaque groupe de lui indiquer les éléments nécessaires : le grand texte, sa date et le code trouvé.

RÉSOLUTION FINALE

Une fois que les 6 groupes ont apporté leurs découvertes, il est temps d'ouvrir le coffre. Pour cela il faut un code à six chiffres.

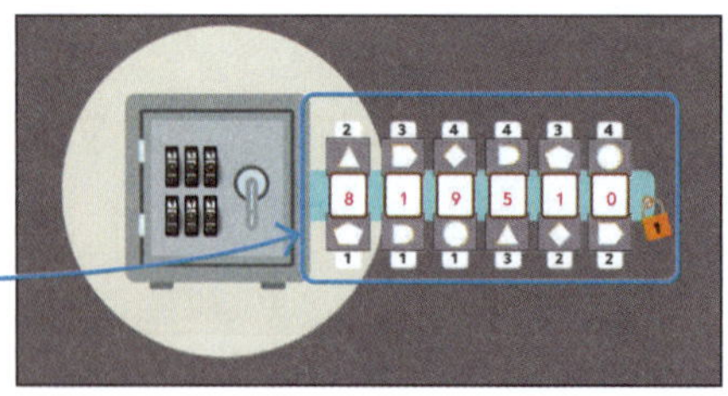

Guidage et relances

▶ La résolution peut être réalisée :

- en groupe : chaque équipe complète sa fiche et annonce le code final ;
- en classe entière.

Si les élèves ne comprennent pas comment placer les chiffres, les aider en les incitant à faire le lien entre les codes de chaque plateau et le code final.

Chacun des six chiffres se retrouve dans deux codes découverts par les élèves. Cela permet la résolution finale même si tous les groupes n'ont pas trouvé les quatre chiffres de leur code.

▶ Une fois la mise en commun réalisée, les élèves doivent faire ou finaliser l'étape 7 de la feuille de route. Elle peut se faire individuellement ou en groupe, en classe ou hors classe.

▶ Les plaidoyers réalisés sont ensuite présentés à la classe sous forme écrite ou orale. Cette présentation est l'occasion de remplir la fiche récap qui peut ensuite être exploitée pour le cours ou servir de trace écrite bilan.

TOUTES LES RÉPONSES en un coup d'œil !

	Plateau 1 La liberté d'expression	Plateau 2 La liberté de circulation	Plateau 3 La liberté de conscience	Plateau 4 Liberté et vie privée	Plateau 5 La liberté d'information	Plateau 6 La liberté d'association
ÉTAPE 1 5 min ▶ Date à trouver en repérant les formes des chiffres sur le plateau	1789	1948	1989	1950	1881	1901
ÉTAPE 2 8 min ▶ Chiffres à colorier ou surligner	Tous les 1, 7, 8 et 9	Tous les 1, 4, 8 et 9	Tous les 1, 8 et 9	Tous les 0, 1, 5 et 9	Tous les 1 et 8	Tous les 0, 1 et 9
▶ Forme à scanner avec Nathan Live!	Colombe					
▶ Chiffre à entrer dans Nathan Live!	8	2	1	4	0	7
ÉTAPE 3 4 min ▶ Mot à trouver en plaçant les coins : code pour Nathan Live!	opinions	librement	conscience	protection	communication	réunion
ÉTAPE 4 10 min ▶ Mots à trouver	limites ; diffamation ; religion ; livres ; opinions ; enfant ; loi	restrictions ; santé ; liberté ; frontières ; résidence ; européenne ; pays	laïcité ; religions ; respect ; athée ; privé ; public ; culte	Roger ; Internet ; voleurs ; vie privée ; expression ; réputation ; loi	expression ; censure ; journalistes ; démocratie ; imprimer ; loi ; autorisation	statuts ; dissolution ; violence ; associations ; nécessaires ; deux ; bénéfices
ÉTAPE 5 2 min ▶ Opération à compléter	6 N + 10 I – 3 S = 13	6 N + 5 T + 2 A = 13	6 I + 4 L – 1 B	7 R + 6 I – 3 V = 10	6 S + 8 I – 3 M = 11	11 S + 9 E – 5T = 15
ÉTAPE 6 2 min ▶ Nombres à reporter	8 ; 8 ; 5 ; 3	8 ; 2 ; 1 ; 3	9 ; 1 ; 4 ; 9	9 ; 4 ; 2 ; 0	1 ; 0 ; 1 ; 1	1 ; 7 ; 5 ; 5
▶ Code final	8853	8213	9149	9420	1011	1755
ÉTAPE 7 4 min	▶ Nuage de mots à réaliser avant la mise en commun, à partir des mots trouvés pendant l'activité (ou après si manque de temps) ▶ Trace écrite à réaliser après la mise en commun					
MISE EN COMMUN ET RÉSOLUTION FINALE 10 min	**Groupe A** 1789 Déclaration des droits de l'homme et du citoyen 8853	**Groupe D** 1948 Déclaration universelle des droits de l'homme 8213	**Groupe F** 1989 Convention internationale des droits de l'enfant 9149	**Groupe E** 1950 Convention européenne des droits de l'homme 9420	**Groupe B** 1881 Loi sur la liberté de la presse 1011	**Groupe C** 1901 Loi relative au contrat d'association 1755
	Code final : 819510					

Mission institutions

Introduction

- Dans le jeu **Mission institutions**, les élèves découvrent les principales institutions de la Ve République française et leur caractère démocratique. Ils se déplacent dans Paris à l'aide d'un plan du métro. Chaque groupe se rend dans un lieu où il étudie une institution, celles et ceux qui la dirigent, ses fonctions principales et la façon dont elle est reliée aux autres institutions. La mise en commun permet de construire et de comprendre le schéma classique des institutions françaises en se l'appropriant de façon dynamique.
- Ce jeu peut être réalisé comme activité principale du chapitre d'EMC de 3e dédié aux institutions de la Ve République, en lien avec le thème 3 d'histoire, ou comme activité de révision, en fin de chapitre ou en fin d'année ; il peut également être utilisé en fin d'année de 4e comme activité de transition avec le programme de 3e, voire au lycée pour remobiliser des connaissances en histoire ou en EMC.

Durée

- **Mise en place :** 5 min environ
- **Jeu par équipes** (étapes 1 à 6) : 35 min environ ; 45 min pour des classes de niveau un peu plus fragile
- **Mise en commun collective et résolution finale :** 10 min environ

Notions

- Démocratie représentative
- Fonctions régaliennes
- Pouvoir exécutif
- Constitution
- Pouvoir législatif

Compétences EMC

- Comprendre les raisons de l'obéissance aux règles et à la loi dans une société démocratique
- Comprendre les principes et les valeurs de la République française et des sociétés démocratiques
- Comprendre le rapport entre les règles et les valeurs
- Connaître les fonctions régaliennes de l'État et le principe de la décentralisation
- Comprendre ce qu'est une démocratie représentative

Repères

- **Dans le temps :** 1958 : Constitution de la Ve République française
- **Les institutions de la Ve République**

Compétences générales

- **Connaître et comprendre la règle et le droit**
- **Situer et se situer dans le temps et l'espace**
- **Analyser et comprendre les organisations humaines**
- **Raisonner, imaginer, élaborer, produire**

Matériel

Pour chacune des 6 équipes	Pour la classe
• 1 plateau • 1 feuille de route par membre de l'équipe (si ce n'est pas possible, 1 feuille de route à remplir collectivement). Pour un bon repérage, il est important que chaque groupe ait au moins un plan du métro en couleurs (ou, à défaut, projeter le plan en couleurs au tableau) • 1 smartphone (ou 1 tablette) avec l'application **Nathan Live!**, connecté(e) au wifi ou avec des données mobiles • 1 feuille de mise en commun par équipe (ou 1 par élève) • 1 fiche récap par élève • 1 feuille ou cahier de brouillon • 1 feuille blanche pour coller le schéma reconstitué de la mise en commun • 1 crayon à papier par élève	• 1 vidéoprojecteur connecté à un ordinateur pour le teaser et pour projeter le plan du métro en couleurs • 1 minuteur à projeter au tableau (ou 1 minuteur par équipe)

Scénario du jeu

Il est possible de présenter le scénario grâce au visionnage du teaser à la séance précédant le jeu afin de ne pas perdre de temps le jour J ou de le jouer en début de séance pour préserver le suspense.

Script du teaser

Vous êtes dans le train avec votre classe et votre professeur d'histoire-géographie-EMC, Monsieur Nicolas.

Dans quelques instants, vous serez arrivés à Paris, à la gare Montparnasse !
Votre professeur a prévu un itinéraire dans la capitale pour découvrir les lieux de pouvoir de la République française et leurs fonctions, avec une rencontre surprise dans le dernier lieu.
Il vous a distribué des feuilles de route avec le plan du métro, des tickets pour vous déplacer et un petit carnet dans lequel vous avez collé des extraits de la Constitution française.

Le contrôleur du train annonce l'arrivée en gare Montparnasse.
Vous enfilez vite vos manteaux et récupérez vos sacs à dos.
Vous êtes prêts pour la sortie scolaire à Paris !
Vous descendez sur le quai de la gare Montparnasse.

Les minutes passent, mais votre professeur n'est toujours pas là.
Le train s'est vidé… Un signal retentit pour indiquer qu'il va repartir.
Les portes se ferment.

Tout à coup, vous voyez votre professeur qui dort tranquillement dans le train… Il ne s'est pas réveillé, et n'a donc pas pu descendre !
Le train commence à partir avec Monsieur Nicolas à l'intérieur…
Vous voilà seuls sur le quai de la gare Montparnasse…
Vous décidez de vous répartir en groupes pour faire quand même la visite que votre professeur a mis tant de temps à organiser.

Vous avez 45 minutes pour découvrir quelle est la surprise finale et comment y accéder.
En route !

Teaser vidéo

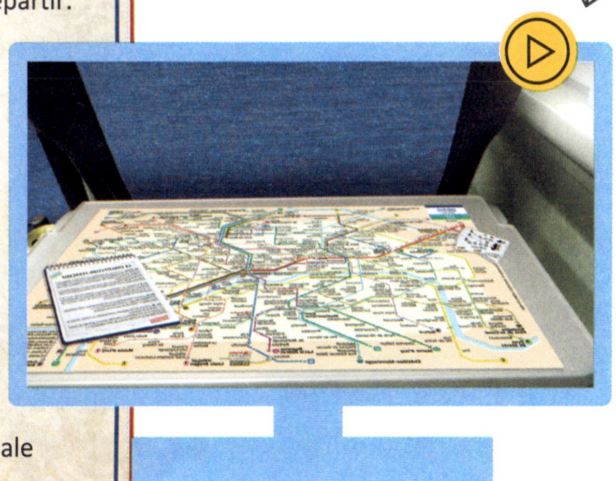

Exploitation possible

→ **fiche photocopiable** Fiche récap à compléter par les élèves lors de la séance suivant le jeu pour récapituler les acquis.

Chaque groupe ne travaille que sur une partie des documents. La mise en commun permet à tous les élèves de découvrir tous les thèmes abordés, avec une reprise plateau par plateau, affichés au tableau :

- chaque groupe peut préparer un résumé de ses découvertes et les présenter à l'ensemble de la classe oralement ;
- ce résumé peut servir de trace écrite à toute la classe selon le plan de cours proposé par l'enseignant(e) ;
- dans l'optique d'une classe-puzzle, chaque membre du groupe doit avoir compris les notions de sa feuille de route et être capable de les expliquer à un autre groupe. Chacun devient alors expert dans un autre groupe dans lequel il explique ce qu'il a découvert.

Le plateau pas à pas

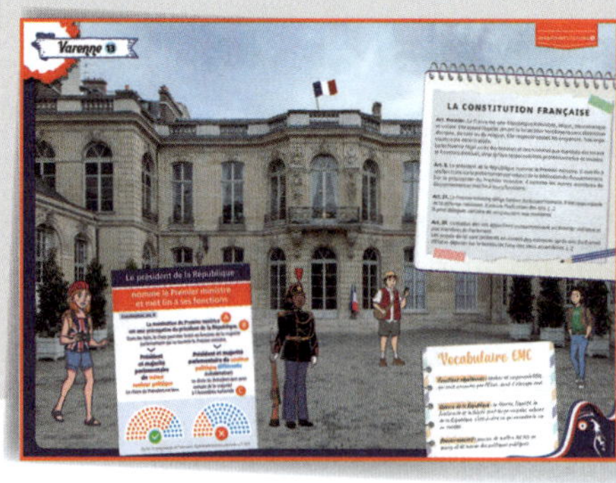

ÉTAPE 1 — 7 min

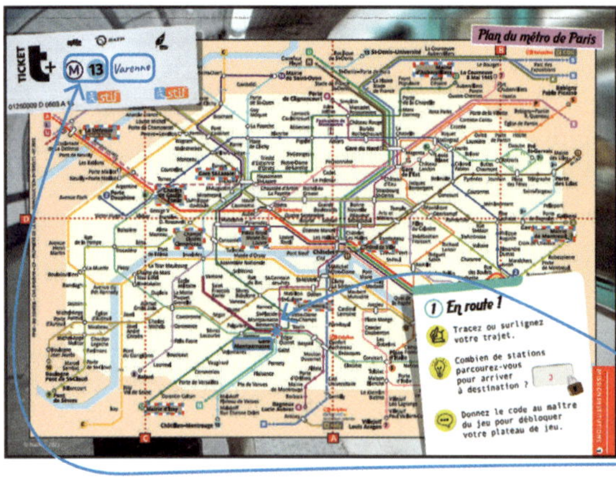

Guidage et relances

La première étape repose sur un repérage dans l'espace parisien grâce au plan du métro de Paris : les élèves doivent trouver où ils sont et où ils se rendent.

- Les élèves ne disposent au début que de la feuille de route, pas du plateau.
- Il est important que les élèves aient accès au plan en couleurs afin de bien visualiser les lignes de métro. Dans l'idéal, distribuer au moins un plan en couleurs par équipe ; à défaut, projeter le plan en couleurs au tableau.
- Sur le plan, il faut retrouver la gare Montparnasse, lieu de départ du jeu.
- Sur le ticket de métro posé en haut du plan, un numéro et un nom de station indiquent quelle ligne prendre et où aller.
- Compter le nombre de stations qu'il faut parcourir pour atteindre la destination (Varenne) à partir de la gare Montparnasse (3). Si les élèves ont des difficultés, leur distribuer le joker 1.
- Le plateau est distribué à l'équipe si le nombre de stations est juste.

ÉTAPE 2 — 4 min

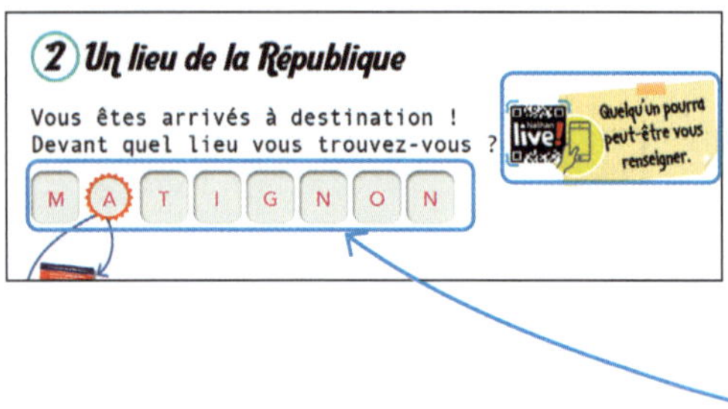

Guidage et relances

Dans l'étape 2, les élèves doivent trouver le nom du lieu devant lequel ils sont arrivés, découvert sur le plateau (Matignon).

- Pour découvrir le nom du lieu, les élèves doivent scanner les personnages du plateau grâce à l'application **Nathan Live!**.
- C'est la garde républicaine qui donne la réponse, ainsi que quelques informations sur le lieu.
- Les élèves écrivent le nom du lieu dans les cases prévues. Une lettre est mise en valeur (A) : elle sert pour l'étape suivante.

ÉTAPE 3 — 4 min

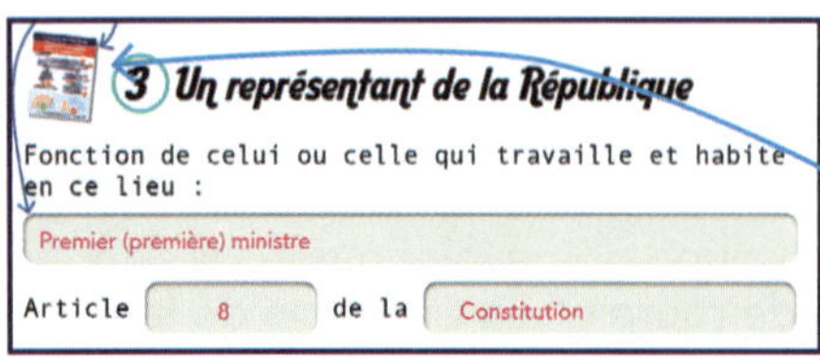

Guidage et relances

L'étape 3 consiste à trouver la fonction principale liée à l'institution étudiée, ainsi qu'un article de la Constitution qui en évoque les compétences.

- Une miniature signale où chercher la réponse : dans l'infographie du plateau.
- La lettre mise en valeur à l'étape 2 permet de trouver la fonction recherchée (premier ministre).
- Le numéro de l'article de la Constitution (8) apparaît également sur l'infographie.

ÉTAPE 4 — 7 min

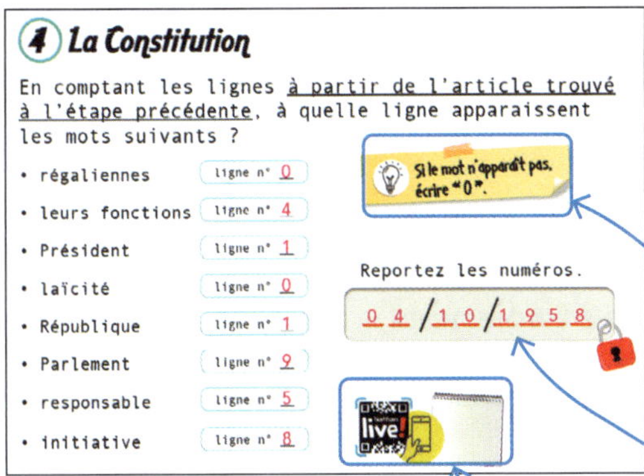

Guidage et relances

L'étape 4 consiste à lire les extraits de la Constitution sur le plateau pour trouver un code.

- Utiliser le numéro d'article trouvé à l'étape 3 (8) : c'est à partir de cet article qu'il faut compter les lignes (et non à partir du début du texte). Si les élèves ne comptent pas à partir de la bonne ligne, leur distribuer le joker 2.
- Les mots de la liste sont à retrouver de façon exacte (en respectant le pluriel, par exemple).
- Si le mot n'apparaît pas dans le texte, il faut écrire « 0 », comme l'indique le post-it.
- Les 8 chiffres forment une date (04/10/1958 – date de la Constitution) qui sert de code pour débloquer l'étape suivante. Pour cela il faut scanner le texte de la Constitution sur le plateau avec l'application **Nathan Live!**. Cela permet de débloquer une vidéo.

Le premier ministre

ÉTAPE 5 — 7 min

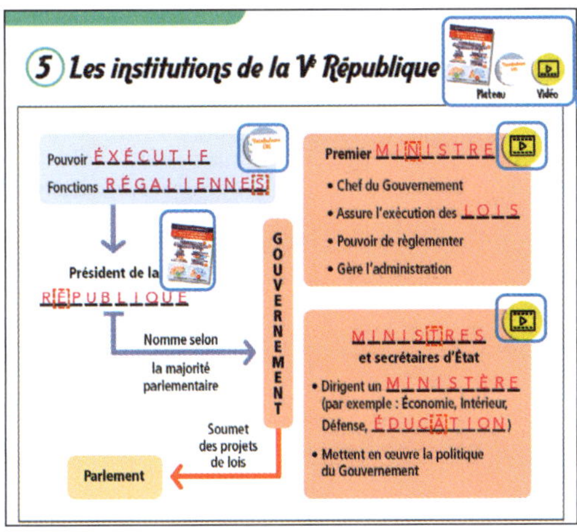

Guidage et relances

L'étape 5 consiste à compléter un schéma sur le fonctionnement de l'institution, grâce à la vidéo et aux documents du plateau.

- Sur le schéma, des pictogrammes indiquent où trouver les mots manquants : vidéo, infographie ou vocabulaire du plateau. Si les élèves ont des difficultés, leur distribuer le joker 3.
- Cinq lettres sont encadrées : elles servent pour l'étape suivante.

ÉTAPE 6 — 6 min

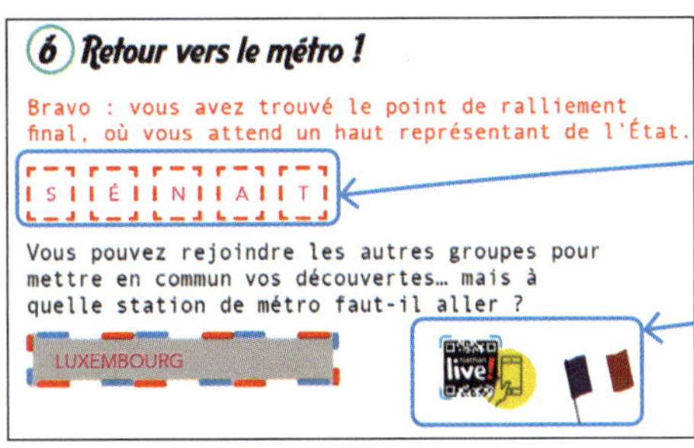

Scannez pour découvrir le pliage en vidéo

Guidage et relances

L'étape 6 consiste à trouver le point de ralliement final de toutes les équipes en réalisant un pliage du plan du métro.

- Remettre dans le bon ordre les cinq lettres encadrées dans le schéma pour trouver un mot (Sénat).
- Scanner le drapeau français du plateau avec l'application **Nathan Live!** et entrer le mot-code (Sénat) pour obtenir es instructions de pliage.
- Plier le plan du métro en suivant les instructions de **Nathan Live!** et les lignes de pliage en pointillés.
- Une station de métro est mise en valeur par le pliage (Luxembourg) : toutes les équipes s'y rejoignent pour la mise en commun. Si les élèves ont des difficultés, leur distribuer le joker 4.

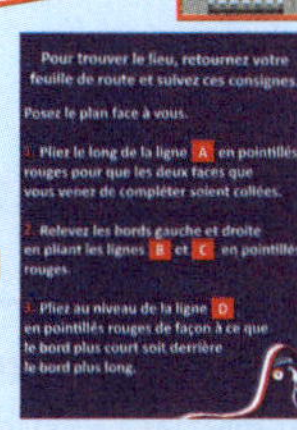

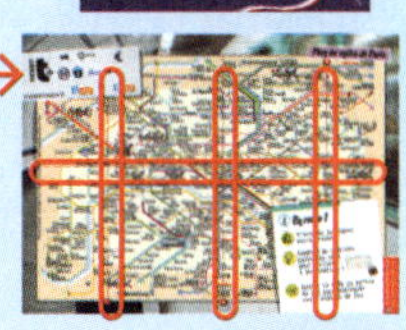

Le plateau 2 pas à pas

ÉTAPE 1 — 7 min

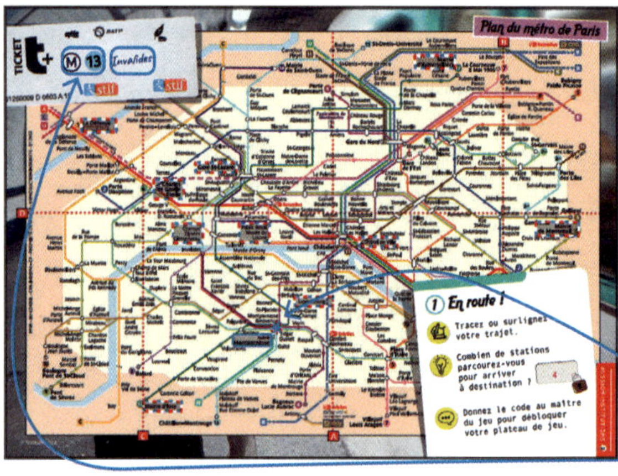

Guidage et relances

La première étape repose sur un repérage dans l'espace parisien grâce au plan du métro de Paris : les élèves doivent trouver où ils sont et où ils se rendent.

- Les élèves ne disposent au début que de la feuille de route, pas du plateau.
- Il est important que les élèves aient accès au plan en couleurs afin de bien visualiser les lignes de métro. Dans l'idéal, distribuer au moins un plan en couleurs par équipe ; à défaut, projeter le plan en couleurs au tableau.
- Sur le plan, il faut retrouver la gare Montparnasse, lieu de départ du jeu.
- Sur le ticket de métro posé en haut du plan, un numéro et un nom de station indiquent quelle ligne prendre et où aller.
- Compter le nombre de stations qu'il faut parcourir pour atteindre la destination (Invalides) à partir de la gare Montparnasse (4). Si les élèves ont des difficultés, leur distribuer le joker 1.
- Le plateau est distribué à l'équipe si le nombre de stations est juste.

ÉTAPE 2 — 4 min

Guidage et relances

Dans l'étape 2, les élèves doivent trouver le nom de l'institution devant laquelle ils sont arrivés, découverte sur le plateau (l'Assemblée nationale).

- Pour découvrir le nom de l'institution, les élèves doivent scanner les personnages du plateau grâce à l'application **Nathan Live!**.
- C'est la garde républicaine qui donne la réponse, ainsi que quelques informations sur le lieu.
- Les élèves écrivent le nom du lieu dans les cases prévues. Une lettre est mise en valeur (A) : elle sert pour l'étape suivante.

ÉTAPE 3 — 4 min

Guidage et relances

L'étape 3 consiste à trouver la fonction principale liée à l'institution étudiée, ainsi qu'un article de la Constitution qui en évoque les compétences.

- Une miniature signale où chercher la réponse : dans l'infographie du plateau.
- La lettre mise en valeur à l'étape 2 permet de trouver la fonction recherchée (députés).
- Le numéro de l'article de la Constitution (24) apparaît également sur l'infographie.

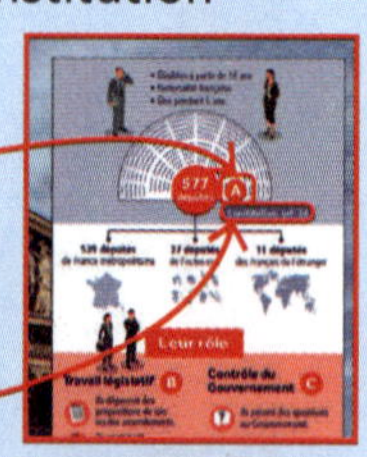

ÉTAPE 4 — 7 min

4 La Constitution

En comptant les lignes à partir de l'article trouvé à l'étape précédente, à quelle ligne apparaissent les mots suivants ?

- régaliennes — ligne n° 0
- députés — ligne n° 4
- politiques — ligne n° 1
- laïcité — ligne n° 0
- la loi — ligne n° 1
- censure — ligne n° 9
- Français — ligne n° 5
- aux membres du Parlement — ligne n° 8

Si le mot n'apparaît pas, écrire « 0 ».

Reportez les numéros.

04/10/1958

Guidage et relances

L'étape 4 consiste à lire les extraits de la Constitution sur le plateau pour trouver un code.

- Utiliser le numéro d'article trouvé à l'étape 3 (24) : c'est à partir de cet article qu'il faut compter les lignes (et non à partir du début du texte). Si les élèves ne comptent pas à partir de la bonne ligne, leur distribuer le joker 2.

- Les mots de la liste sont à retrouver de façon exacte (en respectant le pluriel, par exemple).
- Si le mot n'apparaît pas dans le texte, il faut écrire « 0 », comme l'indique le post-it.
- Les 8 chiffres forment une date (04/10/1958 – date de la Constitution) qui sert de code pour débloquer l'étape suivante. Pour cela il faut scanner le texte de la Constitution sur le plateau avec l'application **Nathan Live!**. Cela permet de débloquer une vidéo.

ÉTAPE 5 — 7 min

5 Les institutions de la Ve République

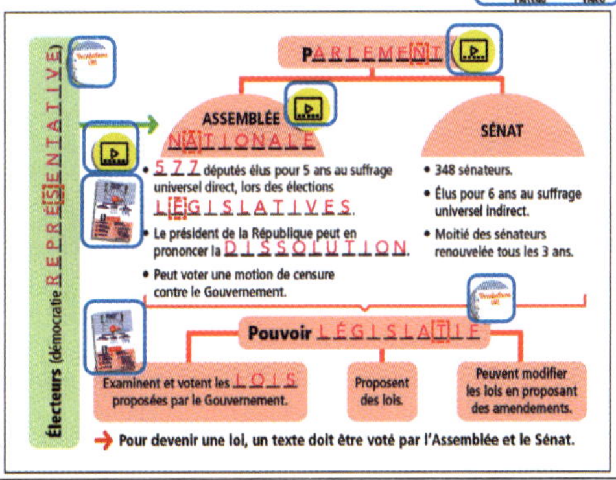

Guidage et relances

L'étape 5 consiste à compléter un schéma sur le fonctionnement de l'institution, grâce à la vidéo et aux documents du plateau.

- Sur le schéma, des pictogrammes indiquent où trouver les mots manquants : vidéo, infographie ou vocabulaire du plateau. Si les élèves ont des difficultés, leur distribuer le joker 3.

- Cinq lettres sont encadrées : elles servent pour l'étape suivante.

ÉTAPE 6 — 6 min

6 Retour vers le métro !

Bravo : vous avez trouvé le point de ralliement final, où vous attend un haut représentant de l'État.

S É N A T

Vous pouvez rejoindre les autres groupes pour mettre en commun vos découvertes… mais à quelle station de métro faut-il aller ?

LUXEMBOURG

Scannez pour découvrir le pliage en vidéo

Guidage et relances

L'étape 6 consiste à trouver le point de ralliement final de toutes les équipes en réalisant un pliage du plan du métro.

- Remettre dans le bon ordre les cinq lettres encadrées dans le schéma pour trouver un mot (Sénat).

- Scanner le drapeau français du plateau avec l'application **Nathan Live!** et entrer le mot-code (Sénat) pour obtenir les instructions de pliage.

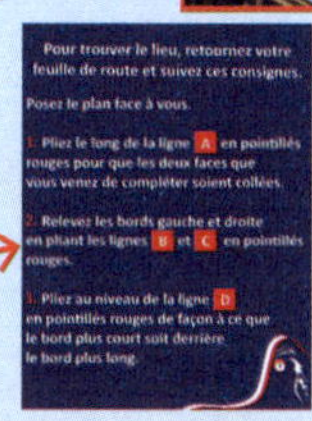

- Plier le plan du métro en suivant les instructions de **Nathan Live!** et les lignes de pliage en pointillés.

- Une station de métro est mise en valeur par le pliage (Luxembourg) : toutes les équipes s'y rejoignent pour la mise en commun. Si les élèves ont des difficultés, leur distribuer le joker 4.

Le plateau 3 pas à pas

ÉTAPE 1 — 7 min

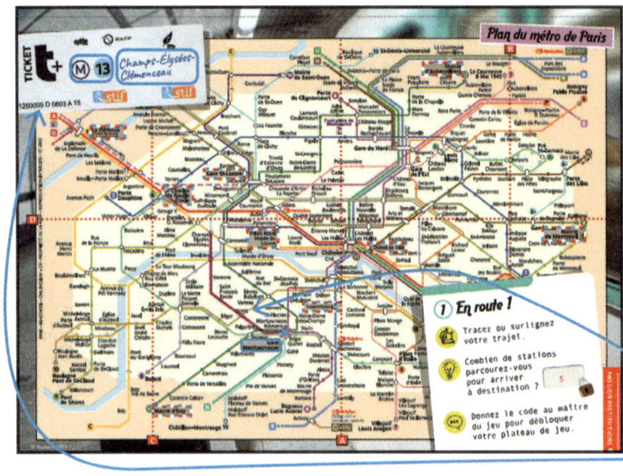

Guidage et relances

La première étape repose sur un repérage dans l'espace parisien grâce au plan du métro de Paris : les élèves doivent trouver où ils sont et où ils se rendent.

- Les élèves ne disposent au début que de la feuille de route, pas du plateau.
- Il est important que les élèves aient accès au plan en couleurs afin de bien visualiser les lignes de métro. Dans l'idéal, distribuer au moins un plan en couleurs par équipe ; à défaut, projeter le plan en couleurs au tableau.
- Sur le plan, il faut retrouver la gare Montparnasse, lieu de départ du jeu.
- Sur le ticket de métro posé en haut du plan, un numéro et un nom de station indiquent quelle ligne prendre et où aller.
- Compter le nombre de stations qu'il faut parcourir pour atteindre la destination (Champs-Élysées-Clemenceau) à partir de la gare Montparnasse (5). Si les élèves ont des difficultés, leur distribuer le joker 1.
- Le plateau est distribué à l'équipe si le nombre de stations est juste.

ÉTAPE 2 — 4 min

Guidage et relances

Dans l'étape 2, les élèves doivent trouver le nom du lieu devant lequel ils sont arrivés, découvert sur le plateau (l'Élysée).

- Pour découvrir le nom du lieu, les élèves doivent scanner les personnages du plateau grâce à l'application **Nathan Live!**.
- C'est la garde républicaine qui donne la réponse, ainsi que quelques informations sur le lieu.
- Les élèves écrivent le nom du lieu dans les cases prévues. Une lettre est mise en valeur (Y) : elle sert pour l'étape suivante.

ÉTAPE 3 — 4 min

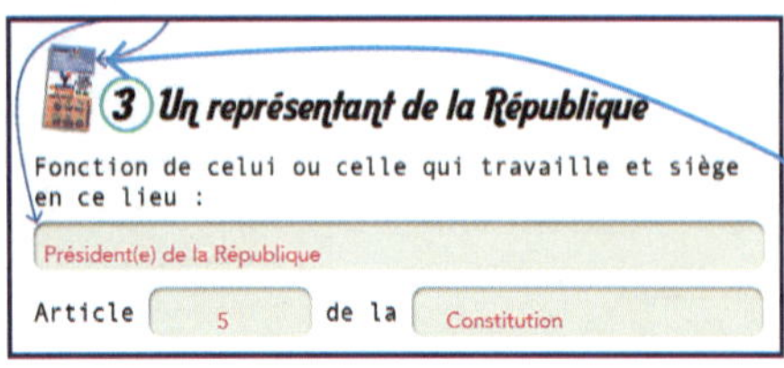

Guidage et relances

L'étape 3 consiste à trouver la fonction principale liée à l'institution étudiée, ainsi qu'un article de la Constitution qui en évoque les compétences.

- Une miniature signale où chercher la réponse : dans l'infographie du plateau.
- La lettre mise en valeur à l'étape 2 permet de trouver la fonction recherchée (président de la République).
- Le numéro de l'article de la Constitution (5) apparaît également sur l'infographie.

ÉTAPE 4 — 7 min

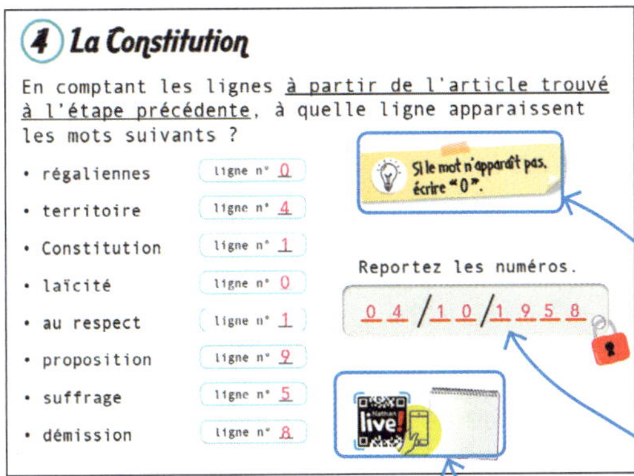

Guidage et relances

L'étape 4 consiste à lire les extraits de la Constitution sur le plateau pour trouver un code.

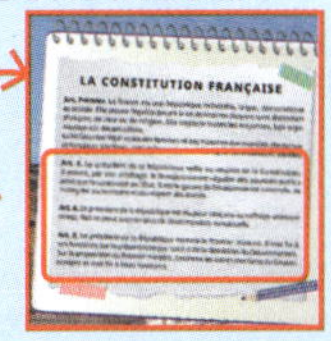

- Utiliser le numéro d'article trouvé à l'étape 3 (5) : c'est à partir de cet article qu'il faut compter les lignes (et non à partir du début du texte). Si les élèves ne comptent pas à partir de la bonne ligne, leur distribuer le joker 2.

- Les mots de la liste sont à retrouver de façon exacte (en respectant le pluriel, par exemple).
- Si le mot n'apparaît pas dans le texte, il faut écrire « 0 », comme l'indique le post-it.
- Les 8 chiffres forment une date (04/10/1958 – date de la Constitution) qui sert de code pour débloquer l'étape suivante. Pour cela il faut scanner le texte de la Constitution sur le plateau avec l'application **Nathan Live!**. Cela permet de débloquer une vidéo.

ÉTAPE 5 — 7 min

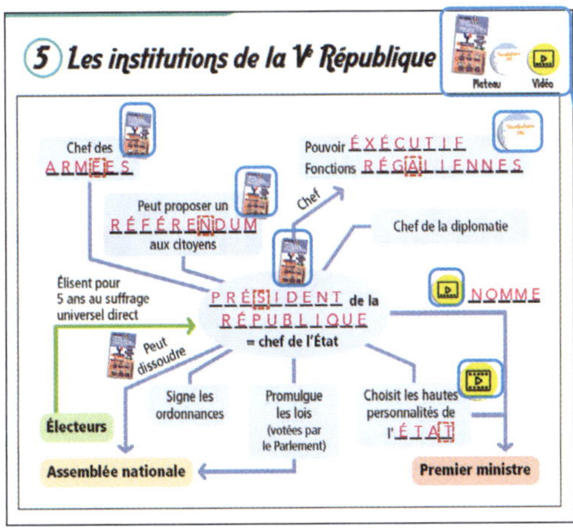

Guidage et relances

L'étape 5 consiste à compléter un schéma sur le fonctionnement de l'institution, grâce à la vidéo et aux documents du plateau.

- Sur le schéma, des pictogrammes indiquent où trouver les mots manquants : vidéo, infographie ou vocabulaire du plateau. Si les élèves ont des difficultés, leur distribuer le joker 3.

- Cinq lettres sont encadrées : elles servent pour l'étape suivante.

ÉTAPE 6 — 6 min

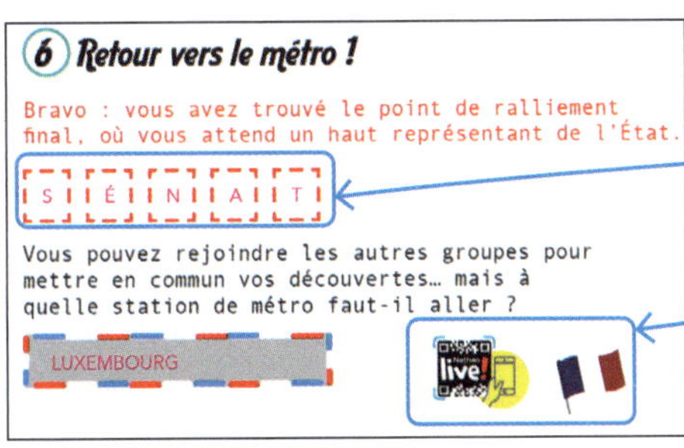

Scannez pour découvrir le pliage en vidéo

Guidage et relances

L'étape 6 consiste à trouver le point de ralliement final de toutes les équipes en réalisant un pliage du plan du métro.

- Remettre dans le bon ordre les cinq lettres encadrées dans le schéma pour trouver un mot (Sénat).

- Scanner le drapeau français du plateau avec l'application **Nathan Live!** et entrer le mot-code (Sénat) pour obtenir les instructions de pliage.

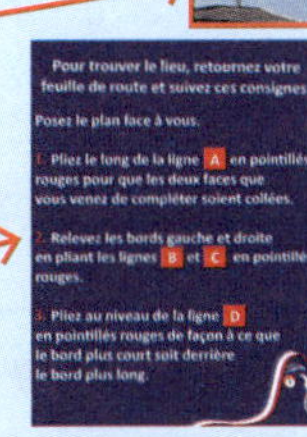

- Plier le plan du métro en suivant les instructions de **Nathan Live!** et les lignes de pliage en pointillés.

- Une station de métro est mise en valeur par le pliage (Luxembourg) : toutes les équipes s'y rejoignent pour la mise en commun. Si les élèves ont des difficultés, leur distribuer le joker 4.

Le plateau 4 pas à pas

ÉTAPE 1 — 7 min

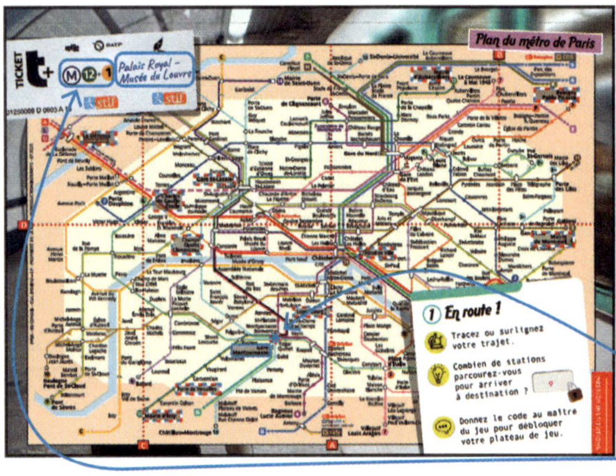

Guidage et relances

La première étape repose sur un repérage dans l'espace parisien grâce au plan du métro de Paris : les élèves doivent trouver où ils sont et où ils se rendent.

- Les élèves ne disposent au début que de la feuille de route, pas du plateau.
- Il est important que les élèves aient accès au plan en couleurs afin de bien visualiser les lignes de métro. Dans l'idéal, distribuer au moins un plan en couleurs par équipe ; à défaut, projeter le plan en couleurs au tableau.
- Sur le plan, il faut retrouver la gare Montparnasse, lieu de départ du jeu.
- Sur le ticket de métro posé en haut du plan, un numéro et un nom de station indiquent quelle ligne prendre et où aller.
- Compter le nombre de stations qu'il faut parcourir pour atteindre la destination (Palais Royal – Musée du Louvre) à partir de la gare Montparnasse (9). Si les élèves ont des difficultés, leur distribuer le joker 1.
- Le plateau est distribué à l'équipe si le nombre de stations est juste.

ÉTAPE 2 — 4 min

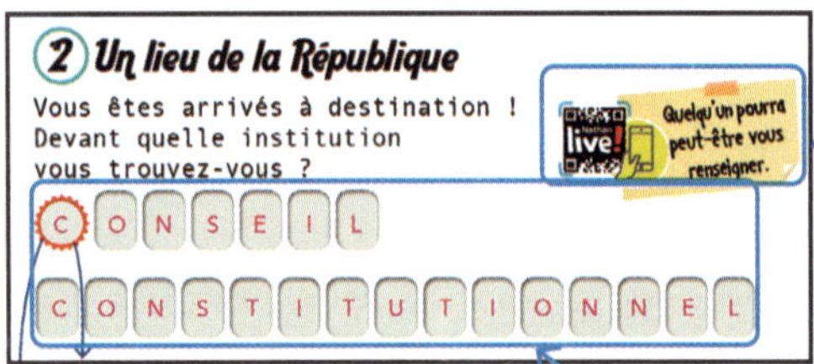

Guidage et relances

Dans l'étape 2, les élèves doivent trouver le nom de l'institution devant laquelle ils sont arrivés, découverte sur le plateau (le Conseil constitutionnel).

- Pour découvrir le nom de l'institution, les élèves doivent scanner les personnages du plateau grâce à l'application **Nathan Live!**.
- C'est la gendarme qui donne la réponse, ainsi que quelques informations sur le lieu.
- Les élèves écrivent le nom du lieu dans les cases prévues. Une lettre est mise en valeur (C) : elle sert pour l'étape suivante.

ÉTAPE 3 — 4 min

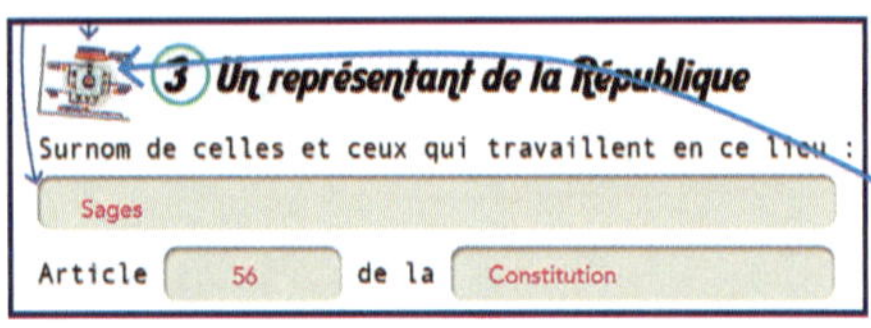

Guidage et relances

L'étape 3 consiste à trouver la fonction principale liée à l'institution étudiée, ainsi qu'un article de la Constitution qui en évoque les compétences.

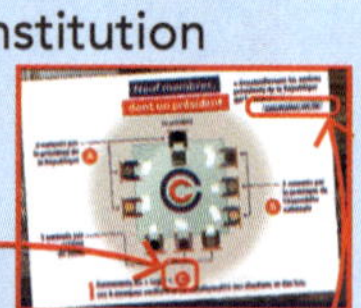

- Une miniature signale où chercher la réponse : dans l'infographie du plateau.
- La lettre mise en valeur à l'étape 2 permet de trouver le surnom des personnes qui y travaillent (« sages »).
- Le numéro de l'article de la Constitution (56) apparaît également sur l'infographie.

ÉTAPE 4 — 7 min

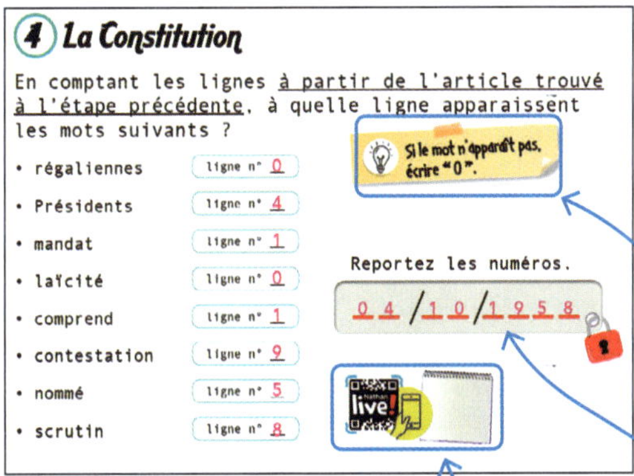

Guidage et relances

L'étape 4 consiste à lire les extraits de la Constitution sur le plateau pour trouver un code.

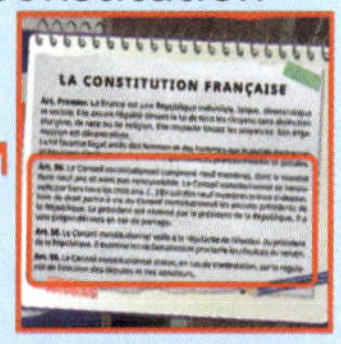

- Utiliser le numéro d'article trouvé à l'étape 3 (56) : c'est à partir de cet article qu'il faut compter les lignes (et non à partir du début du texte). Si les élèves ne comptent pas à partir de la bonne ligne, leur distribuer le joker 2.

- Les mots de la liste sont à retrouver de façon exacte (en respectant le pluriel, par exemple).
- Si le mot n'apparaît pas dans le texte, il faut écrire « 0 », comme l'indique le post-it.
- Les 8 chiffres forment une date (04/10/1958 – date de la Constitution) qui sert de code pour débloquer l'étape suivante. Pour cela il faut scanner le texte de la Constitution sur le plateau avec l'application **Nathan Live!**. Cela permet de débloquer une vidéo.

Le Conseil constitutionnel

ÉTAPE 5 — 7 min

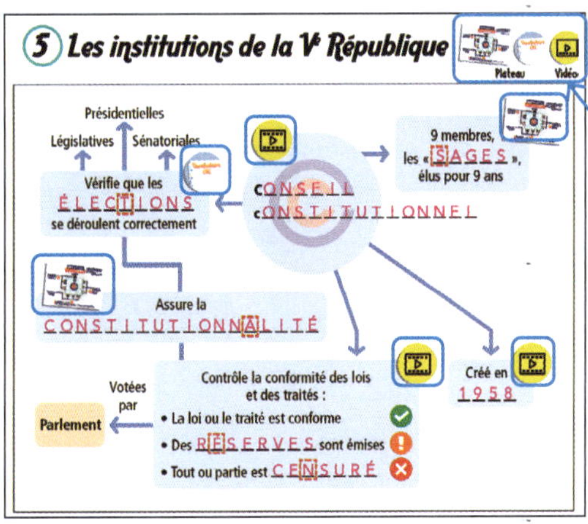

Guidage et relances

L'étape 5 consiste à compléter un schéma sur le fonctionnement de l'institution, grâce à la vidéo et aux documents du plateau.

- Sur le schéma, des pictogrammes indiquent où trouver les mots manquants : vidéo, infographie ou vocabulaire du plateau. Si les élèves ont des difficultés, leur distribuer le joker 3.

- Cinq lettres sont encadrées : elles servent pour l'étape suivante.

ÉTAPE 6 — 6 min

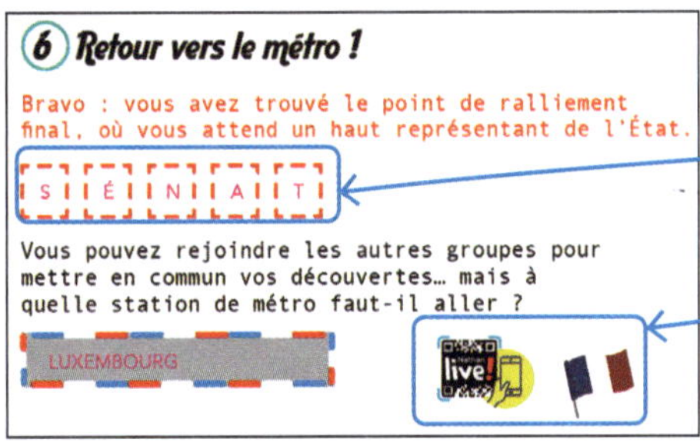

Scannez pour découvrir le pliage en vidéo

Guidage et relances

L'étape 6 consiste à trouver le point de ralliement final de toutes les équipes en réalisant un pliage du plan du métro.

- Remettre dans le bon ordre les cinq lettres encadrées dans le schéma pour trouver un mot (Sénat).

- Scanner le drapeau français du plateau avec l'application **Nathan Live!** et entrer le mot-code (Sénat) pour obtenir les instructions de pliage.

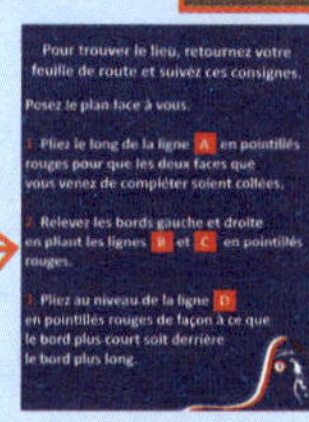

- Plier le plan du métro en suivant les instructions de **Nathan Live!** et les lignes de pliage en pointillés.

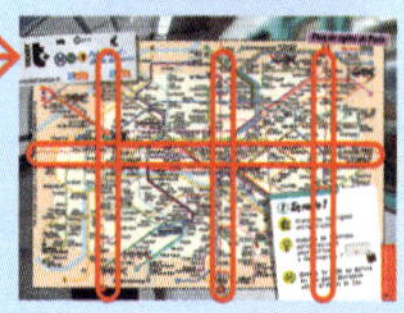

- Une station de métro est mise en valeur par le pliage (Luxembourg) : toutes les équipes s'y rejoignent pour la mise en commun. Si les élèves ont des difficultés, leur distribuer le joker 4.

Le plateau 5 pas à pas

ÉTAPE 1 — 7 min

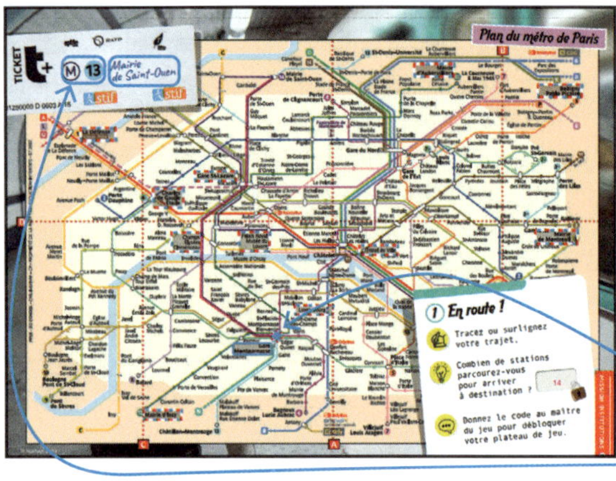

Guidage et relances

La première étape repose sur un repérage dans l'espace parisien grâce au plan du métro de Paris : les élèves doivent trouver où ils sont et où ils se rendent.

- Les élèves ne disposent au début que de la feuille de route, pas du plateau.
- Il est important que les élèves aient accès au plan en couleurs afin de bien visualiser les lignes de métro. Dans l'idéal, distribuer au moins un plan en couleurs par équipe ; à défaut, projeter le plan en couleurs au tableau.
- Sur le plan, il faut retrouver la gare Montparnasse, lieu de départ du jeu.
- Sur le ticket de métro posé en haut du plan, un numéro et un nom de station indiquent quelle ligne prendre et où aller.
- Compter le nombre de stations qu'il faut parcourir pour atteindre la destination (Mairie de Saint-Ouen) à partir de la gare Montparnasse (14). Si les élèves ont des difficultés, leur distribuer le joker 1.
- Le plateau est distribué à l'équipe si le nombre de stations est juste.

ÉTAPE 2 — 4 min

2 Un lieu de la République

Vous êtes arrivés à destination ! Devant quelle institution vous trouvez-vous ?

C O N S E I L

R É G I O N A L

Quelqu'un pourra peut-être vous renseigner.

Guidage et relances

Dans l'étape 2, les élèves doivent trouver le nom de l'institution devant laquelle ils sont arrivés, découverte sur le plateau (le Conseil régional).

- Pour découvrir le nom de l'institution, les élèves doivent scanner les personnages du plateau grâce à l'application **Nathan Live!**.
- C'est la gendarme qui donne la réponse, ainsi que quelques informations sur le lieu.
- Les élèves écrivent le nom du lieu dans les cases prévues. Une lettre est mise en valeur (A) : elle sert pour l'étape suivante.

ÉTAPE 3 — 4 min

3 Un représentant de la République

Fonction de celles et ceux qui travaillent en ce lieu :

Conseillers régionaux

Article 72 de la Constitution

Guidage et relances

L'étape 3 consiste à trouver la fonction principale liée à l'institution étudiée, ainsi qu'un article de la Constitution qui en évoque les compétences.

- Une miniature signale où chercher la réponse : dans l'infographie du plateau.
- La lettre mise en valeur à l'étape 2 permet de trouver la fonction recherchée (conseillers régionaux).
- Le numéro de l'article de la Constitution (72) apparaît également sur l'infographie.

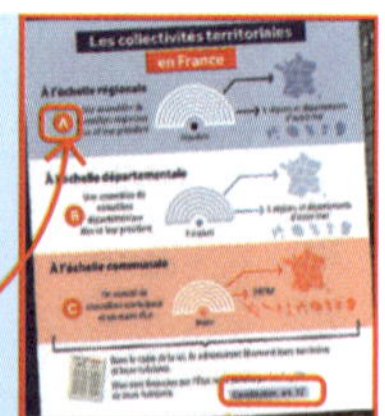

ÉTAPE 4 — 7 min

4 La Constitution

En comptant les lignes à partir de l'article trouvé à l'étape précédente, à quelle ligne apparaissent les mots suivants ?

- régaliennes — ligne n° 0
- échelon — ligne n° 4
- communes — ligne n° 1
- laïcité — ligne n° 0
- République — ligne n° 1
- impositions — ligne n° 9
- s'administrent — ligne n° 5
- fixées — ligne n° 8

Si le mot n'apparaît pas, écrire « 0 ».

Reportez les numéros.

04/10/1958

Guidage et relances

L'étape 4 consiste à lire les extraits de la Constitution sur le plateau pour trouver un code.

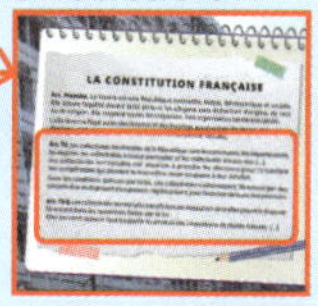

- Utiliser le numéro d'article trouvé à l'étape 3 (72) : c'est à partir de cet article qu'il faut compter les lignes (et non à partir du début du texte). Si les élèves ne comptent pas à partir de la bonne ligne, leur distribuer le joker 2.
- Les mots de la liste sont à retrouver de façon exacte (en respectant le pluriel, par exemple).
- Si le mot n'apparaît pas dans le texte, il faut écrire « 0 », comme l'indique le post-it.
- Les 8 chiffres forment une date (04/10/1958 – date de la Constitution) qui sert de code pour débloquer l'étape suivante. Pour cela il faut scanner le texte de la Constitution sur le plateau avec l'application **Nathan Live!**. Cela permet de débloquer une vidéo.

Le Conseil régional

ÉTAPE 5 — 7 min

5 Les institutions de la Ve République

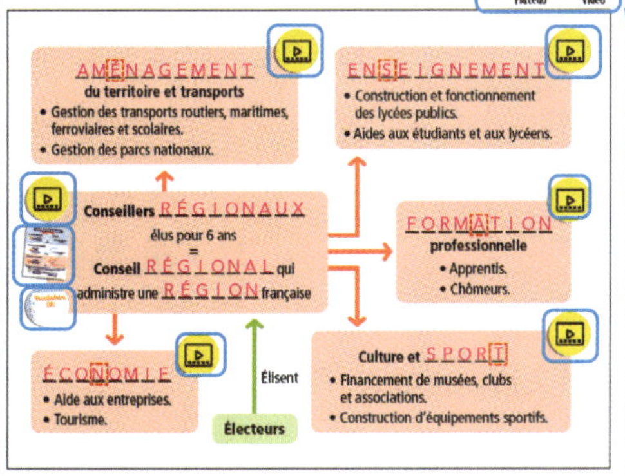

Guidage et relances

L'étape 5 consiste à compléter un schéma sur le fonctionnement de l'institution, grâce à la vidéo et aux documents du plateau.

- Sur le schéma, des pictogrammes indiquent où trouver les mots manquants : vidéo, infographie ou vocabulaire du plateau. Si les élèves ont des difficultés, leur distribuer le joker 3.
- Cinq lettres sont encadrées : elles servent pour l'étape suivante.

ÉTAPE 6 — 6 min

6 Retour vers le métro !

Bravo : vous avez trouvé le point de ralliement final, où vous attend un haut représentant de l'État.

S É N A T

Vous pouvez rejoindre les autres groupes pour mettre en commun vos découvertes… mais à quelle station de métro faut-il aller ?

LUXEMBOURG

Scannez pour découvrir le pliage en vidéo

Guidage et relances

L'étape 6 consiste à trouver le point de ralliement final de toutes les équipes en réalisant un pliage du plan du métro.

- Remettre dans le bon ordre les cinq lettres encadrées dans le schéma pour trouver un mot (Sénat).

- Scanner le drapeau français du plateau avec l'application **Nathan Live!** et entrer le mot-code (Sénat) pour obtenir les instructions de pliage.

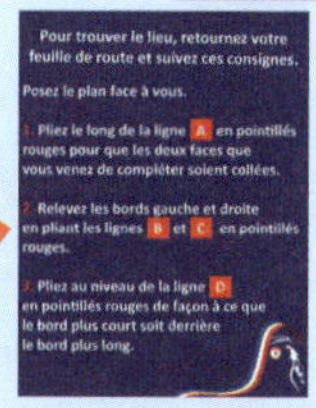

- Plier le plan du métro en suivant les instructions de **Nathan Live!** et les lignes de pliage en pointillés.

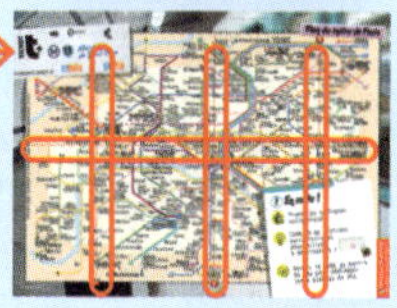

- Une station de métro est mise en valeur par le pliage (Luxembourg) : toutes les équipes s'y rejoignent pour la mise en commun. Si les élèves ont des difficultés, leur distribuer le joker 4.

Le plateau 6 pas à pas

ÉTAPE 1 — 7 min

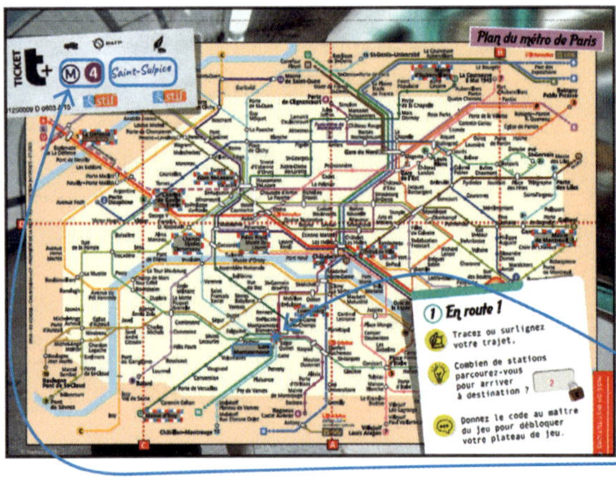

Guidage et relances

La première étape repose sur un repérage dans l'espace parisien grâce au plan du métro de Paris : les élèves doivent trouver où ils sont et où ils se rendent.

- Les élèves ne disposent au début que de la feuille de route, pas du plateau.
- Il est important que les élèves aient accès au plan en couleurs afin de bien visualiser les lignes de métro. Dans l'idéal, distribuer au moins un plan en couleurs par équipe ; à défaut, projeter le plan en couleurs au tableau.
- Sur le plan, il faut retrouver la gare Montparnasse, lieu de départ du jeu.
- Sur le ticket de métro posé en haut du plan, un numéro et un nom de station indiquent quelle ligne prendre et où aller.
- Compter le nombre de stations qu'il faut parcourir pour atteindre la destination (Saint-Sulpice) à partir de la gare Montparnasse (2). Si les élèves ont des difficultés, leur distribuer le joker 1.
- Le plateau est distribué à l'équipe si le nombre de stations est juste.

ÉTAPE 2 — 4 min

2 Un lieu de la République

Vous marchez quelques minutes et vous arrivez à destination ! Devant quelle institution vous trouvez-vous ?

M A I R I E

live! Quelqu'un pourra peut-être vous renseigner.

Guidage et relances

Dans l'étape 2, les élèves doivent trouver le nom de l'institution devant laquelle ils sont arrivés, découverte sur le plateau (mairie).

- Pour découvrir le nom de l'institution, les élèves doivent scanner les personnages du plateau grâce à l'application **Nathan Live!**.
- C'est la gendarme qui donne la réponse, ainsi que quelques informations sur le lieu.
- Les élèves écrivent le nom du lieu dans les cases prévues. Une lettre est mise en valeur (A) : elle sert pour l'étape suivante.

ÉTAPE 3 — 4 min

3 Un représentant de la République

Fonction de celui ou celle qui dirige ce lieu : Maire

Article 72 de la Constitution

Guidage et relances

L'étape 3 consiste à trouver la fonction principale liée à l'institution étudiée, ainsi qu'un article de la Constitution qui en évoque les compétences.

- Une miniature signale où chercher la réponse : dans l'infographie du plateau.
- La lettre mise en valeur à l'étape 2 permet de trouver la fonction recherchée (maire).
- Le numéro de l'article de la Constitution (72) apparaît également sur l'infographie.

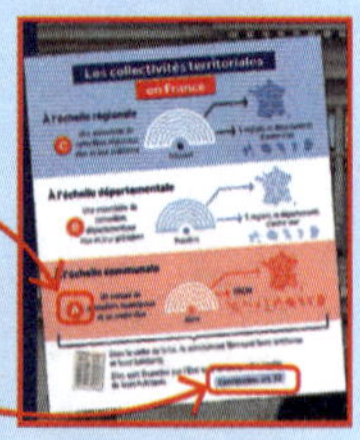

ÉTAPE 4 — 7 min

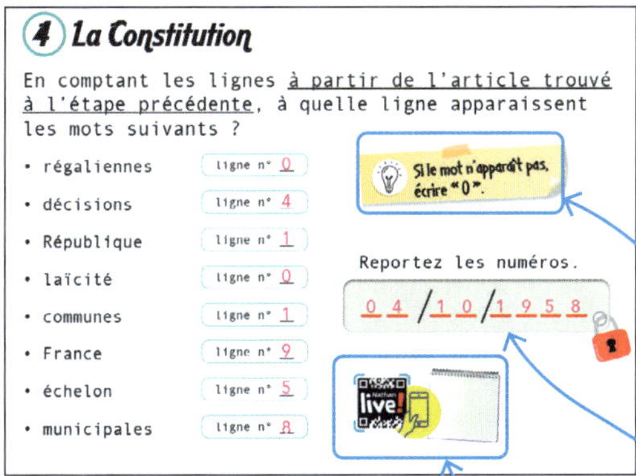

Guidage et relances

L'étape 4 consiste à lire les extraits de la Constitution sur le plateau pour trouver un code.

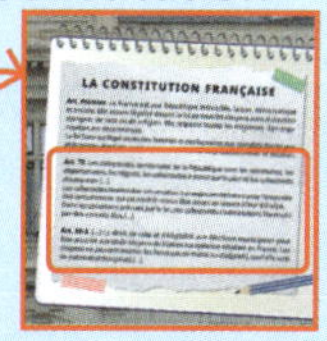

- Utiliser le numéro d'article trouvé à l'étape 3 (72) : c'est à partir de cet article qu'il faut compter les lignes (et non à partir du début du texte). Si les élèves ne comptent pas à partir de la bonne ligne, leur distribuer le joker 2.
- Les mots de la liste sont à retrouver de façon exacte (en respectant le pluriel, par exemple).
- Si le mot n'apparaît pas dans le texte, il faut écrire « 0 », comme l'indique le post-it.
- Les 8 chiffres forment une date (04/10/1958 – date de la Constitution) qui sert de code pour débloquer l'étape suivante. Pour cela il faut scanner le texte de la Constitution sur le plateau avec l'application **Nathan Live!**. Cela permet de débloquer une vidéo.

joker!

Le Conseil municipal

ÉTAPE 5 — 7 min

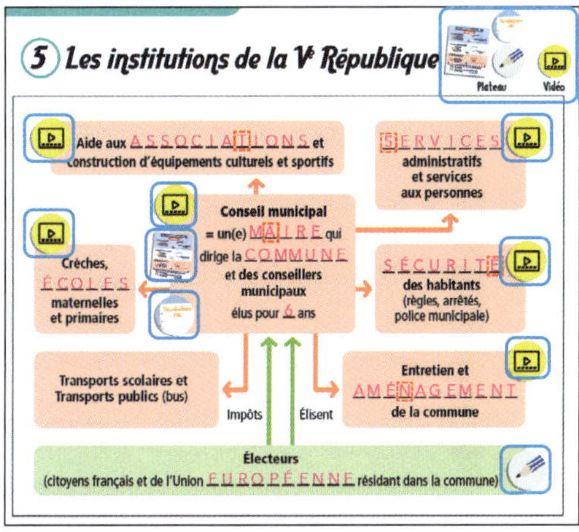

Guidage et relances

L'étape 5 consiste à compléter un schéma sur le fonctionnement de l'institution, grâce à la vidéo et aux documents du plateau.

- Sur le schéma, des pictogrammes indiquent où trouver les mots manquants : vidéo, infographie, Constitution ou vocabulaire du plateau. Si les élèves ont des difficultés, leur distribuer le joker 3.
- Cinq lettres sont encadrées : elles servent pour l'étape suivante.

joker!

ÉTAPE 6 — 6 min

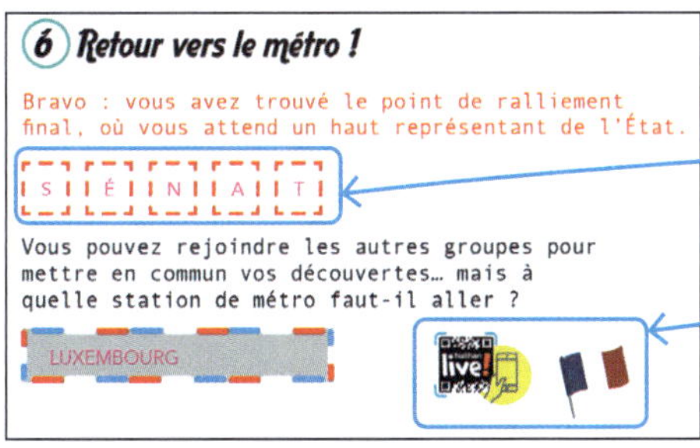

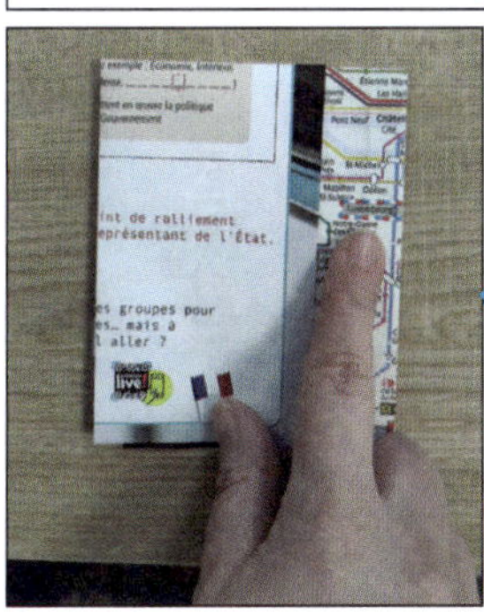

Scannez pour découvrir le pliage en vidéo

Guidage et relances

L'étape 6 consiste à trouver le point de ralliement final de toutes les équipes en réalisant un pliage du plan du métro.

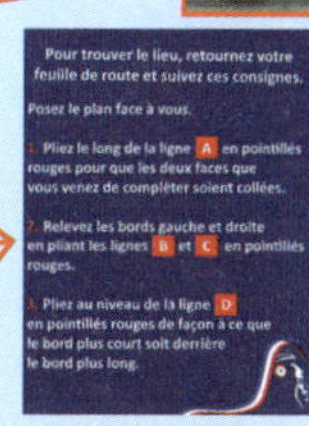

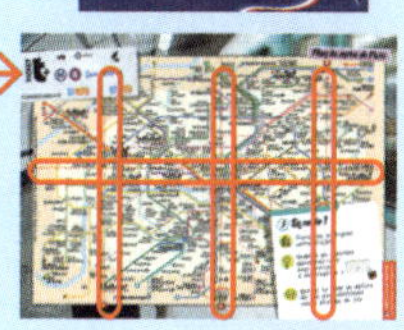

- Remettre dans le bon ordre les cinq lettres encadrées dans le schéma pour trouver un mot (Sénat).
- Scanner le drapeau français du plateau avec l'application **Nathan Live!** et entrer le mot-code (Sénat) pour obtenir les instructions de pliage.
- Plier le plan du métro en suivant les instructions de **Nathan Live!** et les lignes de pliage en pointillés.
- Une station de métro est mise en valeur par le pliage (Luxembourg) : toutes les équipes s'y rejoignent pour la mise en commun. Si les élèves ont des difficultés, leur distribuer le joker 4.

joker!

Mise en commun et résolution finale

10 min

MISE EN COMMUN

Une fois toutes les étapes réalisées, les équipes ont recueilli des informations sur une institution de la Ve République, son fonctionnement et ses compétences ; elles ont complété un schéma. Les six schémas simplifiés sont à remettre dans l'ordre comme un puzzle et à compléter.

Mots utiles pour le schéma de la mise en commun

Plateau 1 ➜ exécutif, ministre, ministres

Plateau 2 ➜ lois, législatif, Assemblée nationale, députés, 5, Sénat

Plateau 3 ➜ exécutif, président de la République, 5, dissolution

Plateau 4 ➜ lois, constitutionnel, sages, 9

Plateau 5 ➜ régionaux, président(e), 6

Plateau 6 ➜ municipaux, maire, 6

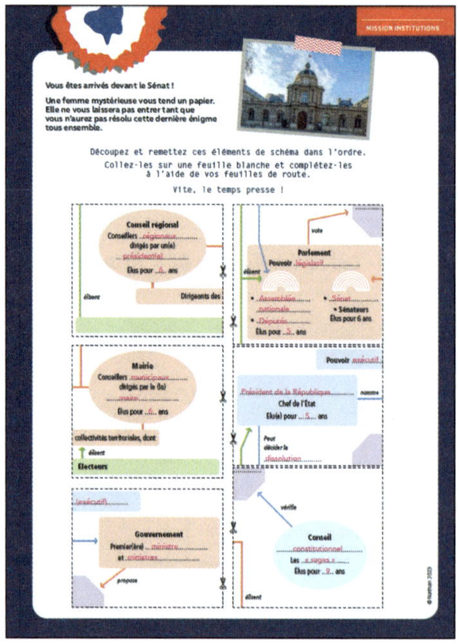

Guidage et relances

- La mise en commun peut être animée par l'enseignant(e), qui interroge chaque groupe et aide à la reconstitution du puzzle. Le porte-parole donne les mots ou chiffres issus du schéma complété par l'équipe. La fiche de mise en commun est projetée au tableau et complétée au fur et à mesure.
- Autre possibilité : lorsque le temps est écoulé – ou avant, si des groupes sont en avance –, un ambassadeur de chaque groupe peut aller voir les autres groupes pour demander un résumé de ce qui a été trouvé afin de compléter la mise en commun. Une correction collective a lieu ensuite.

RÉSOLUTION FINALE

À la fin de la mise en commun, les équipes disposent d'un schéma complet et collé, qui représente la résolution du jeu.

Guidage et relances

Cette dernière phase du jeu pourra se dérouler :

- **sur un mode collaboratif :** chaque équipe donne ses mots et chiffres, qui sont inscrits au tableau, par exemple. Le but est de trouver tous ensemble le schéma simplifié des institutions de la Ve République. Si les élèves ont des difficultés, les aider à mettre en ordre le puzzle et à réfléchir aux liens entre les cases représentant chaque institution.
- **sur un mode compétitif :** une fois les indices dévoilés, la première équipe qui explique qu'il s'agit d'une démocratie, en argumentant grâce au schéma, gagne le jeu !

TOUTES LES RÉPONSES en un coup d'œil !

	Plateau 1 Varenne 13	Plateau 2 Invalides 13	Plateau 3 Champs-Élysées-Clemenceau 13	Plateau 4 Palais Royal – Musée du Louvre 12 + 1	Plateau 5 Mairie de Saint-Ouen 13	Plateau 6 Saint-Sulpice 4
ÉTAPE 1 7 min						
▶ Trajet à réaliser	Montparnasse → Varenne (ligne 13)	Montparnasse → Invalides (ligne 13)	Montparnasse → Champs-Élysées-Clémenceau (ligne 13)	Montparnasse → Concorde (ligne 12) → Palais Royal – Musée du Louvre (ligne 1)	Montparnasse → Mairie de Saint-Ouen (ligne 13)	Montparnasse → Saint-Sulpice (ligne 4)
▶ Nombre de stations	3	4	5	9	14	2
ÉTAPE 2 4 min						
▶ Personnage à scanner avec Nathan Live!	Garde républicaine	Garde républicaine	Garde républicaine	Gendarme	Gendarme	Gendarme
▶ Lieu/institution à trouver	Matignon	Assemblée nationale	Élysée	Conseil constitutionnel	Conseil régional	Mairie
ÉTAPE 3 4 min						
▶ Nom à trouver	Premier (première) ministre	Député(e)s	Président de la République	Sages	Conseillers régionaux	Maire
▶ Phrase à compléter	Article 8 de la Constitution	Article 24 de la Constitution	Article 5 de la Constitution	Article 56 de la Constitution	Article 72 de la Constitution	Article 72 de la Constitution
ÉTAPE 4 7 min						
▶ Numéros de lignes à trouver	0 ; 4 ; 1 ; 0 ; 1 ; 9 ; 5 ; 8					
▶ Code pour Nathan Live!	04/10/1958					
▶ Élément à scanner	Le carnet avec la Constitution					
ÉTAPE 5 7 min						
▶ Mots à compléter	De haut en bas et de gauche à droite : exécutif ; régaliennes ; République ; ministre ; lois ; ministres ; ministère ; Éducation	De gauche à droite et de haut en bas : représentative ; Parlement ; nationale ; 577 ; législatives ; dissolution ; législatif ; lois	Au centre : président ; République Dans le sens des aiguilles d'une montre : exécutif ; régaliennes ; nomme ; État ; référendum ; armées	Au centre : Conseil constitutionnel Dans le sens des aiguilles d'une montre : sages ; 1958 ; réserves ; censuré ; constitutionnalité ; élections	De haut en bas et de gauche à droite : aménagement ; régionaux ; régional ; région ; économie ; enseignement ; formation ; sport	Au centre : maire ; commune ; 6 Dans le sens des aiguilles d'une montre : services ; sécurité ; aménagement ; européenne ; écoles ; associations
ÉTAPE 5 6 min						
▶ Lieu à trouver	Sénat					
▶ Élément à scanner	Drapeau dessiné sur le plateau					
▶ Station de métro	Luxembourg					
MISE EN COMMUN ET RÉSOLUTION FINALE 10 min	exécutif, ministre, ministres	lois, législatif, Assemblée nationale, députés, 5, Sénat	exécutif, président de la République, 5, dissolution	lois, constitutionnel, sages, 9	régionaux, président(e), 6	municipaux, maire, 6

Scripts

Scripts des vidéos disponibles dans la version numérique de la pochette

des documents audios des Escape Games

ESCAPE GAME 1 Alerte à Radio Collège

▶ Plateau 1 : audio

Bonjour et bienvenue sur Radio Collège !

Quels sont les titres à la une de France Inter mercredi 30 novembre 2022 ?

D'abord, le voyage présidentiel d'Emmanuel Macron aux États-Unis qui doit exprimer les inquiétudes européennes face aux protectionnisme américain.

Ensuite, face aux manifestations du week-end en Chine, le pouvoir censure Internet et la téléphonie.

Le secrétaire général de l'Elysée est soupçonné de conflit d'intérêt vis-à-vis de l'entreprise MSC.

Enfin, le Mondial de football au Qatar avec le match entre la France et la Tunisie. L'entraîneur va faire tourner son effectif en gérant au mieux les égos des joueurs.

▶ Plateau 2 : audio

Bonjour et bienvenue sur Radio Collège.

Voici les grands titres choisis par France Info ce jeudi 1er décembre 2022.

À la une, la Coupe du Monde au Qatar : la France connaît désormais son adversaire pour les 8e de finale, ce sera la Pologne. Elle a été battue 1–0 par la Tunisie hier.

Second titre : Emmanuel Macron est en visite officielle à Washington. Lors du dîner de gala, il critique ouvertement la politique économique américaine.

Ensuite, la SNCF annonce un préavis de grève suivi pour ce week-end.

Enfin, face à la remontée du sida, des artistes des années 1980 comme Lio font de la prévention en studio.

▶ Plateau 3 : audio

Bonjour et bienvenue sur Radio Collège !

À la une ce matin, mardi 15 novembre 2022 sur RTL : les dernières heures pour faire le plein à prix réduit ; les baisses accordées par l'État et par Total diminuent, les automobilistes font la queue pour faire le plein.

Autre titre : le Président français a parlé au Président chinois à Bali avant le G20 : Beijing se montre ferme face à la Russie qui menace d'utiliser l'arme nucléaire.

Nous sommes désormais 8 milliards sur Terre, mais la population mondiale devrait décroître d'ici la fin du siècle.

Enfin, dernier entraînement des bleus à Clairefontaine avant le départ au Qatar. Il faut éviter toute blessure.

▶ Plateau 4 : audio

Bonjour et bienvenue sur Radio Collège !

Je vous présente aujourd'hui une chronique diffusée sur France Inter le lundi 24 décembre 2018, particulièrement intéressante.

En effet, elle nous parle d'un présentateur radio argentin condamné à du « féminisme forcé ».

Ce présentateur, Angel Etchecopar, surnommé « Baby », anime tous les jours à midi une émission sur Radio 10 à Buenos Aires.

Il est très connu pour son franc-parler, pour le fait de donner son avis sur tout, et, surtout, il déteste les féministes.

C'est sur ce point que la justice l'a condamné, pour discrimination et violence de genre. Sa peine se compose d'une probation d'un an au cours de laquelle il ne doit pas insulter les femmes à l'antenne, il est également obligé de donner chaque semaine la parole à des féministes au moins 10 minutes.

Le but de cette sanction, selon le procureur, n'est pas de punir mais d'essayer d'améliorer la tolérance. Ce qui est sûr, c'est que ces 10 minutes vont permettre de donner plus de visibilité médiatique aux femmes en Argentine.

▶ Plateau 6 : audio

Bonjour et bienvenue sur Radio Collège !

« La planète se réchauffe, pourquoi y a-t-il toujours des épisodes de grand froid ? »

Telle est la question que posait l'ancien Président américain, Donald Trump.

Cette idée est une fake news courante sur le réchauffement climatique, comme le montre Jeanne Guarato pour le site internet natura-sciences.com, le 29 octobre 2021.

En effet, le climat s'observe sur le long terme alors que les phénomènes météo ont des mécanismes plus immédiats. Chaque année, des records de froid ou de chaud sont enregistrés dans le monde, mais ils ne constituent pas des preuves contre le principe du réchauffement climatique, comme le montre un climatologue américain. Le climat est une moyenne, qui se réchauffe depuis deux siècles, et pas seulement des phénomènes locaux et ponctuels.

ESCAPE GAME 3 Mission institutions

▶ Plateau 1 : audio garde républicaine

Bonjour, ici, vous êtes à l'Hôtel de Matignon.

Quoi ? Ah non, ce n'est pas un hôtel pour touristes ! C'est un hôtel particulier construit au XVIIIe siècle et qui sert aujourd'hui de résidence officielle, lieu de travail et de réception d'un grand personnage de l'État ! Il prend des décisions importantes !

Quoi, vous ne savez pas qui c'est ? Dites donc, il faut lire un peu et se renseigner sur votre pays, les enfants !

▶ Plateau 1 : audio touriste britannique

Excuse me, do you speak English? Where is the *Tour Eiffel*?

▶ Plateau 1 : audio touriste avec son téléphone

Mais où est votre professeur ?

▶ Plateau 1 : audio touriste pressé

Je n'ai pas le temps !

▶ Plateau 2 : audio garde républicaine

Bonjour, ici, vous êtes devant l'Assemblée nationale.

Quoi ? Vous voulez y entrer ? Ah non, il faut une autorisation. Ceux qui y siègent prennent des décisions importantes : on ne peut pas les déranger n'importe quand ! Vous ne savez pas qui c'est ? Dites donc, il faut lire un peu et se renseigner sur votre pays, les enfants !

▶ Plateau 2 : audio touriste britannique

Excuse me, do you speak English? Where is the *musée du Louvre*?

▶ Plateau 2 : audio touriste avec son téléphone

Vous aussi, vous êtes perdus ?

▶ Plateau 2 : audio touriste pressé

J'avais une trottinette avant, c'était plus rapide qu'à pied !

▶ Plateau 3 : audio garde républicaine

Bonjour, ici, vous êtes devant le Palais de l'Elysée. Vous n'avez pas le droit d'entrer. Il s'agit de la résidence officielle, du lieu de travail et de réception d'un grand personnage de l'État ! Il prend des décisions importantes !

Mais non, ce n'est pas le palais d'un roi ! Quoi, vous ne savez pas qui c'est ? Dites donc, il faut lire un peu et se renseigner sur votre pays, les enfants !

▶ Plateau 3 : audio touriste britannique

Excuse me, do you speak English? Where are the *Champs Élysées*?

▶ Plateau 3 : audio touriste avec son téléphone

Qu'est-ce que vous faites tout seuls ?

▶ Plateau 3 : audio touriste pressé

Vous êtes trop bruyants, laissez-moi tranquille !

▶ Plateau 4 : audio gendarme

Bonjour, ici vous êtes dans l'entrée du Conseil constitutionnel, dans une partie du Palais Royal appelée « aile Montpensier ».

Mais non, ce n'est plus le palais d'un roi ! Quoi, vous ne connaissez pas le Conseil constitutionnel ? Dites donc, il faut lire un peu et se renseigner sur votre pays, les enfants !

▶ Plateau 4 : audio touriste britannique

Excuse me, do you speak English? Where is the *Louvre*?

▶ Plateau 4 : audio touriste avec son téléphone

Je crois que je me suis perdu…

▶ Plateau 4 : audio touriste pressé

Vous avez besoin d'un conseil ? Ahahah !

▶ Plateau 5 : audio gendarme

Bonjour, ici vous êtes devant le Conseil régional. Non pas celui de Paris, celui d'Île-de-France !

Mais non, ce n'est pas une vraie île ! Il s'agit de la région française la plus peuplée et la plus urbanisée. Dites donc, il faut lire un peu et se renseigner sur votre pays, les enfants !

▶ Plateau 5 : audio touriste britannique

Excuse me, do you speak English? Where is the *Stade de France*?

▶ Plateau 5 : audio touriste avec son téléphone

Excusez-moi, on est où, ici ?

▶ Plateau 5 : audio touriste pressé

Si j'étais votre professeur, je vous dirais de vous secouer les puces ! Oust !

▶ Plateau 6 : audio gendarme

Bonjour, ici vous êtes à la mairie du VIe arrondissement.

Quoi ? Mais non, « VIe arrondissement », ce n'est pas une commune. En fait, Paris est une ville tellement grande et peuplée qu'elle est divisée en vingt parties : les arrondissements. Chaque arrondissement a sa mairie. Mais il y a quand même une mairie de Paris qui dirige la ville de façon générale.

Dites donc, il faut lire un peu et se renseigner sur votre pays, les enfants !

▶ Plateau 6 : audio touriste britannique

Excuse me, do you speak English? Where is the *Jardin du Luxembourg*?

▶ Plateau 6 : audio touriste avec son téléphone

Excusez-moi, vous savez dans quel arrondissement on est ?

▶ Plateau 6 : audio touriste pressé

Non, non, je ne parle pas français…

Crédits iconographiques

Couverture : bas ADOBE STOCK PHOTO / alltrip

Plat IV : GETTY IMAGES France / Edward Berthelot

Jeu 1 : Alerte à Radio Collège

Plateau 1 : m Le Parisien Aujourd'hui ; md ISTOCK / Andy445 ; bas g ISTOCK / marietjieopp ; mg ISTOCK / deepblue4you ; g ISTOCK / wwing ; Têtes chien, chat, renard ISTOCK / ananaline ; m ht Le Dauphiné Libéré ; bas m Tik Tok ; ISTOCK / mkitina4 ; bas d HESTIN Jean-David / Région Hauts-de-France
Plateau 2 : ht g Libération Champagne ; bas g Instagram ; Twitter ; bas m La Voix du Nord ; ht d ISTOCK / Dkosig ; md Istock
Plateau 3 : ht d Le Canard Enchaîné ; m Photo: Patrice Terraz, Okapi n°1167 © BAYARD, 2022 ; bas m © Science & Vie Junior, RMM ; bas g © Miller MOBLEY / cover «4012 ELLE France ; ht g FRANCE 24 / Anthony Ravera
Plateau 4 : ht d EDITIONS FLBLB / Robin Cousin
Plateau 5 : Eric THIENOT / A Compétence Egale
Plateau 6 : ht g ISTOCK / Light Reflex Visuals ; m ISTOCK / SurfUpVector ; 46 bas d Agathe Dahyot / Le Monde ; 46 g © Thuie ; 46 bas g ISTOCK / sergeyryzhov
Feuilles de route : toutes les icônes : ISTOCK

Jeu 2 : Le réseau Libertés

Plateau 1 : g Amnesty International Belgique francophone ; 51 mg ISTOCK / KsuperKsu ; 51 bas m ISTOCK / Heorhii Aryshtevych ; 51 bas g ISTOCK / Alexey Yakovenko ; 51 ht d ISTOCK ; 51 m BIS / Ph. Jeanbor © Archives Larbor
Plateau 2 : g LA COLLECTION
Plateau 3 : d Léo DUPUYùù ; m UNICEF
Plateau 4 : g Ligue des droits et libertés, Section de Québec ; m Conseil de l'Europe
Plateau 5 : m WAN IFRA / AFP / Miguel Gutierrez ; g BNF
Plateau 6 : Ville de Châteaubriand, 2021
Feuilles de route : toutes les icônes : ISTOCK
Fiche Victoire : © Organisation des Nations Unies

Jeu 3 : Mission institutions

Plateau 1 : Fond : Service du Premier ministre, Hôtel Matignon / Benoît Granier ; m d ISTOCK / khvost ; bas d ISTOCK / laurence soulez
Plateau 2 : ISTOCK / Olivier Rateau
Plateau 3 : Hans Lucas / Amaury Cornu
Plateau 4 : Hans Lucas / Stephane Mouchmouche
Plateau 5 : Wikipédia / Teachix, 2021
Plateau 6 : Wikipedia / Chab
Feuilles de route : page 1 : ht © RATP – Tous droits réservés ; ht g ISTOCK / Drazen – page 2 : ISTOCK / leonardo255 – Page 3 : bas d ISTOCK / khvost ; bas m ISTOCK / julichka
Fiche Victoire : ADOBE STOCK PHOTO / jjfoto

Édition : Morgane Guilhem
Direction éditoriale : Carole Greffrath
Conception des couvertures de la pochette et du kit pédagogique : Élise Launay ; déclinaison : Clémentine Largant
Conception de la maquette du guide pédagogique : Élise Launay
Conception des plateaux et des fiches photocopiables : Clémentine Largant
Mise en pages : feuilles de route : Florence Parigot ; mises en commun, fiches récap et diplômes : Clémentine Largant ; guide pédagogique : Florence Parigot
Illustrations : Jeu 2 : Alain Boyer ; Jeu 3 : Romain Ronzeau
Schémas, infographies : Renaud Scapin ; Bertrand Loquet
Iconographie : Juliette Barjon
Montage vidéo : Angèle Domenech
Fabrication : Kévin Magar
Photogravure : Irilys

Ce livre est imprimé sur du papier issu de forêts gérées durablement.

Alerte à Radio Collège

Et si l'Enseignement moral et civique devenait un jeu?

ESCAPE GAMES

Le réseau Libertés

EMC-EMI

Collège

Mission institutions

Fiches photocopiables

Fiches détachables

ESCAPE GAME

1 Alerte à Radio Collège

- Feuilles de route
- Mise en commun
- Fiche récap
- Code morse
- Fiche victoire

ESCAPE GAME

2 Le réseau Libertés

- Feuilles de route
- Mise en commun
- Fiche récap
- Fiche victoire

ESCAPE GAME

3 Mission institutions

- Fiche victoire
- Feuilles de route
- Mise en commun
- Fiche récap

*** ou ° ?**

Reportez vos réponses.
A = °   B = *

*	1	2	3	4	5	6	7	°

Trouvez le bon chemin.

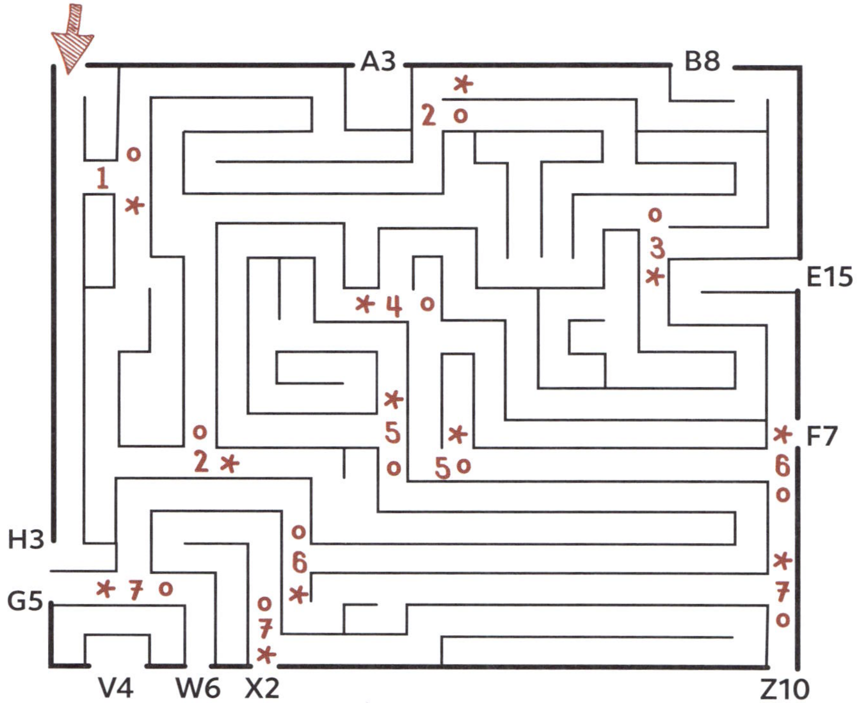

Code :

Bilan

Préparez une présentation orale pour expliquer à vos camarades ce que vous avez trouvé et compris en travaillant sur ce plateau.

Pensez à utiliser vos réponses et les documents.

Qu'est-ce qu'une information ?

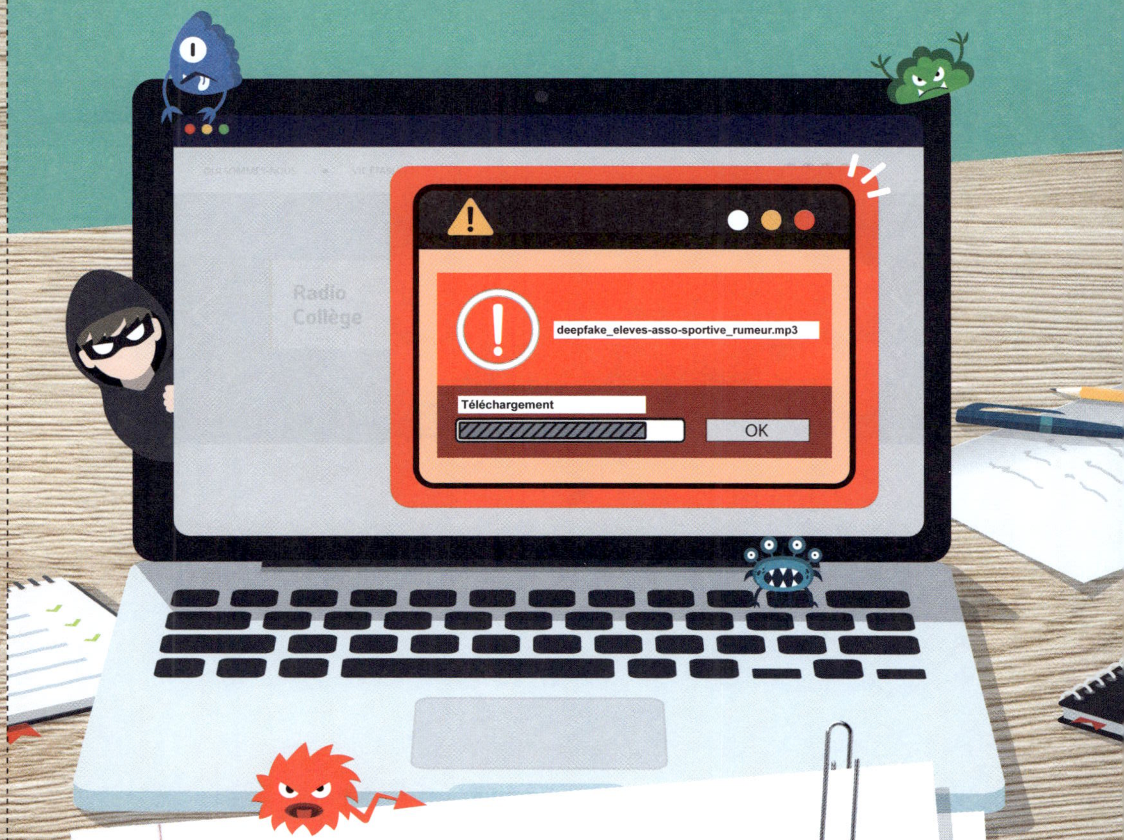

MISSION

Votre groupe doit trouver une partie du mot de passe. Vous avez étalé sur la table vos affaires et du matériel trouvé au CDI.

Fouillez tout ce qui est à votre portée et rassemblez des indices pour trouver un code et aider vos amis à détruire le fichier «deepfake_eleves-asso-sportive_rumeur.mp3» !

Qui suis-je ?

Je suis un fait nouveau,

....,

avec un intérêt pour le public.

Réponse

Origami

(1)

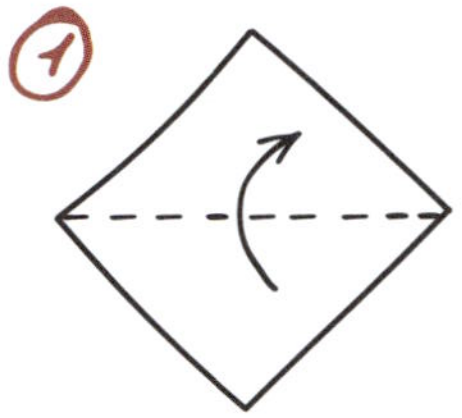

Pliez la feuille carrée en deux sur la diagonale pour créer un triangle.

(2)

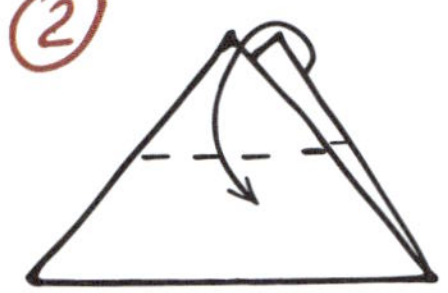

Rabattez le sommet du haut vers le bas. La pointe doit toucher le centre du long côté.

(3)

Rabattez les angles en les faisant passer au-dessus du triangle central.

Retournez.

Qu'obtenez-vous ?

Mots croisés

1. Un événement rigolo qui a peu d'intérêt, comme la séance de skate de Romain avec son chien, est une…

2. Une information doit être vérifiée, on doit en être…

3. Une information importante annoncée en exclusivité, comme l'ouverture du cinéma annoncée par Léonard, c'est un…

4. Action faite par Léonard pour prouver ce qu'il affirme.

A ou B ?

		A	B
1	Mon opinion personnelle sur le réchauffement climatique est une information.		
2	Un journaliste doit trouver des sources pour obtenir une information en interrogeant des spécialistes du sujet.		
3	France Inter est un média d'information.		
4	La sécheresse qui touche le territoire est une information.		
5	Le document sur les Hauts-de-France est une information.		
6	Enzomusik publie des informations sur son compte Instagram.		
7	La notification de TikTok est une information.		

Qu'est-ce que la hiérarchie de l'information ?

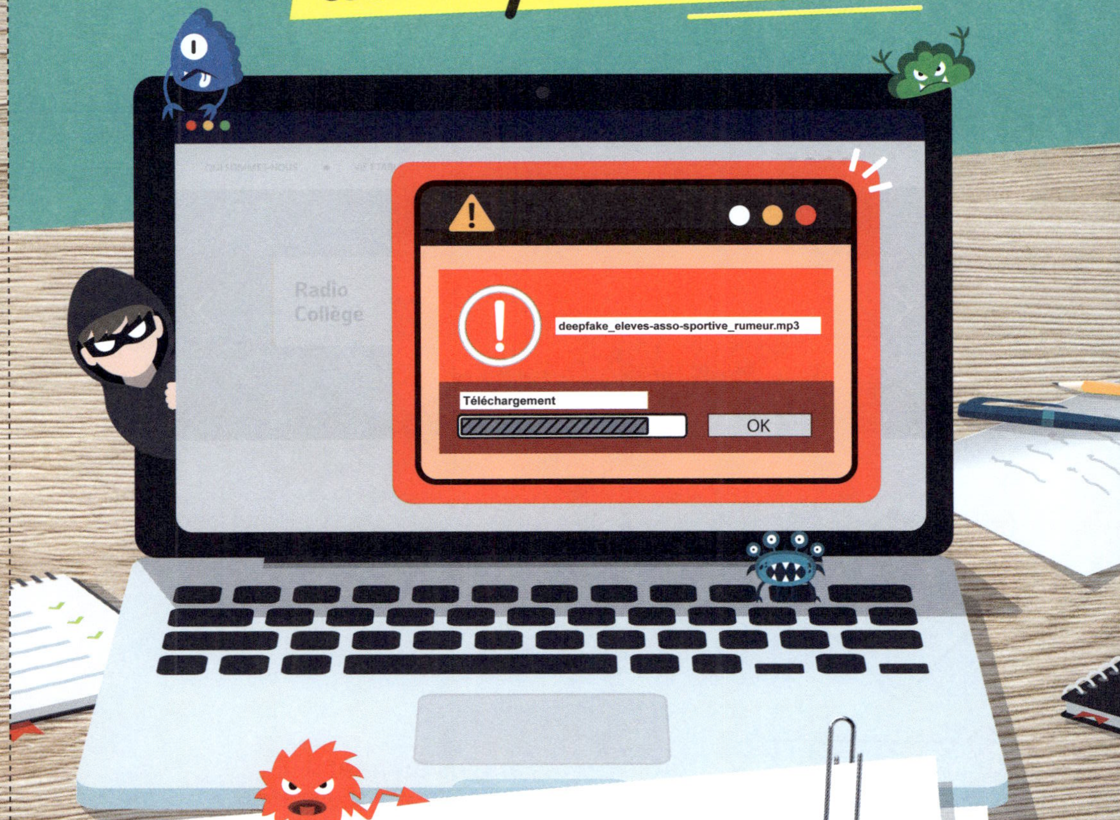

MISSION

Votre groupe doit trouver une partie du mot de passe. Vous avez étalé sur la table vos affaires et du matériel trouvé au CDI.

Fouillez tout ce qui est à votre portée et rassemblez des indices pour trouver un code et aider vos amis à détruire le fichier «deepfake_eleves-asso-sportive_rumeur.mp3» !

* ou ° ?

Reportez vos réponses.
A = ° B = *

*	1	2	3	4	5	6	7	°

Trouvez le bon chemin.

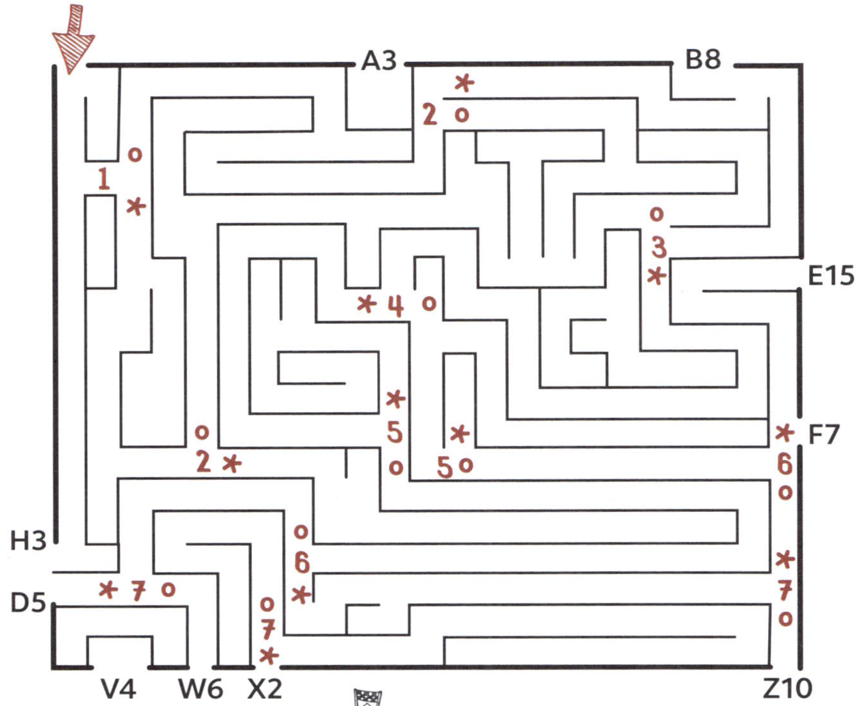

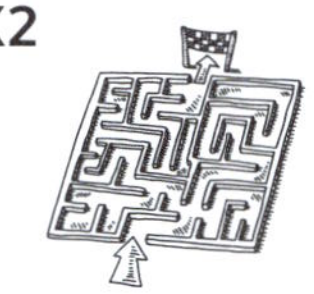

Code :

Bilan

- **Préparez** une présentation orale pour expliquer à vos camarades ce que vous avez trouvé et compris en travaillant sur ce plateau.
- **Pensez** à utiliser vos réponses et les documents.

Qui suis-je ?

On utilise ce mot pour dire qu'on a classé des informations dans un média selon leur ....

Réponse

Mots croisés

1. Mot utilisé pour désigner la hiérarchie établie dans les informations par un média.
2. Première page d'un journal.
3. C'est le cas d'une information qui change la vie ensemble, l'avenir des lecteurs, comme un astéroïde qui tombe sur Troupômé.
4. C'est un des principaux critères qui expliquent le classement des informations : importance, faire vendre, intéresser, être...

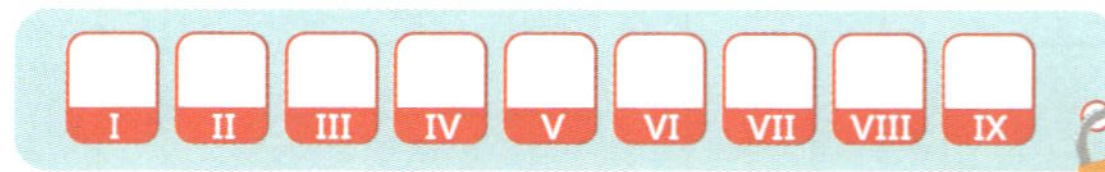

Origami

(1)

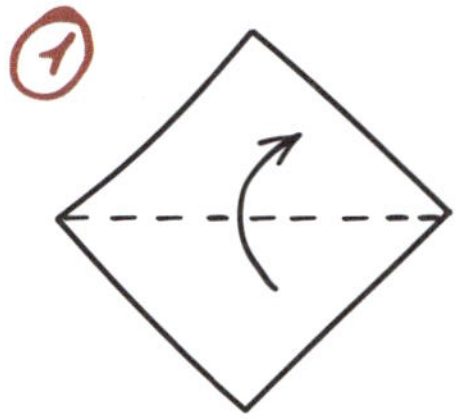

Pliez la feuille carrée en deux sur la diagonale pour créer un triangle.

(2)

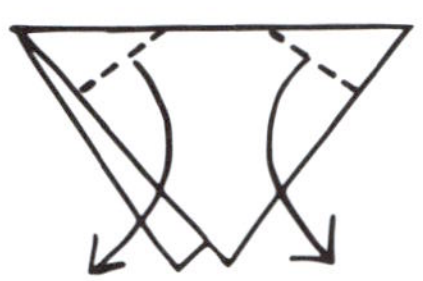

Rabattez les angles du haut vers le bas en les faisant passer au-dessus des côtés.

(3)

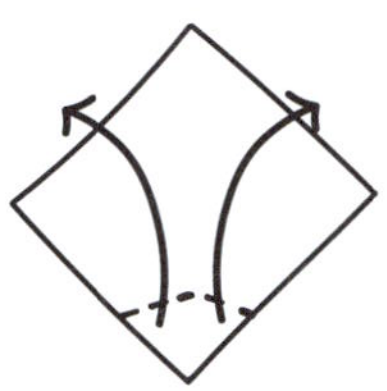

Rabattez la pointe du bas vers le haut pour qu'elle arrive à environ un tiers de la hauteur de la feuille.

Qu'obtenez-vous ?

A ou B ?

		A	B
1	Sur la chaîne TF1, les éditions de 13 h et de 20 h présentent la même hiérarchie de l'information.		
2	C'est la conférence de rédaction qui établit la hiérarchie de l'information.		
3	La commémoration en l'honneur de Samuel Paty au collège de La Chapelle-Saint-Luc a été jugée comme une information importante.		
4	Le Mondial de l'auto intéresse plus les habitants du Nord de la France que ceux de Champagne.		
5	Le 18 octobre 2022, tous les journaux ont jugé très importante la victoire de Karim Benzema au Ballon d'or.		
6	Le titre le plus important sur France info le 1er décembre 2022 est la grève de la SNCF.		
7	Sur les réseaux sociaux, il n'y a pas (ou peu) de hiérarchie de l'information.		

Qu'est-ce que la pluralité des médias ?

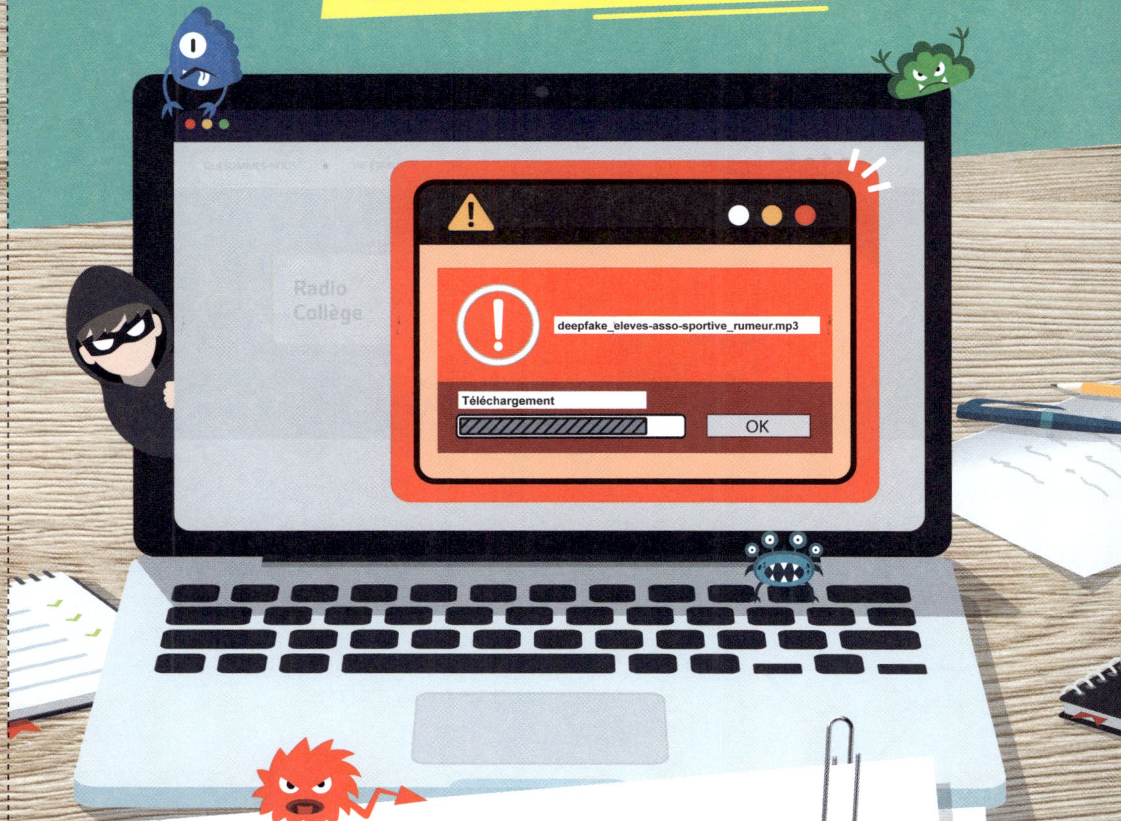

MISSION

Votre groupe doit trouver une partie du mot de passe.
Vous avez étalé sur la table vos affaires et du matériel trouvé au CDI.

Fouillez tout ce qui est à votre portée et rassemblez des indices pour trouver un code et aider vos amis à détruire le fichier «deepfake_eleves-asso-sportive_rumeur.mp3» !

*** ou ° ?**

Reportez vos réponses.
A = °   B = *

*	1	2	3	4	5	6	7	°

Trouvez le bon chemin.

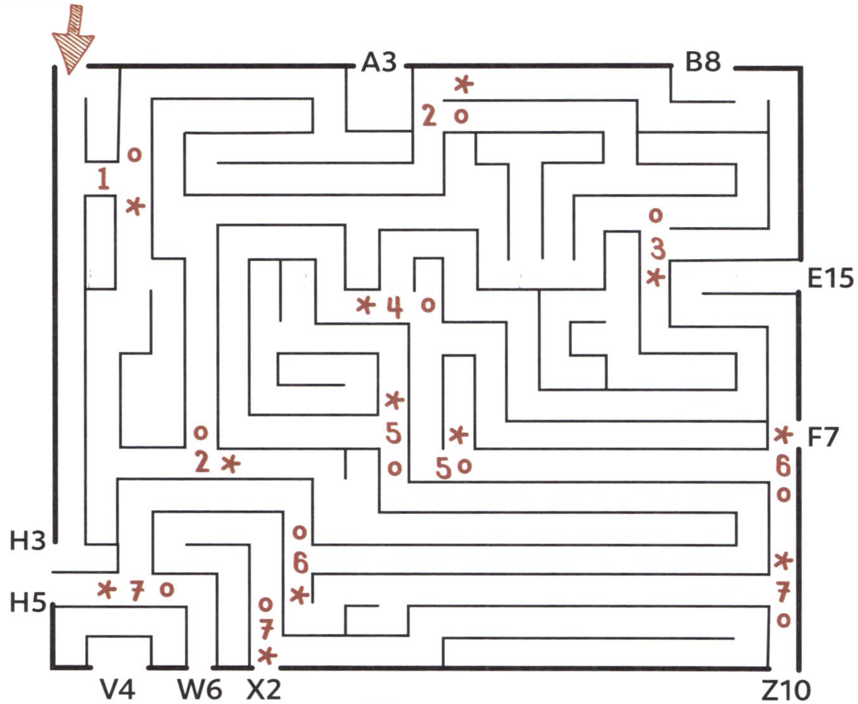

Code :

Bilan

Préparez une présentation orale pour expliquer à vos camarades ce que vous avez trouvé et compris en travaillant sur ce plateau.

Pensez à utiliser vos réponses et les documents.

Qui suis-je ?

Je suis un moyen de diffusion de messages écrits ou ………………………………………… .

Réponse

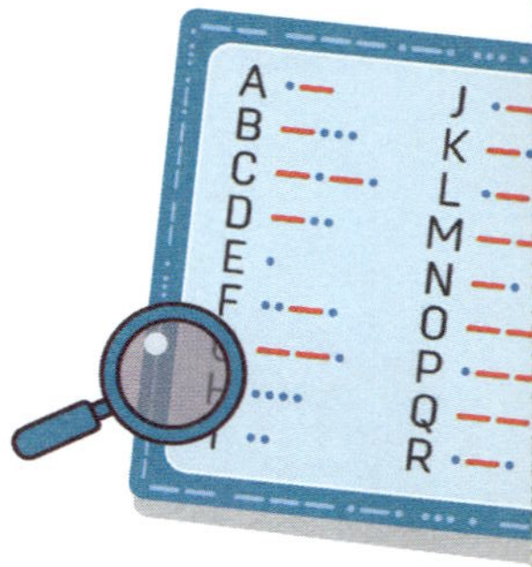

Origami

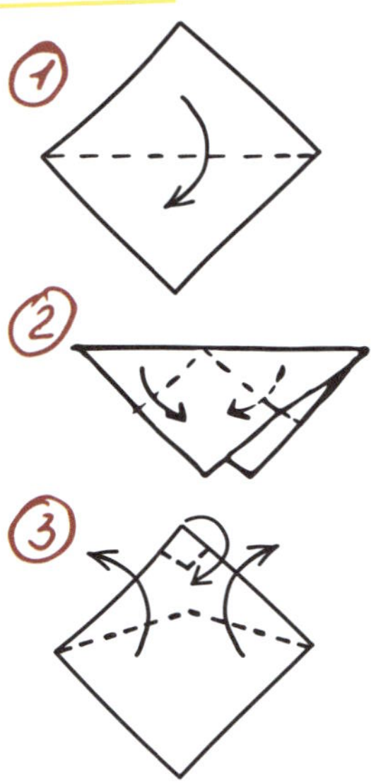

1. Pliez la feuille carrée en deux sur la diagonale pour créer un triangle.
2. Rabattez les deux pointes du long côté vers la pointe du bas pour former un losange.
3. Repliez les deux pointes vers le haut. Elles doivent dépasser. Puis rabattez la pointe du haut entre les deux côtés.
4. Retournez. Repliez la pointe du bas vers le haut de quelques centimètres, puis rabattez-en la pointe d'environ 1 cm.

Qu'obtenez-vous ?

Mots croisés

1. Il existe quand les journaux, les télévisions, les sites proposent des visions du monde et de l'actualité différentes.
2. C'est le patron des journalistes.
3. C'est le fruit d'un compromis entre la vision du monde du propriétaire du journal et celle des rédacteurs en chef, c'est l'identité d'un journal.
4. Les médias l'animent dans une ville ou un pays. Sans cela, il n'y a pas de vraie démocratie.

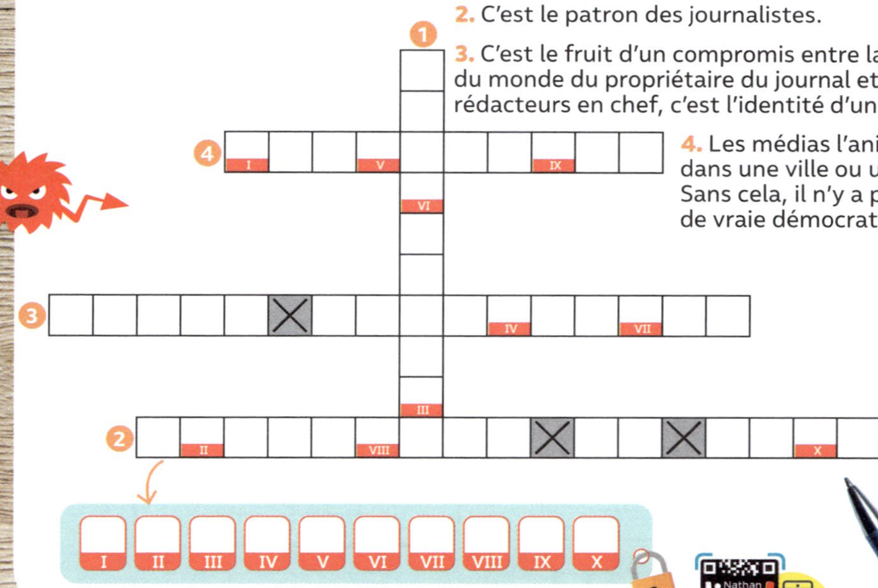

A ou B ?

		A	B
1	Tous les médias s'adressent au même public.		
2	*Le Canard enchaîné*, *France 24*, *Libération*, *RTL* et *Le Parisien* abordent de manière différente la pénurie de carburant.		
3	Tous les médias n'ont pas le même rythme de parution.		
4	Lire une même information traitée différemment par plusieurs médias permet de faire réfléchir.		
5	En France, tous les journaux ont la même ligne éditoriale.		
6	Les journaux ne publient que sur un support papier.		
7	Les médias se transforment depuis l'arrivée d'Internet.		

*** ou ° ?**

Reportez vos réponses.
A = °   B = *

*	1	2	3	4	5	6	7	°

Trouvez le bon chemin.

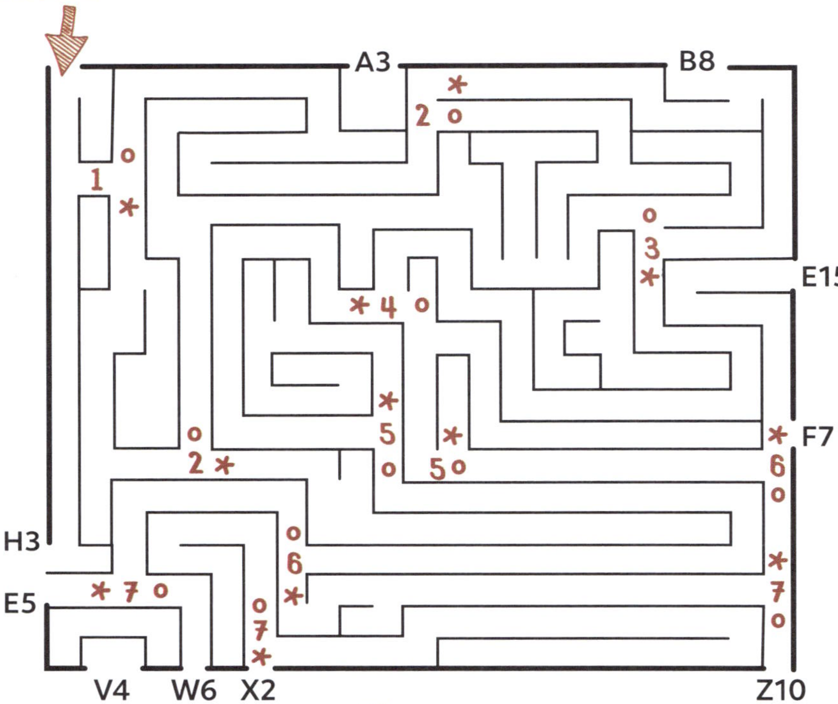

Code :

Bilan

Préparez une présentation orale pour expliquer à vos camarades ce que vous avez trouvé et compris en travaillant sur ce plateau.

Pensez à utiliser vos réponses et les documents.

Qu'est-ce que la déontologie des médias ?

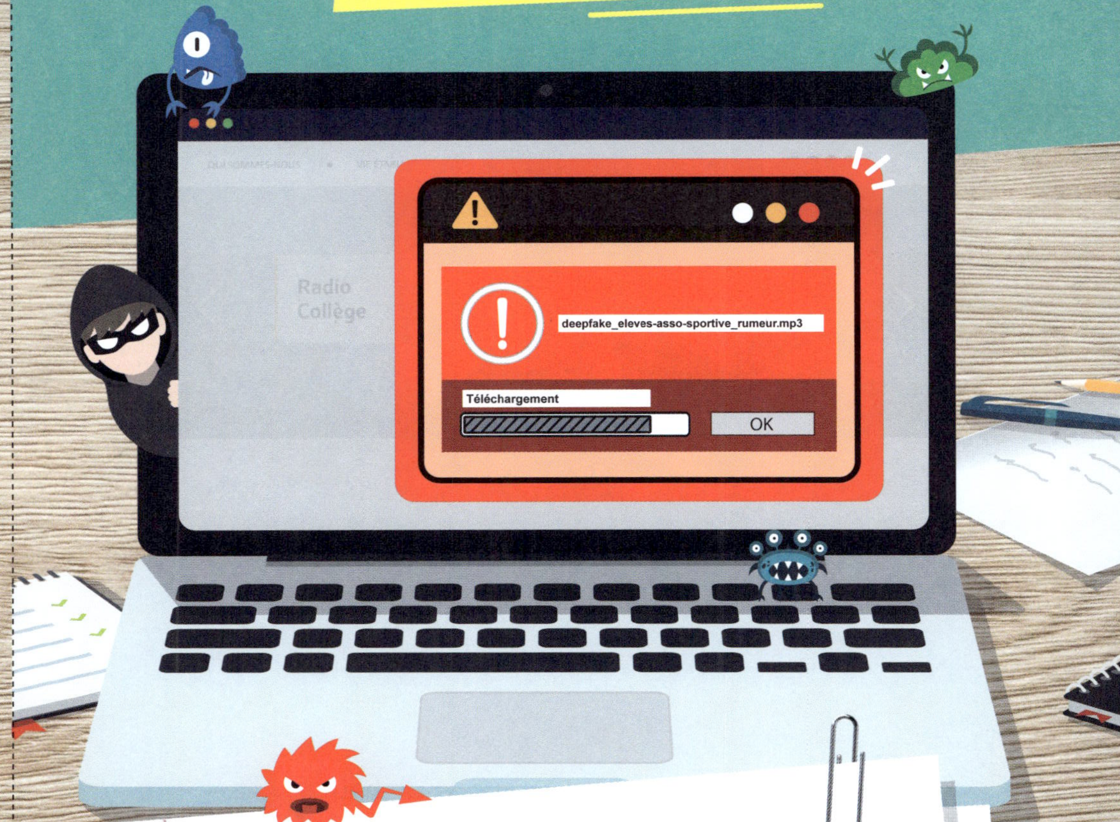

MISSION

Votre groupe doit trouver une partie du mot de passe. Vous avez étalé sur la table vos affaires et du matériel trouvé au CDI.

Fouillez tout ce qui est à votre portée et rassemblez des indices pour trouver un code et aider vos amis à détruire le fichier «deepfake_eleves-asso-sportive_rumeur.mp3» !

Qui suis-je ?

Je suis l'ensemble des ....

et des ....

que doivent respecter les journalistes.

Réponse

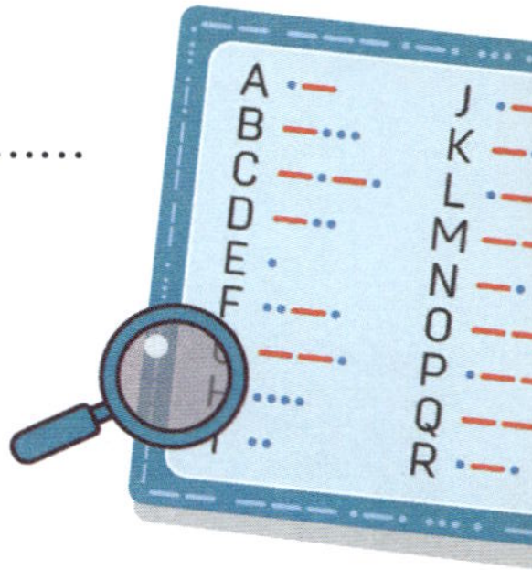

Origami

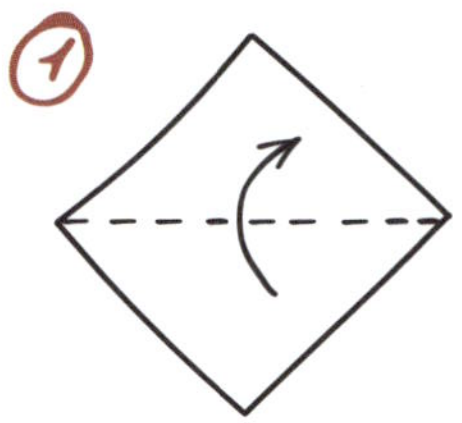

Pliez la feuille carrée en deux sur la diagonale pour créer un triangle.

Rabattez le sommet du haut vers le bas. La pointe doit toucher le centre du long côté.

Rabattez les angles en les faisant passer au-dessus du triangle central.

Retournez.

Qu'obtenez-vous ?

Mots croisés

1. Une source est quelqu'un de bien ... sur un sujet et qui donne des détails.
2. Quand une source parle à un journaliste, elle ne donne qu'une ... de la réalité.
3. Un journaliste ne peut pas se contenter d'une seule source pour avoir une vision complète d'un sujet ; il doit toujours en avoir ... .
4. Dans le cadre des enquêtes sensibles, le nom des sources n'est pas cité : la justice protège le ... des sources.

I	II	III	IV	V	VI	III	I	IX

A ou B ?

		A	B
1	Les journalistes n'engagent pas leur responsabilité en signant leurs articles.		
2	Un journaliste doit respecter la vie privée des personnes.		
3	Un journaliste n'a pas de droit de plagier, de copier le travail de quelqu'un.		
4	Un journaliste doit défendre la liberté d'information.		
5	Le journaliste argentin Angel Etchecopar a le droit de dire ce qu'il veut à l'antenne.		
6	Sur Internet, le repérage des sources est toujours très facile.		
7	Selon les Français, les journalistes ne sont pas toujours indépendants des pressions politiques et financières.		

Que sont les stéréotypes dans les médias ?

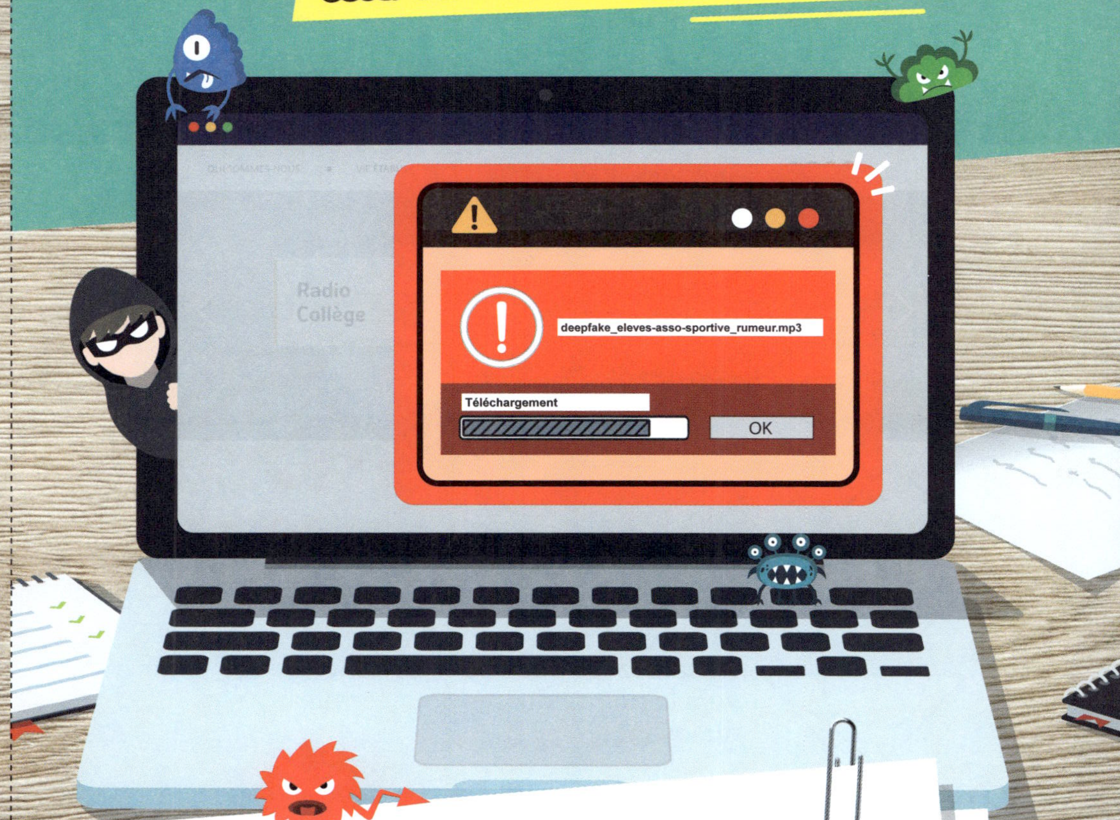

MISSION

Votre groupe doit trouver une partie du mot de passe.
Vous avez étalé sur la table vos affaires et du matériel trouvé au CDI.

Fouillez tout ce qui est à votre portée et rassemblez des indices pour trouver un code et aider vos amis à détruire le fichier «deepfake_eleves-asso-sportive_rumeur.mp3» !

*** ou ° ?**

Reportez vos réponses.
A = °   B = *

*	1	2	3	4	5	6	7	°

Trouvez le bon chemin.

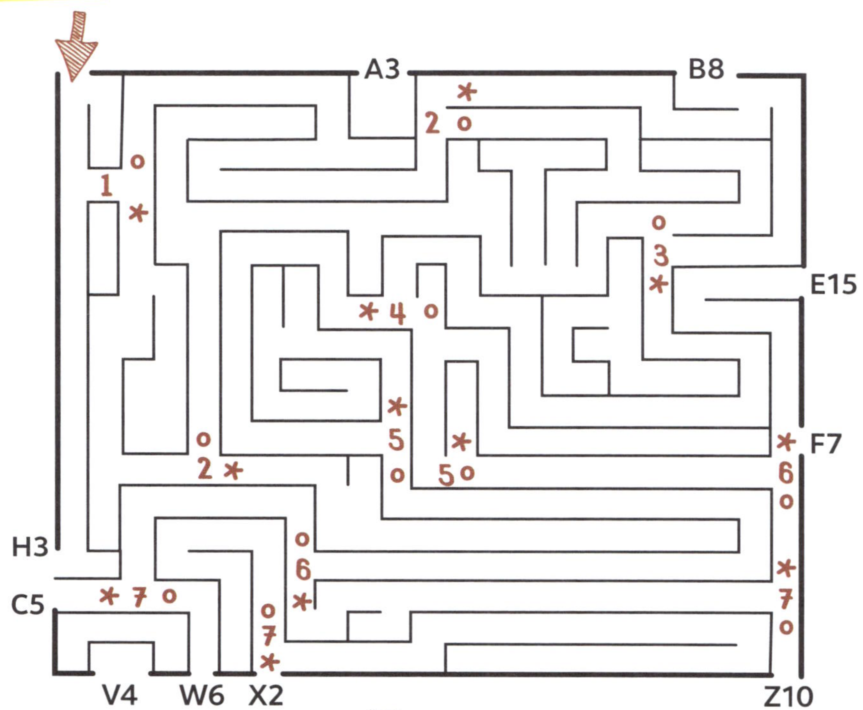

Code :

Bilan

Préparez une présentation orale pour montrer à vos camarades ce que vous avez trouvé et compris en travaillant sur ce plateau.

Pensez à utiliser vos réponses et les documents.

Qui suis-je ?

Je suis issu d'une trop grande action de tri et de .... effectuée par le cerveau qui classe les pensées et les personnes dans des cases.

Réponse

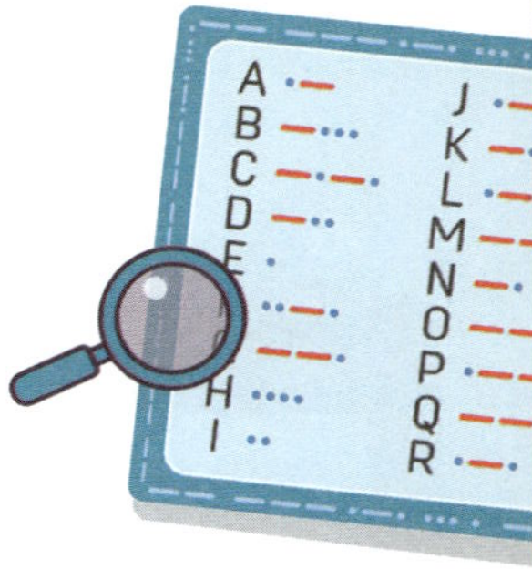

Origami

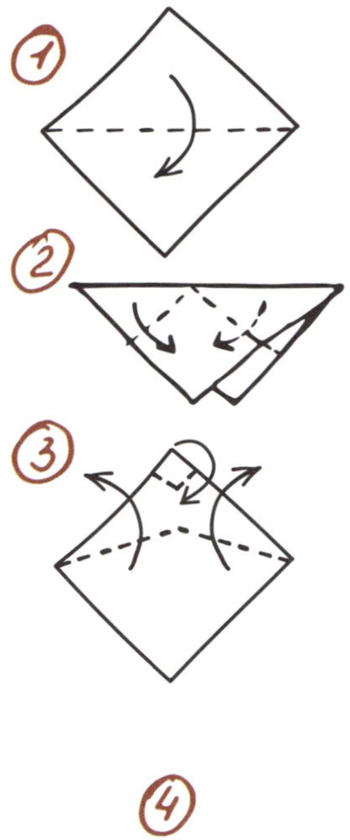

1. Pliez la feuille carrée en deux sur la diagonale pour créer un triangle.

2. Rabattez les deux pointes du long côté vers la pointe du bas pour former un losange.

3. Repliez les deux pointes vers le haut.
Elles doivent dépasser. Puis rabattez la pointe du haut entre les deux côtés.

4. Retournez.
Repliez la pointe du bas vers le haut de quelques centimètres, puis rabattez-en la pointe d'environ 1 cm.

Qu'obtenez-vous ?

Mots croisés

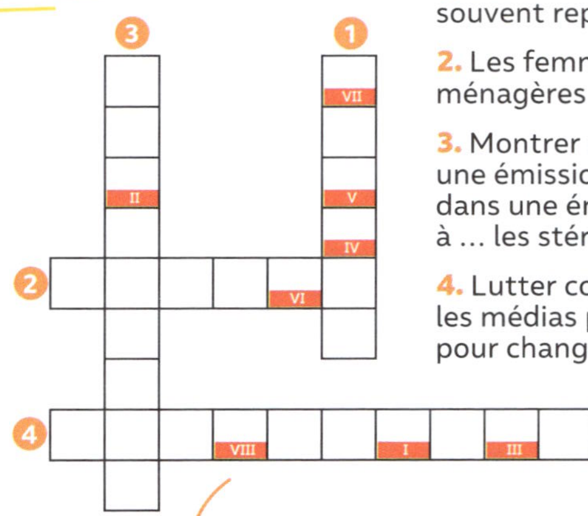

1. Les stéréotypes sont des … toutes faites, souvent reprises par les médias.

2. Les femmes qui s'occupent des tâches ménagères est un vieux … qui a la vie dure.

3. Montrer uniquement des hommes dans une émission sur les voitures ou des femmes dans une émission sur le ménage contribue à … les stéréotypes et les inégalités.

4. Lutter contre les stéréotypes dans les médias permet de changer les images pour changer les…

A ou B ?

		A	B
1	La présentation de la victoire de Christophe Lemaitre ne montre pas de stéréotypes.		
2	Les femmes ont moins de temps de parole que les hommes à la radio.		
3	Les présentatrices de journaux télévisés sont le plus souvent conformes aux critères de beauté de la société occidentale.		
4	Les médias diffusent parfois des stéréotypes sur les banlieues.		
5	Les femmes ont autant de temps de parole que les hommes à la radio et à la télévision.		
6	Le CSA (aujourd'hui ARCOM) est l'autorité qui permet la diffusion de stéréotypes dans les médias.		
7	Les femmes sont moins invitées comme expertes que les hommes sur TF1 et Canal +.		

*** ou ° ?**

Reportez vos réponses.
A = ° B = *

*	1	2	3	4	5	6	7	°

Trouvez le bon chemin.

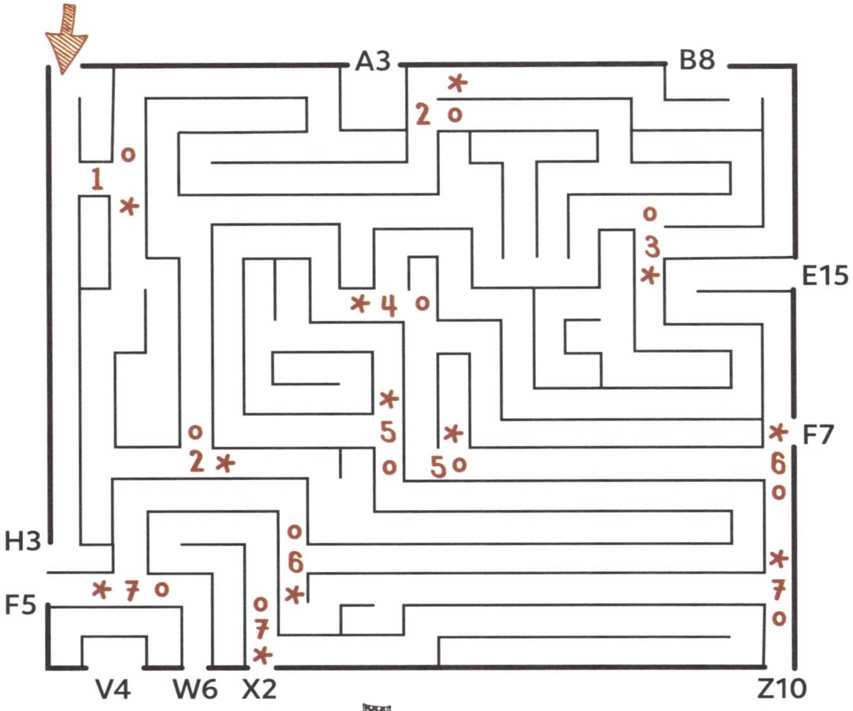

Code :

Bilan

Préparez une présentation orale pour expliquer à vos camarades ce que vous avez trouvé et compris en travaillant sur ce plateau.

Pensez à utiliser vos réponses et les documents.

Que sont les infox ?

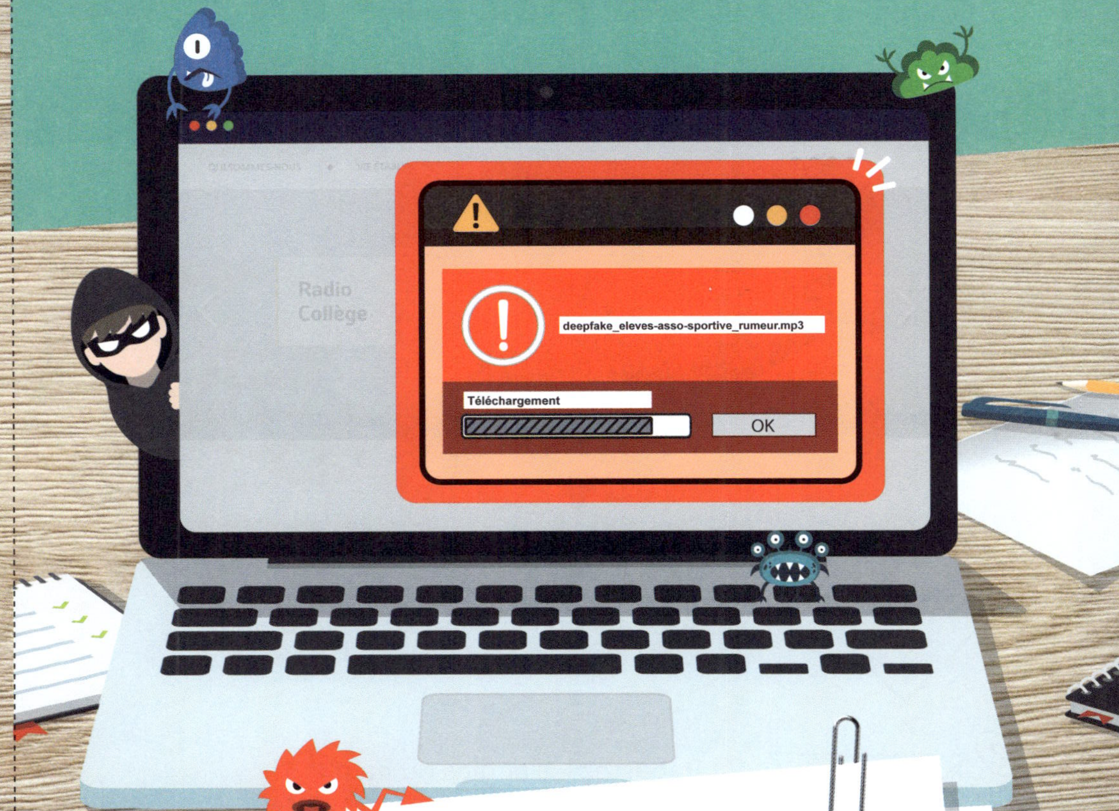

MISSION

Votre groupe doit trouver une partie du mot de passe. Vous avez étalé sur la table vos affaires et du matériel trouvé au CDI.

Fouillez tout ce qui est à votre portée et rassemblez des indices pour trouver un code et aider vos amis à détruire le fichier «deepfake_eleves-asso-sportive_rumeur.mp3» !

Qui suis-je ?

Je suis une fausse information ou une information

....

que l'on trouve surtout sur Internet.

Réponse

Origami

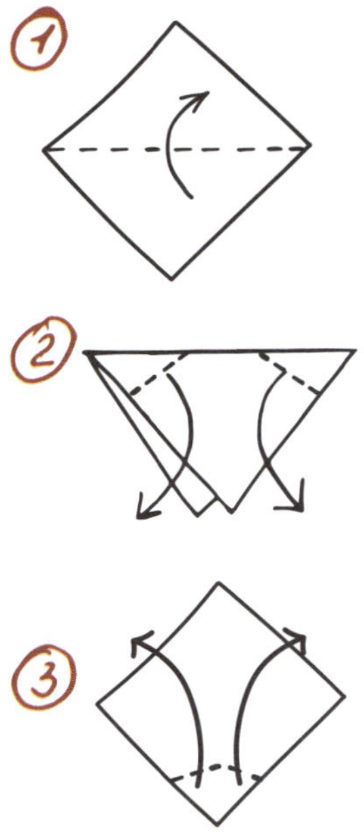

1. Pliez la feuille carrée en deux sur la diagonale pour créer un triangle.
2. Rabattez les angles du haut vers le bas en les faisant passer au-dessus des côtés.
3. Rabattez la pointe du bas vers le haut pour qu'elle arrive à environ un tiers de la hauteur de la feuille.

Qu'obtenez-vous ?

Mots croisés

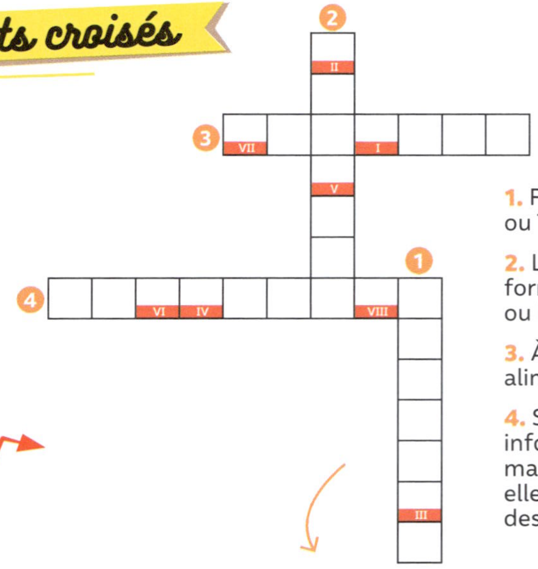

1. Facebook, Instagram, TikTok ou Twitter sont des médias…
2. Les infox prennent plusieurs formes comme la blague potache ou les indémodables…
3. À côté des canulars, les infox alimentent les théories du…
4. Sous leur aspect inoffensif, les infox profitent à des personnes mal intentionnées : les infox sont…, elles créent de l'audience, suscitent des likes.

I	II	III	IV	V	VI	VII	VIII

A ou B ?

		A	B
1	La position de Donald Trump sur le réchauffement climatique s'appuie sur des données scientifiques.		
2	Certaines infox sont créées dans le but de faire rire.		
3	Dans l'exemple du photomontage de Thuie, vérifier avant de partager aurait permis d'éviter de diffuser une fausse information.		
4	Une personne qui partage une fausse information ne le fait pas toujours volontairement.		
5	L'article du *Gorafi* est une vraie information.		
6	Une information est forcément vraie, même si la source est invérifiable.		
7	« Les Décodeurs » du *Monde* est un outil dédié à la vérification de l'information.		

Mise en commun

Localisez le fichier à détruire grâce aux codes trouvés sur vos feuilles de route pour éviter la propagation de fausses informations au collège.

Gestionnaire des tâches

	A	B	C	D	E	F	G	H
0	**Noms**	**Utilisateur**	**Date**	**Description**	**Statut**	**Groupe**	**Processeur**	**Mémoire**
1	esprit-critique	Eleve159	20221206	Dossier de fichiers	En cours	Local Service	01	25896 k
2	sources-sures	Classe6e2	20221206	Dossier de fichiers	En cours	Local Service	01	63058 k
3	opinions	Prof07	20221206	Dossier de fichiers	En cours	Local Service	03	12184 k
4	information-editorialisee	Prof01	20221206	Dossier de fichiers	En cours	Local Systeme	02	75004 k
5	anecdotes	Eleve123	20221206	Dossier de fichiers	En cours	Local Service	01	256147 k
6	pluralisme	Classe3e1	20221206	Dossier de fichiers	En cours	Local Systeme	03	92400 k
7	medias-confiance	Classe 5e4	20221206	Dossier de fichiers	En cours	Local Service	02	1254 k
8	avis	Classe4e3	20221206	Dossier de fichiers	En cours	Local Systeme	02	89456 k
9	medias-objectifs	Eleve147	20221206	Dossier de fichiers	En cours	Local Systeme	02	89456 k

Fin de tâche

Nom du dossier qui contient le fichier : ....

Bravo ! Maintenant, trouvez le code pour détruire le fichier !

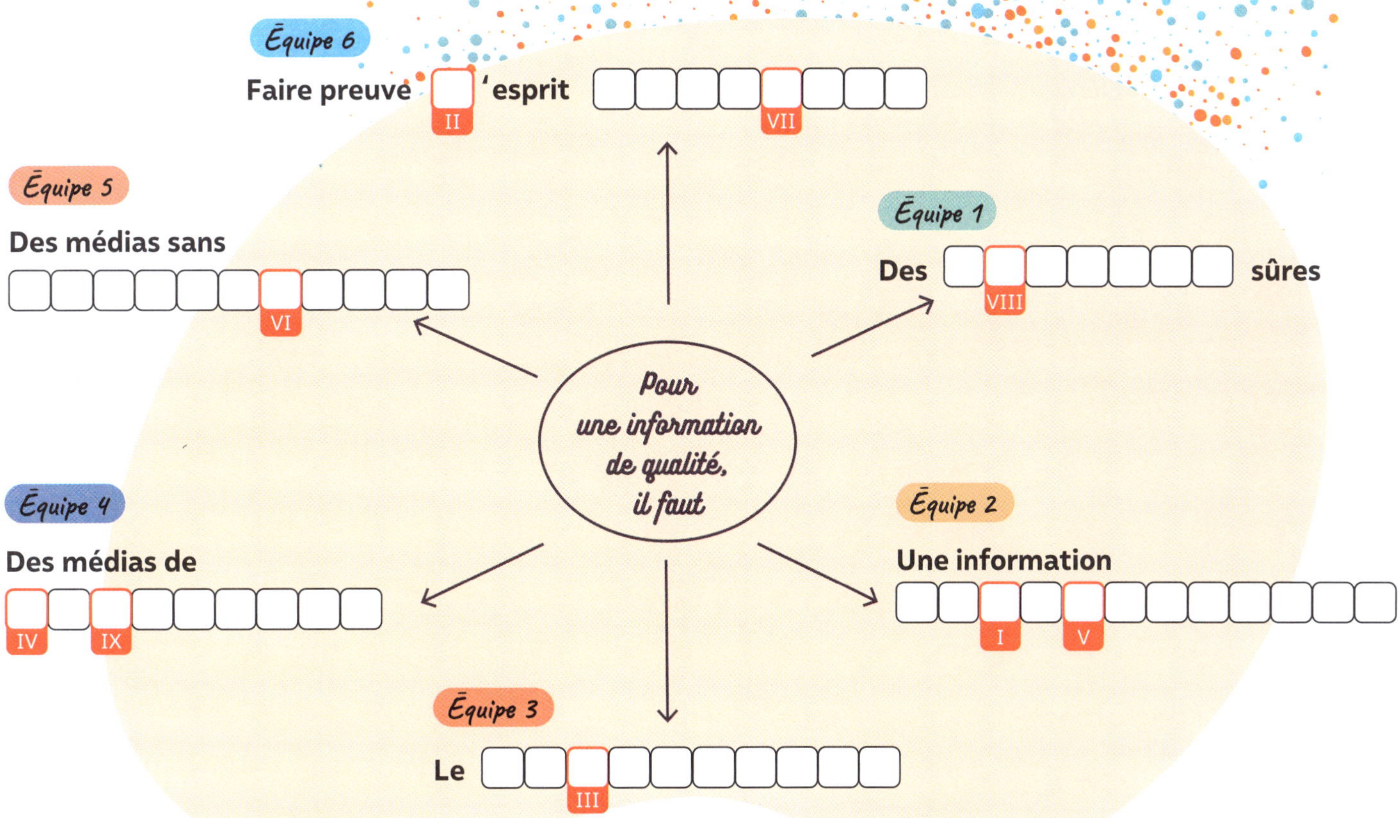

Code pour arrêter le téléchargement

☐ I ☐ II ☐ III ☐ IV ☐ V ☐ VI ☐ VII ☐ VIII ☐ IX

Fiche récap

Information :

- ______ : quelqu'un qui rapporte ce qu'il a vu, ce qu'il sait.
- ______ : avis sur l'actualité.
- ______ : information importante qu'un(e) journaliste annonce en exclusivité.

Hiérarchie de l'information :

- ______ : instance qui établit la hiérarchie de l'information.
- ______ : première page d'un journal.

Médias :

- ______ : c'est une vision du monde et de l'actualité différente dans les journaux, télévisions, radios...
- ______ : il s'agit d'un compromis de la vision du monde du propriétaire du journal et de celle des rédacteurs en chef.
- ______ : le patron des journalistes.

Déontologie :

- ______ : quelqu'un de bien informé sur un sujet, qui donne des détails.
- ______ : fait de ne pas citer quelqu'un dans des enquêtes sensibles.
- ______ : accusation grave et volontairement mensongère.
- ______ : affirmation, le plus souvent considérée comme mal fondée ou mensongère, qui porte atteinte à l'honneur ou à la réputation de quelqu'un.

Fake news / infox :

- ______ : mauvaise information, en raison d'erreurs.
- ______ : utiliser les médias de masse pour transmettre des informations partiellement ou totalement erronées dans le but de tromper ou d'influencer l'opinion publique.
- ______ : exemples : Decodex, Le Vrai du faux, Hoaxbuster...

Stéréotypes :

- ______ : elle est toute faite, souvent reprise par les médias.
- ______ : les stéréotypes reposent sur d'anciens...
- ______ : « Autorité publique française de régulation de la communication audiovisuelle et numérique », autorité de régulation des médias (anciennement CSA).

Code morse

A	·–	J	·–––	S	···
B	–···	K	–·–	T	–
C	–·–·	L	·–··	U	··–
D	–··	M	––	V	···–
E	·	N	–·	W	·––
F	··–·	O	–––	X	–··–
G	––·	P	·––·	Y	–·––
H	····	Q	––·–	Z	––··
I	··	R	·–·		

Les accents ne sont pas indiqués

A ·– J ·––– S ··· B –··· K –·– T – C –·–· L ·–·· U ··– D –·· M –– V ···– E · N –· W ·–– F ··–· O ––– X –··– G ––· P ·––· Y –·–– H ···· Q ––·– Z ––·· I ·· R ·–·
Les accents ne sont pas indiqués

A ·– J ·––– S ··· B –··· K –·– T – C –·–· L ·–·· U ··– D –·· M –– V ···– E · N –· W ·–– F ··–· O ––– X –··– G ––· P ·––· Y –·–– H ···· Q ––·– Z ––·· I ·· R ·–·
Les accents ne sont pas indiqués

A ·– J ·––– S ··· B –··· K –·– T – C –·–· L ·–·· U ··– D –·· M –– V ···– E · N –· W ·–– F ··–· O ––– X –··– G ––· P ·––· Y –·–– H ···· Q ––·– Z ––·· I ·· R ·–·
Les accents ne sont pas indiqués

A ·– J ·––– S ··· B –··· K –·– T – C –·–· L ·–·· U ··– D –·· M –– V ···– E · N –· W ·–– F ··–· O ––– X –··– G ––· P ·––· Y –·–– H ···· Q ––·– Z ––·· I ·· R ·–·
Les accents ne sont pas indiqués

A ·– J ·––– S ··· B –··· K –·– T – C –·–· L ·–·· U ··– D –·· M –– V ···– E · N –· W ·–– F ··–· O ––– X –··– G ––· P ·––· Y –·–– H ···· Q ––·– Z ––·· I ·· R ·–·
Les accents ne sont pas indiqués

Diplôme de citoyen(ne) informé(e) et critique

Bravo !
Vous avez réussi à empêcher la publication de fausses informations en ligne !

S'informer n'a plus de secret pour vous.

Décerné à ______________________________

Classe ______________________________

Collège ______________________________

À ______________________________

Les autorités académiques

Signature du (de la) titulaire

5 TROUVEZ L'ARTICLE

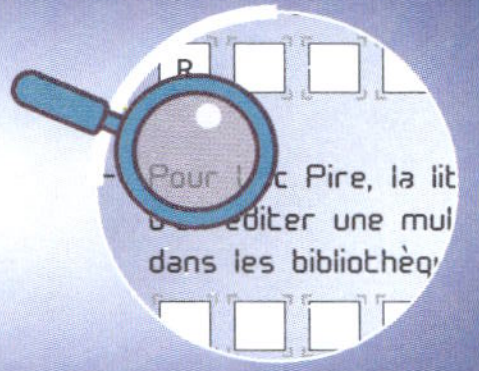

Nombre de ... N [ ] + I [ ] - S [ ] = Article n° [_ _]

6 RÉSOLUTION

Retrouvez le code final composé de 4 chiffres.

Énigme 1 : [_] [_] [_] [_]

Énigme 2 : [_]

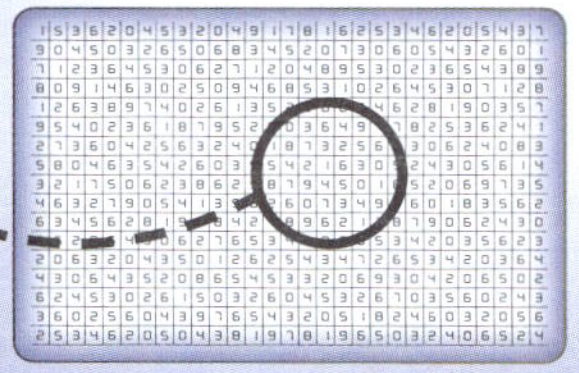

Énigme 4 :
Nombre de 0
dans les réponses [_]

Énigme 5 : Article n° [_ _]

Le code est donc : [ ] [ ] [ ] [ ]

7 PLAIDOYER

Réalisez un nuage de mots avec les six mots que vous estimez les plus importants pour parler de la liberté d'expression.

Après la mise en commun, réalisez un plaidoyer pour expliquer à vos camarades ce qu'est la liberté d'expression et quelles en sont les limites. Montrez également que ces limites sont nécessaires. Pensez à vous appuyer sur des exemples.

LA LIBERTÉ D'EXPRESSION

MISSION

Le réseau Libertés vous demande de retrouver des preuves de la liberté d'expression au XXIe siècle. Fouillez les lieux et rassemblez autant d'indices que possible. Certains membres du groupe sont peut-être déjà sur place. Soyez prudents et ne les faites pas repérer.

1 TROUVEZ LA DATE

La Déclaration des droits de l'homme et du citoyen

2 TROUVEZ L'OBJET

1	5	3	6	2	0	4	5	3	2	0	4	9	1	7	8	1	6	2	5	3	4	6	2	0	5	4	3	7
9	0	4	5	0	3	2	6	5	0	6	8	3	4	5	2	0	7	3	0	6	0	5	4	3	2	6	0	1
7	1	2	3	6	4	5	3	0	6	2	7	1	2	0	4	8	9	5	3	0	2	3	6	5	4	3	8	9
8	0	9	1	4	6	3	0	2	5	0	9	4	6	8	5	3	1	0	2	6	4	5	3	0	7	1	2	7
1	2	6	3	8	9	7	4	0	2	6	1	3	5	2	6	0	8	3	4	6	2	8	1	9	0	3	5	8
9	5	4	0	2	3	6	1	8	7	9	5	2	6	0	3	6	4	9	1	7	8	2	5	3	6	2	4	1
2	7	3	6	0	4	2	5	6	3	2	4	0	1	8	7	3	2	5	6	4	3	0	6	2	4	0	8	3
5	8	0	4	6	3	5	4	2	6	0	3	9	5	4	2	1	6	3	0	5	2	4	3	0	5	6	1	4
3	2	1	7	5	0	6	2	3	8	6	2	5	8	7	9	4	5	0	1	6	5	2	0	6	9	7	3	5
4	6	3	2	7	9	0	5	4	1	3	5	8	2	6	0	7	3	4	9	2	6	0	1	8	3	5	6	2
6	3	4	5	6	2	8	1	9	3	8	4	2	7	8	9	6	2	1	3	8	7	9	0	6	2	4	3	0
3	5	2	0	5	4	3	0	6	2	7	6	5	3	4	2	0	6	9	5	3	4	2	0	3	5	6	2	3
2	0	6	3	2	0	4	3	5	0	1	2	6	2	5	4	3	4	7	2	6	5	3	4	2	0	3	6	4
4	3	0	6	4	3	5	2	0	8	6	5	4	5	3	3	2	0	6	9	3	0	4	2	0	6	5	0	2
6	2	4	5	3	0	2	6	1	5	0	3	2	6	0	4	5	3	2	6	7	0	3	5	6	0	2	4	3
3	6	0	2	5	6	0	4	3	9	7	6	5	4	3	2	0	5	1	8	2	4	6	0	3	2	0	5	6
2	5	3	4	6	2	0	5	0	4	3	8	1	9	7	8	1	9	6	5	0	3	2	4	0	6	5	2	4

Nathan live!

3 MANIPULEZ

Le mot code pour débloquer la vidéo est :

4 ENQUÊTEZ

-> Le maire affirme qu'il y en a à la liberté d'expression :

☐ ☐ ☐ ☐ ☐ ☐ ☐

-> Fait d'affirmer quelque chose sans la moindre preuve :

☐ ☐ ☐ ☐ ☐ ☐ ☐ ☐ ☐ ☐ ☐

-> On peut s'en moquer sans appeler à la haine :

R ☐ ☐ ☐ ☐ ☐ ☐ ☐

-> Pour Luc Pire, la liberté d'expression permet d'en éditer une multitude, que l'on peut retrouver dans les bibliothèques :

☐ ☐ ☐ ☐ ☐ ☐

-> Chacun est libre d'exprimer les siennes :

☐ ☐ ☐ ☐ ☐ O ☐ ☐

-> Il a, lui aussi, le droit à la liberté d'expression :

☐ ☐ ☐ ☐ ☐ T

-> Elle détermine les cas d'abus à la liberté d'expression :

☐ ☐ ☐

5 TROUVEZ L'ARTICLE

Nombre de ... N [ ] + T [ ] + A [ ] = Article n° [_ _]

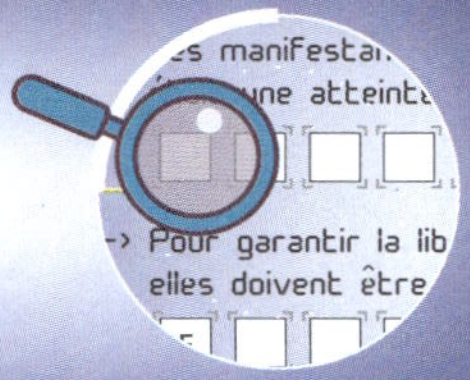

6 RÉSOLUTION

Retrouvez le code final composé de 4 chiffres.

Énigme 1 : [_] [_] [_] [_]

Énigme 2 : [_]

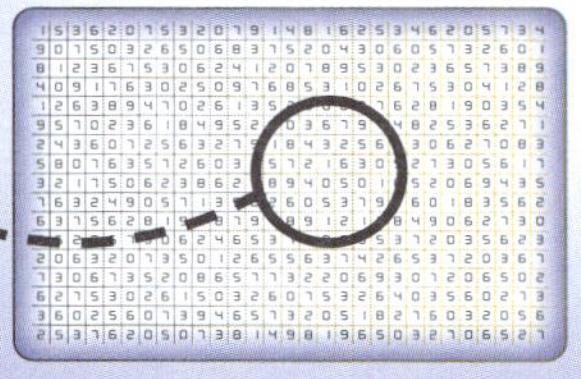

Énigme 4 :
Nombre de B
dans les réponses [_]

Énigme 5 : Article n° [_ _]

Le code est donc : [ ] [ ] [ ] [ ]

7 PLAIDOYER

Réalisez un nuage de mots avec les six mots que vous estimez les plus importants pour parler de la liberté de circulation.

Après la mise en commun, réalisez un plaidoyer pour expliquer à vos camarades ce qu'est la liberté de circulation.
Expliquez aussi quelles peuvent en être les limites et les raisons de ces limites.
Pensez à vous appuyer sur des exemples.

LA LIBERTÉ DE CIRCULATION

MISSION

Le réseau Libertés vous demande de retrouver des preuves de la liberté de circulation au XXIe siècle. Fouillez les lieux et rassemblez autant d'indices que possible.
Certains membres du groupe sont peut-être déjà sur place. Soyez prudents et ne les faites pas repérer.

1 TROUVEZ LA DATE

La Déclaration universelle des droits de l'homme

2 TROUVEZ L'OBJET

1	5	3	6	2	0	7	5	3	2	0	7	9	1	4	8	1	6	2	5	3	7	6	2	0	5	7	3	4
9	0	7	5	0	3	2	6	5	0	6	9	3	7	5	2	0	4	3	0	6	0	5	7	3	2	6	0	1
8	1	2	3	6	7	5	3	0	6	2	4	1	2	0	7	8	9	5	3	0	2	3	6	5	7	3	8	9
4	0	9	1	7	6	3	0	2	5	0	8	7	6	8	5	3	1	0	2	6	7	5	3	0	4	1	2	8
1	2	6	3	8	9	4	7	0	2	6	1	3	5	2	6	0	8	3	7	6	2	8	1	9	0	3	5	4
9	5	7	0	2	3	6	1	8	4	9	5	2	6	0	3	6	7	9	1	4	8	2	5	3	6	2	7	1
2	4	3	6	0	7	2	5	6	3	2	7	9	1	8	4	3	2	5	6	7	3	0	6	2	7	0	8	3
5	8	0	7	6	3	5	7	2	6	0	3	6	5	7	2	1	6	3	0	5	2	7	3	0	5	6	1	7
3	2	1	8	5	0	6	2	3	8	6	2	7	8	9	4	0	5	0	1	6	5	2	0	6	9	4	3	5
7	6	3	2	4	9	0	5	7	1	3	5	8	2	6	0	5	3	7	9	2	6	0	1	8	3	5	6	2
6	3	7	5	6	2	8	1	9	3	8	7	9	4	8	9	1	2	1	3	8	4	9	0	6	2	7	3	0
3	5	2	0	5	7	3	0	6	2	4	6	5	3	7	2	0	6	9	5	3	7	2	0	3	5	6	2	3
2	0	6	3	2	0	7	3	5	0	1	2	6	5	5	6	3	7	4	2	6	5	3	7	2	0	3	6	7
7	3	0	6	7	3	5	2	0	8	6	5	7	7	3	2	2	0	6	9	3	0	7	2	0	6	5	0	2
6	2	7	5	3	0	2	6	1	5	0	3	2	6	0	7	5	3	2	6	4	0	3	5	6	0	2	7	3
3	6	0	2	5	6	0	7	3	9	4	6	5	7	3	2	0	5	1	8	2	7	6	0	3	2	0	5	6
2	5	3	7	6	2	0	5	0	7	3	8	1	4	9	8	1	9	6	5	0	3	2	7	0	6	5	2	7

Nathan live!

3 MANIPULEZ

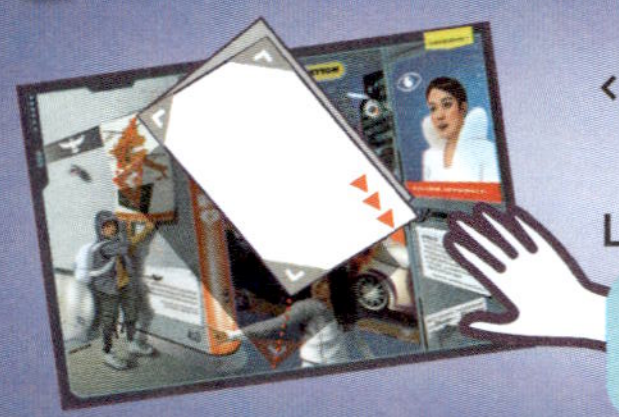

Le mot code pour débloquer la vidéo est :

4 ENQUÊTEZ

-> La liberté de circulation en a connu avec la pandémie de Covid-19 :

☐ ☐ ☐ T ☐ ☐ ☐ ☐ ☐ ☐ ☐ S

-> Pour l'État, celle des populations justifiait les limites :

☐ ☐ ☐ ☐ ☐

-> Les manifestants estimaient que le « pass sanitaire » était une atteinte à la leur :

☐ ☐ ☐ ☐ ☐ ☐ ☐

-> Pour garantir la libre circulation des personnes, elles doivent être « effacées », comme elles le sont sur la carte :

F ☐ ☐ ☐ ☐ ☐ ☐ ☐ ☐ ☐

-> Elle peut être choisie dans n'importe quel État :

☐ ☐ ☐ ☐ ☐ ☐ ☐ ☐ ☐

-> La libre circulation des personnes est fondamentale au sein de cette Union :

☐ ☐ ☐ ☐ ☐ ☐ ☐ ☐ ☐ ☐

-> On peut le quitter et y revenir librement :

☐ ☐ ☐ ☐

5 TROUVEZ L'ARTICLE

Nombre de ... I + L - B = Article n° ___

6 RÉSOLUTION

Retrouvez le code final composé de 4 chiffres.

Énigme 1 : ___ ___ ___ ___

Énigme 2 : ___

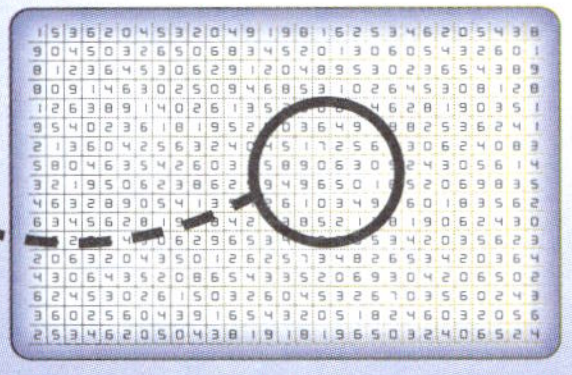

Énigme 4 :
Nombre de T
dans les réponses ___

Énigme 5 : Article n° ___

Le code est donc : ___ ___ ___ ___

7 PLAIDOYER

Réalisez un nuage de mots avec les six mots que vous estimez les plus importants pour parler de la liberté de conscience.

Après la mise en commun, réalisez un plaidoyer pour expliquer à vos camarades ce qu'est la liberté de conscience. Expliquez également comment elle est garantie et exercée en France à travers la laïcité. Pensez à vous appuyer sur des exemples.

LA LIBERTÉ DE CONSCIENCE

MISSION

Le réseau Libertés vous demande de retrouver des preuves de la liberté de conscience au XXIe siècle. Fouillez les lieux et rassemblez autant d'indices que possible. Certains membres du groupe sont peut-être déjà sur place. Soyez prudents et ne les faites pas repérer.

1 TROUVEZ LA DATE

La Convention internationale des droits de l'enfant

2 TROUVEZ L'OBJET

1	5	3	6	2	0	4	5	3	2	0	4	9	1	9	8	1	6	2	5	3	4	6	2	0	5	4	3	8
9	0	4	5	0	3	2	6	5	0	6	8	3	4	5	2	0	1	3	0	6	0	5	4	3	2	6	0	1
8	1	2	3	6	4	5	3	0	6	2	9	1	2	0	4	8	9	5	3	0	2	3	6	5	4	3	8	9
8	0	9	1	4	6	3	0	2	5	0	9	4	6	8	5	3	1	0	2	6	4	5	3	0	8	1	2	8
1	2	6	3	8	9	1	4	0	2	6	1	3	5	2	6	0	8	3	4	6	2	8	1	9	0	3	5	1
9	5	4	0	2	3	6	1	8	1	9	5	2	6	0	3	6	4	9	1	9	8	2	5	3	6	2	4	1
2	1	3	6	0	4	2	5	6	3	2	4	0	4	5	1	7	2	5	6	4	3	0	6	2	4	0	8	3
5	8	0	4	6	3	5	4	2	6	0	3	3	5	8	9	0	6	3	0	5	2	4	3	0	5	6	1	4
3	2	1	9	5	0	6	2	3	8	6	2	5	9	4	9	6	5	0	1	6	5	2	0	6	9	8	3	5
4	6	3	2	8	9	0	5	4	1	3	5	7	2	6	1	0	3	4	9	2	6	0	1	8	3	5	6	2
6	3	4	5	6	2	8	1	9	3	8	4	2	7	3	8	5	2	1	3	8	1	9	0	6	2	4	3	0
3	5	2	0	5	4	3	0	6	2	9	6	5	3	8	1	8	6	9	5	3	4	2	0	3	5	6	2	3
2	0	6	3	2	0	4	3	5	0	1	2	6	2	5	7	3	4	8	2	6	5	3	4	2	0	3	6	4
4	3	0	6	4	3	5	2	0	8	6	5	4	3	3	5	2	0	6	9	3	0	4	2	0	6	5	0	2
6	2	4	5	3	0	2	6	1	5	0	3	2	6	0	4	5	3	2	6	9	0	3	5	6	0	2	4	3
3	6	0	2	5	6	0	4	3	9	1	6	5	4	3	2	0	5	1	8	2	4	6	0	3	2	0	5	6
2	5	3	4	6	2	0	5	0	4	3	8	1	9	1	8	1	9	6	5	0	3	2	4	0	6	5	2	4

3 MANIPULEZ

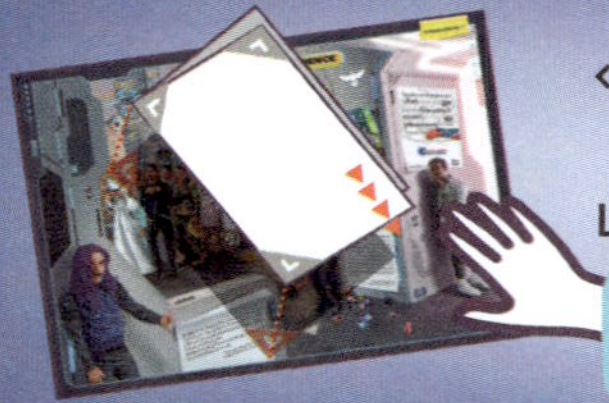

Le mot code pour débloquer la vidéo est :

4 ENQUÊTEZ

-> Elle est apparue en France en 1905 :

-> Avec cette loi de 1905, elles sont séparées de l'État :

-> Il est indispensable pour que chacun puisse se sentir bien et vivre en paix :

P

-> Ismaël l'est puisqu'il ne croit en aucune divinité :

H

-> La pratique de sa religion peut se faire en ou en

U

-> Aucun n'est subventionné par l'État en France :

5 TROUVEZ L'ARTICLE

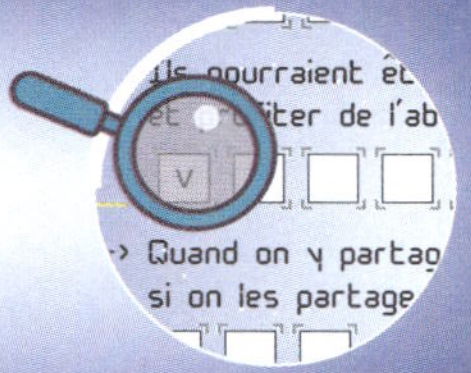

Nombre de ... R + I - V = Article n°

6 RÉSOLUTION

Retrouvez le code final composé de 4 chiffres.

Énigme 1 :

Énigme 2 :

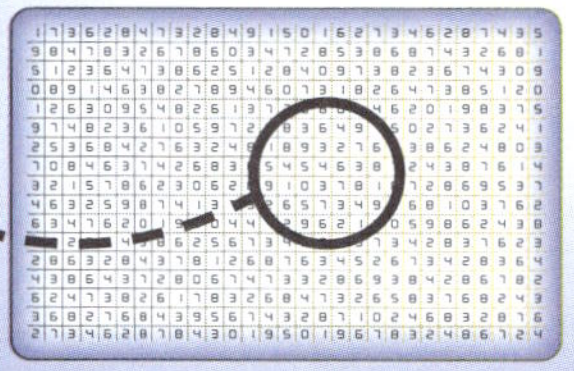

Énigme 4 :
Nombre de U
dans les réponses

Énigme 5 : Article n°

Le code est donc :

7 PLAIDOYER

Réalisez un nuage de mots avec les six mots que vous estimez les plus importants pour parler de la liberté et de la vie privée.

Après la mise en commun, préparez un plaidoyer à l'oral pour expliquer à vos camarades que, malgré l'existence de la liberté d'expression, le droit au respect de la vie privée est fondamental. Expliquez également ce qui menace ce droit à la vie privée, notamment avec le développement des réseaux sociaux.

LIBERTÉ ET VIE PRIVÉE

MISSION

Le réseau Libertés vous demande de retrouver des preuves des libertés associées à la vie privée au XXIe siècle. Fouillez les lieux et rassemblez autant d'indices que possible. Certains membres du groupe sont peut-être déjà sur place. Soyez prudents et ne les faites pas repérer.

1 TROUVEZ LA DATE

La Convention européenne des droits de l'homme

2 TROUVEZ L'OBJET

1	7	3	6	2	8	4	7	3	2	8	4	9	0	5	0	1	6	2	7	3	4	6	2	8	7	4	3	5
5	8	4	7	8	3	2	6	7	8	6	0	3	4	7	2	8	5	3	8	6	8	7	4	3	2	6	8	1
5	1	2	3	6	4	7	3	8	6	2	5	1	2	8	4	0	1	7	3	8	2	3	6	7	4	3	0	9
9	8	9	1	4	6	3	8	2	7	8	0	4	6	0	7	3	1	8	2	6	4	7	3	8	5	1	2	9
1	2	6	3	0	9	5	4	8	2	6	1	3	7	2	6	8	0	3	4	6	2	0	1	9	8	3	7	5
9	7	4	8	2	3	6	1	0	5	9	7	2	6	8	3	6	4	9	1	5	0	2	7	3	6	2	4	1
2	5	3	6	8	4	2	7	6	3	2	4	8	1	8	9	3	2	7	6	4	3	8	6	2	4	8	0	3
7	0	8	4	6	3	7	4	2	6	8	3	6	5	4	5	4	6	3	8	7	2	4	3	8	7	6	1	4
3	2	1	5	7	8	6	2	3	0	6	2	8	9	1	0	3	7	8	1	6	7	2	8	6	9	5	3	7
4	6	3	2	5	9	8	7	4	1	3	7	3	2	6	5	7	3	4	9	2	6	8	1	0	3	7	6	2
6	3	4	7	6	2	0	1	9	3	0	4	4	7	2	9	6	2	1	3	0	5	9	8	6	2	4	3	8
3	7	2	8	7	4	3	8	6	2	5	6	7	3	4	2	8	6	9	7	3	4	2	8	3	7	6	2	3
2	8	6	3	2	8	4	3	7	8	1	2	6	8	7	6	3	4	5	2	6	7	3	4	2	8	3	6	4
4	3	8	6	4	3	7	2	8	0	6	7	4	7	3	3	2	8	6	9	3	8	4	2	8	6	7	8	2
6	2	4	7	3	8	2	6	1	7	8	3	2	6	8	4	7	3	2	6	5	8	3	7	6	8	2	4	3
3	6	8	2	7	6	8	4	3	9	5	6	7	4	3	2	8	7	1	0	2	4	6	8	3	2	8	7	6
2	7	3	4	6	2	8	7	8	4	3	0	1	5	5	0	9	9	6	7	8	3	2	4	8	6	7	2	4

Nathan live!

3 MANIPULEZ

Le mot code pour débloquer la vidéo est :

4 ENQUÊTEZ

-> Prénom de celui qui parle et qui donne beaucoup d'informations sur son identité :

-> Quand on y partage des informations, c'est comme si on les partageait avec tout le monde dans la rue :

-> Ils pourraient être intéressés par ces informations et profiter de l'absence de la famille :

V

-> Avec les réseaux sociaux, elle est visible pour beaucoup d'yeux :

-> Nous possédons cette liberté mais elle n'autorise pas à divulguer des informations confidentielles :

-> Elle peut être menacée par la diffusion d'informations privées alors qu'on ne devrait pas y porter atteinte :

P

-> Elle doit protéger la vie privée de chacun :

5 TROUVEZ L'ARTICLE

Nombre de ... S [ ] + I [ ] - M [ ] = Article n° [_ _]

6 RÉSOLUTION

Retrouvez le code final composé de 4 chiffres.

Énigme 1 : [_] [_] [_] [_]

Énigme 2 : [_]

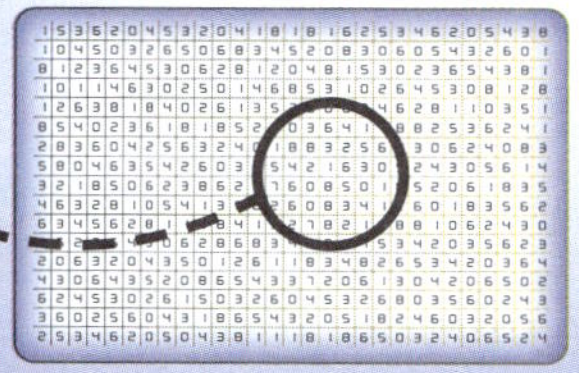

Énigme 4 : Nombre de J dans les réponses [_]

Énigme 5 : Article n° [_ _]

Le code est donc : [ ] [ ] [ ] [ ]

7 PLAIDOYER

Réalisez un nuage de mots avec les six mots que vous estimez les plus importants pour parler de la liberté d'information et de la presse.

Après la mise en commun, réalisez un plaidoyer pour expliquer à vos camarades ce qu'est la liberté d'information. Vous montrerez également en quoi la liberté de la presse est essentielle et comment elle est menacée.
Pensez à vous appuyer sur des exemples.

LA LIBERTÉ D'INFORMATION

MISSION

Le réseau Libertés vous demande de retrouver des preuves de la liberté d'information au XXIe siècle. Fouillez les lieux et rassemblez autant d'indices que possible.
Certains membres du groupe sont peut-être déjà sur place. Soyez prudents et ne les faites pas repérer.

1 TROUVEZ LA DATE

La loi sur la liberté de la presse

2 TROUVEZ L'OBJET

1	5	3	6	2	0	4	5	3	2	0	4	1	8	1	8	1	6	2	5	3	4	6	2	0	5	4	3	8
1	0	4	5	0	3	2	6	5	0	6	8	3	4	5	2	0	8	3	0	6	0	5	4	3	2	6	0	1
8	1	2	3	6	4	5	3	0	6	2	8	1	2	0	4	8	1	5	3	0	2	3	6	5	4	3	8	1
1	0	1	1	4	6	3	0	2	5	0	1	4	6	8	5	3	1	0	2	6	4	5	3	0	8	1	2	8
1	2	6	3	8	1	8	4	0	2	6	1	3	5	2	6	0	8	3	4	6	2	8	1	1	0	3	5	1
8	5	4	0	2	3	6	1	8	1	8	5	2	6	0	3	6	4	1	1	8	8	2	5	3	6	2	4	1
2	8	3	6	0	4	2	5	6	3	2	4	0	1	8	8	3	2	5	6	4	3	0	6	2	4	0	8	3
5	8	0	4	6	3	5	4	2	6	0	3	1	5	4	2	1	6	3	0	5	2	4	3	0	5	6	1	4
3	2	1	8	5	0	6	2	3	8	6	2	1	7	6	0	8	5	0	1	6	5	2	0	6	1	8	3	5
4	6	3	2	8	1	0	5	4	1	3	5	8	2	6	0	8	3	4	1	2	6	0	1	8	3	5	6	2
6	3	4	5	6	2	8	1	1	3	8	4	1	5	2	7	8	2	1	3	8	8	1	0	6	2	4	3	0
3	5	2	0	5	4	3	0	6	2	8	6	8	3	4	2	8	6	1	5	3	4	2	0	3	5	6	2	3
2	0	6	3	2	0	4	3	5	0	1	2	6	1	1	8	3	4	8	2	6	5	3	4	2	0	3	6	4
4	3	0	6	4	3	5	2	0	8	6	5	4	3	3	7	2	0	6	1	3	0	4	2	0	6	5	0	2
6	2	4	5	3	0	2	6	1	5	0	3	2	6	0	4	5	3	2	6	8	0	3	5	6	0	2	4	3
3	6	0	2	5	6	0	4	3	1	8	6	5	4	3	2	0	5	1	8	2	4	6	0	3	2	0	5	6
2	5	3	4	6	2	0	5	0	4	3	8	1	1	1	8	1	8	6	5	0	3	2	4	0	6	5	2	4

Nathan live!

3 MANIPULEZ

Le mot code pour débloquer la vidéo est :

4 ENQUÊTEZ

-> La liberté de la presse s'appuie sur cette liberté :

☐ ☐ ☐ ☐ ☐ ☐ ☐ ☐ ☐ ☐

-> Dans certains pays, elle empêche les médias d'informer librement en contrôlant toutes les publications :

☐ ☐ ☐ ☐ U ☐ ☐

-> Ces personnes sont indispensables pour informer, mais elles sont parfois menacées parce qu'elles le font.

☐ ☐ U ☐ ☐ ☐ ☐ ☐ ☐ ☐ ☐ ☐

-> Une presse libre est indispensable pour avoir ce type de régime politique :

D ☐ ☐ ☐ ☐ ☐ ☐ ☐ ☐ ☐

-> On peut le faire librement grâce à la liberté d'information :

☐ ☐ P ☐ ☐ ☐ ☐ ☐

-> Elle détermine les limites à la liberté d'information :

☐ ☐ ☐

-> Elle n'est pas nécessaire pour pouvoir publier un journal :

☐ ☐ ☐ O ☐ ☐ ☐ ☐ ☐ ☐ ☐ ☐

5 TROUVEZ L'ARTICLE

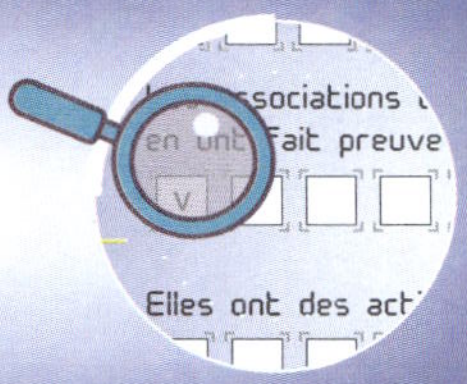

Nombre de … S ☐ + E ☐ - T ☐ = Article n° ☐☐

6 RÉSOLUTION

Retrouvez le code final composé de 4 chiffres.

Énigme 1 : ☐ ☐ ☐ ☐

Énigme 2 : ☐

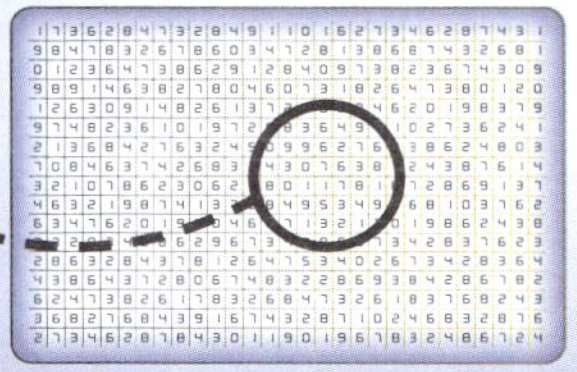

Énigme 4 : Nombre de N dans les réponses ☐

Énigme 5 : Article n° ☐☐

Le code est donc : ☐ ☐ ☐ ☐

7 PLAIDOYER

Réalisez un nuage de mots avec les six mots que vous estimez les plus importants pour parler de la liberté d'association.

Après la mise en commun, réalisez un plaidoyer pour expliquer à vos camarades en quoi consiste la liberté d'association. Vous expliquerez notamment comment cette liberté est appliquée en France et comment elle peut être limitée. Pensez à vous appuyer sur des exemples.

LA LIBERTÉ D'ASSOCIATION

MISSION

Le réseau Libertés vous demande de retrouver des preuves de la liberté d'association au XXIe siècle. Fouillez les lieux et rassembliez autant d'indices que possible. Certains membres du groupe sont peut-être déjà sur place. Soyez prudents et ne les faites pas repérer.

1 TROUVEZ LA DATE

La loi relative au contrat d'association

2 TROUVEZ L'OBJET

1	7	3	6	2	8	4	7	3	2	8	4	9	1	1	0	1	6	2	7	3	4	6	2	8	7	4	3	1
9	8	4	7	8	3	2	6	7	8	6	0	3	4	7	2	8	1	3	8	6	8	7	4	3	2	6	8	1
0	1	2	3	6	4	7	3	8	6	2	9	1	2	8	4	0	9	7	3	8	2	3	6	7	4	3	0	9
9	8	9	1	4	6	3	8	2	7	8	0	4	6	0	7	3	1	8	2	6	4	7	3	8	0	1	2	0
1	2	6	3	0	9	1	4	8	2	6	1	3	7	2	6	8	0	3	4	6	2	0	1	9	8	3	7	9
9	7	4	8	2	3	6	1	0	1	9	7	2	6	8	3	6	4	9	1	1	0	2	7	3	6	2	4	1
2	1	3	6	8	4	2	7	6	3	2	4	5	0	9	9	6	2	7	6	4	3	8	6	2	4	8	0	3
7	0	8	4	6	3	7	4	2	6	8	3	2	4	3	0	7	6	3	8	7	2	4	3	8	7	6	1	4
3	2	1	0	7	8	6	2	3	0	6	2	5	8	0	1	1	7	8	1	6	7	2	8	6	9	1	3	7
4	6	3	2	1	9	8	7	4	1	3	7	8	8	4	9	5	3	4	9	2	6	8	1	0	3	7	6	2
6	3	4	7	6	2	0	1	9	3	0	4	6	2	7	1	3	2	1	3	0	1	9	8	6	2	4	3	8
3	7	2	8	7	4	3	8	6	2	9	6	7	3	4	2	8	6	9	7	3	4	2	8	3	7	6	2	3
2	8	6	3	2	8	4	3	7	8	1	2	6	4	7	5	3	4	0	2	6	7	3	4	2	8	3	6	4
4	3	8	6	4	3	7	2	8	0	6	7	4	8	3	2	2	8	6	9	3	8	4	2	8	6	7	8	2
6	2	4	7	3	8	2	6	1	7	8	3	2	6	8	4	7	3	2	6	1	8	3	7	6	8	2	4	3
3	6	8	2	7	6	8	4	3	9	1	6	7	4	3	2	8	7	1	0	2	4	6	8	3	2	8	7	6
2	7	3	4	6	2	8	7	8	4	3	0	1	1	9	0	1	9	6	7	8	3	2	4	8	6	7	2	4

3 MANIPULEZ

Le mot code pour débloquer la vidéo est :

4 ENQUÊTEZ

-> Ils comportent le but d'une association et ses règles de fonctionnement :

-> C'est la disparition d'une association, qui peut être décidée par ses membres ou par la justice :

-> Les associations de supporters dissoutes en avril 2010 en ont fait preuve :

V

-> Elles ont des activités très variées à Châteaubriant :

S

-> Pour empêcher des enfants de se réunir, dans une société démocratique, les raisons doivent l'être :

C

-> Nombre minimum de membres pour pouvoir créer une association :

-> Ils ne doivent pas être le but d'une association :

F

MISE EN COMMUN

A
Date :
Texte :

B
Date :
Texte :

C
Date :
Texte :

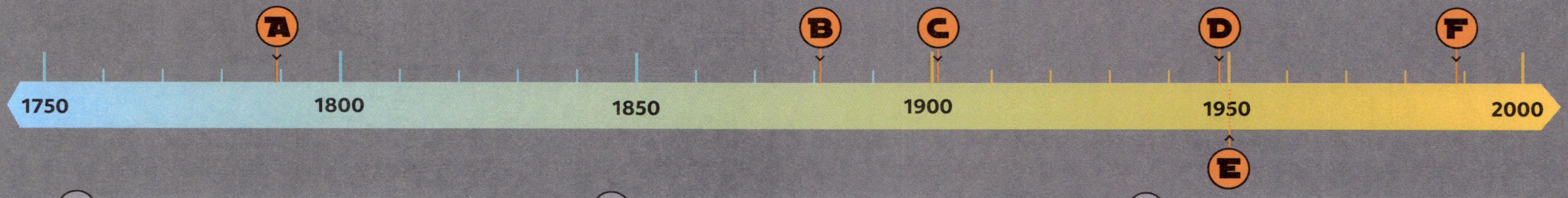

D
Date :
Texte :

E
Date :
Texte :

F
Date :
Texte :

Les codes trouvés par vos équipes :

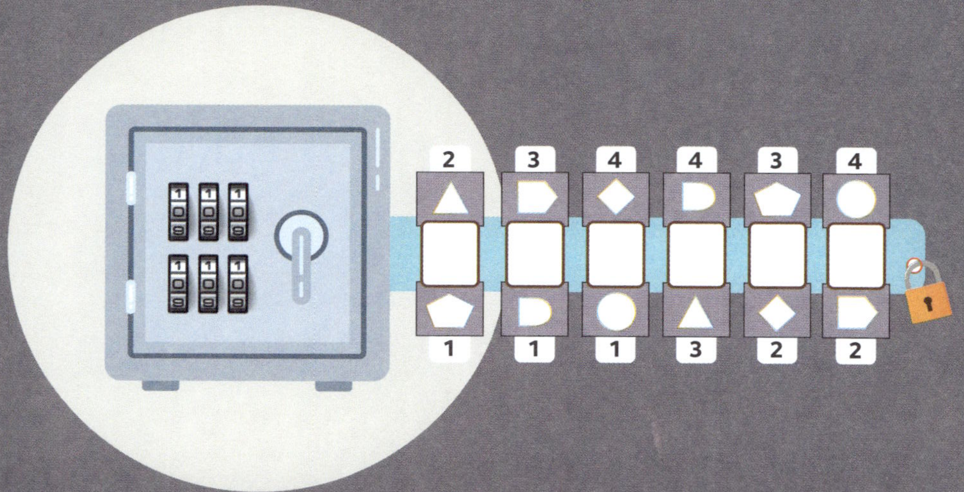

FICHE RÉCAP

Article 11. La libre communication des pensées et des opinions est un des droits les plus précieux de l'homme : tout citoyen peut donc parler, écrire, imprimer librement, sauf à répondre de l'abus de cette liberté dans les cas déterminés par la loi.

Déclaration des droits de l'homme et du citoyen, 1789.

Article 9. Toute personne a droit à la liberté de pensée, de conscience et de religion ; ce droit implique la liberté de changer de religion ou de conviction, ainsi que la liberté de manifester sa religion ou sa conviction individuellement ou collectivement, en public ou en privé, par le culte, l'enseignement, les pratiques et l'accomplissement des rites.

Convention européenne des droits de l'homme, 1950.

Article 5.
Tout journal ou écrit périodique peut être publié sans déclaration ni autorisation préalable, ni dépôt de cautionnement.

Loi du 29 juillet 1881 sur la liberté de la presse.

Article 13
1. Toute personne a le droit de circuler librement et de choisir sa résidence à l'intérieur d'un État.
2. Toute personne a le droit de quitter tout pays, y compris le sien, et de revenir dans son pays.

Déclaration universelle des droits de l'homme, 1948.

Article 12. Nul ne sera l'objet d'immixtions [interventions] arbitraires dans sa vie privée, sa famille, son domicile ou sa correspondance, ni d'atteintes à son honneur et à sa réputation. Toute personne a droit à la protection de la loi contre de telles immixtions ou de telles atteintes.

Déclaration universelle des droits de l'homme, 1948.

Article Premier.
L'association est la convention par laquelle deux ou plusieurs personnes mettent en commun d'une façon permanente leurs connaissances ou leur activité dans un but autre que de partager des bénéfices. Elle est régie, quant à sa validité, par les principes généraux du droit applicables aux contrats et aux obligations.

Loi du 1er juillet 1901 relative au contrat d'association.

Article 15.
1. Les États parties reconnaissent les droits de l'enfant à la liberté d'association et à la liberté de réunion pacifique.
2. L'exercice de ces droits ne peut faire l'objet que des seules restrictions qui sont prescrites par la loi et qui sont nécessaires dans une société démocratique [...].

Convention internationale des droits de l'enfant, 1989.

À l'aide des articles proposés et des plaidoyers des différents groupes, complétez le tableau suivant.

Liberté	Grand texte	Date	3 mots qui définissent pour vous le mieux cette liberté	Un exemple de limite à cette liberté	Liberté individuelle ou liberté collective
d'expression					
de conscience					
de circulation					
et vie privée					
d'information					
d'association					

Vous avez réussi !

Bravo ! Vous avez ouvert le coffre
qui contient les grands textes de droits et libertés.
Le réseau est fier de vous !

Décerné à ______________________

Classe ______________________

Collège ______________________

À ______________________

Les membres
du réseau Liberté

Signature
du (de la) titulaire

BIENVENUE AU SÉNAT

LA SÉNATRICE QUI VOUS ACCUEILLE VOUS REMET CE DIPLÔME POUR VOUS FÉLICITER DE VOTRE CONNAISSANCE DES INSTITUTIONS.

Décerné à ______________________________

Classe ______________________________

Collège ______________________________

À ______________________________

La présidence du Sénat

Signature du (de la) titulaire

Scannez pour découvrir un souvenir de votre visite au Sénat :

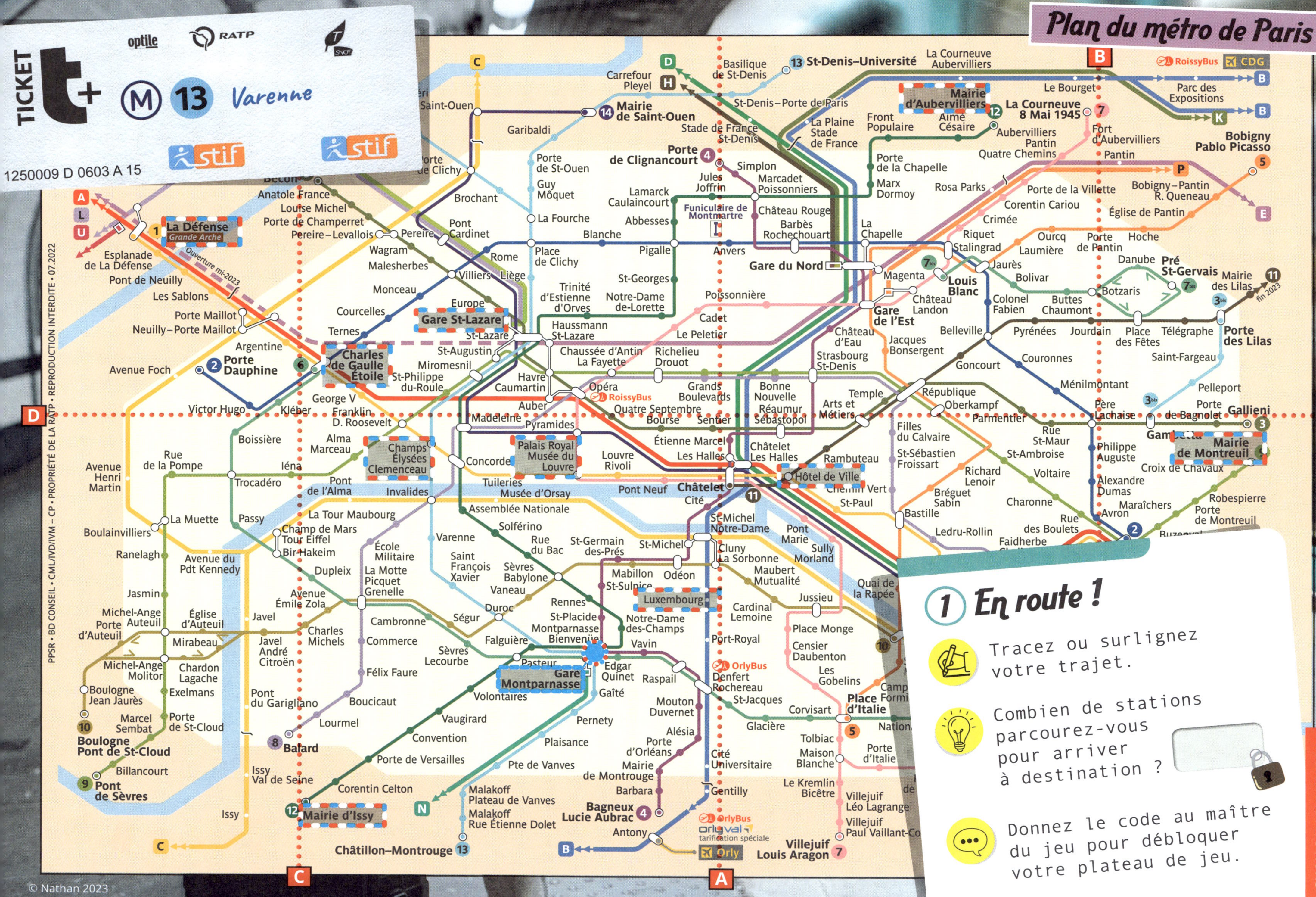

1 En route !

Tracez ou surlignez votre trajet.

Combien de stations parcourez-vous pour arriver à destination ?

Donnez le code au maître du jeu pour débloquer votre plateau de jeu.

2 Un lieu de la République

Vous êtes arrivés à destination !
Devant quel lieu vous trouvez-vous ?

Quelqu'un pourra peut-être vous renseigner.

3 Un représentant de la République

Fonction de celui ou celle qui travaille et habite en ce lieu :

Article ____ de la ____

4 La Constitution

En comptant les lignes à partir de l'article trouvé à l'étape précédente, à quelle ligne apparaissent les mots suivants ?

- régaliennes — ligne n° __
- leurs fonctions — ligne n° __
- Président — ligne n° __
- laïcité — ligne n° __
- République — ligne n° __
- Parlement — ligne n° __
- responsable — ligne n° __
- initiative — ligne n° __

Si le mot n'apparaît pas, écrire « 0 ».

Reportez les numéros.

__ / __ / ____

5 Les institutions de la Vᵉ République

Plateau Vidéo

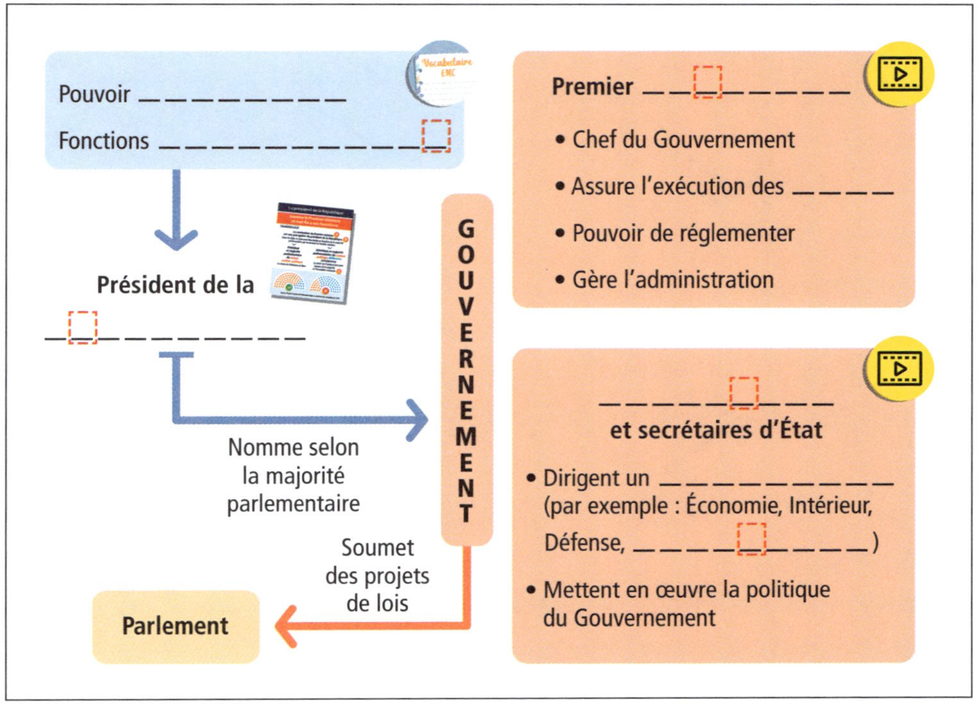

6 Retour vers le métro !

Bravo : vous avez trouvé le point de ralliement final, où vous attend un haut représentant de l'État.

[ ] [ ] [ ] [ ] [ ]

Vous pouvez rejoindre les autres groupes pour mettre en commun vos découvertes… mais à quelle station de métro faut-il aller ?

Plan du métro de Paris

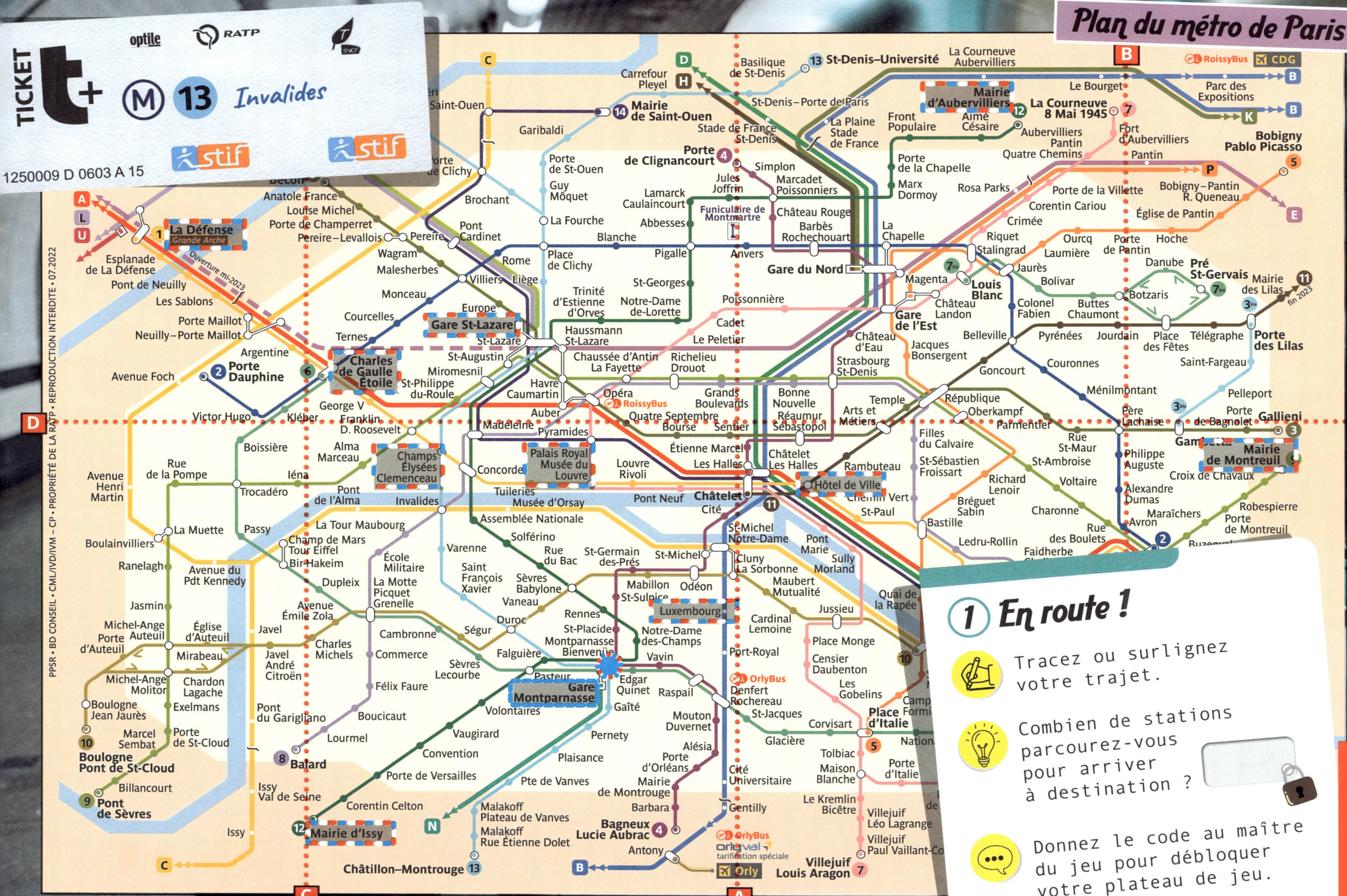

1 En route !

Tracez ou surlignez votre trajet.

Combien de stations parcourez-vous pour arriver à destination ?

Donnez le code au maître du jeu pour débloquer votre plateau de jeu.

2 Un lieu de la République

Vous marchez quelques minutes et vous arrivez à destination ! Devant quelle institution vous trouvez-vous ?

Quelqu'un pourra peut-être vous renseigner.

3 Un représentant de la République

Fonction de celles et ceux qui travaillent et siègent en ce lieu :

Article ______ de la ______

4 La Constitution

En comptant les lignes à partir de l'article trouvé à l'étape précédente, à quelle ligne apparaissent les mots suivants ?

Si le mot n'apparaît pas, écrire « 0 ».

- régaliennes ligne n° __
- députés ligne n° __
- politiques ligne n° __
- laïcité ligne n° __
- la loi ligne n° __
- censure ligne n° __
- Français ligne n° __
- aux membres du Parlement ligne n° __

Reportez les numéros.

__ / __ / ____

5 Les institutions de la Vᵉ République

Plateau Vidéo

Électeurs (démocratie ______________)

P________

ASSEMBLÉE __________

- ___ députés élus pour 5 ans au suffrage universel direct, lors des élections ______________.
- Le président de la République peut en prononcer la ______________.
- Peut voter une motion de censure contre le Gouvernement.

SÉNAT

- 348 sénateurs.
- Élus pour 6 ans au suffrage universel indirect.
- Moitié des sénateurs renouvelée tous les 3 ans.

Pouvoir __________

Examinent et votent les ____ proposées par le Gouvernement.

Proposent des lois.

Peuvent modifier les lois en proposant des amendements.

→ Pour devenir une loi, un texte doit être voté par l'Assemblée et le Sénat.

6 Retour vers le métro !

Bravo : vous avez trouvé le point de ralliement final, où vous attend un haut représentant de l'État.

Vous pouvez rejoindre les autres groupes pour mettre en commun vos découvertes… mais à quelle station de métro faut-il aller ?

Plan du métro de Paris

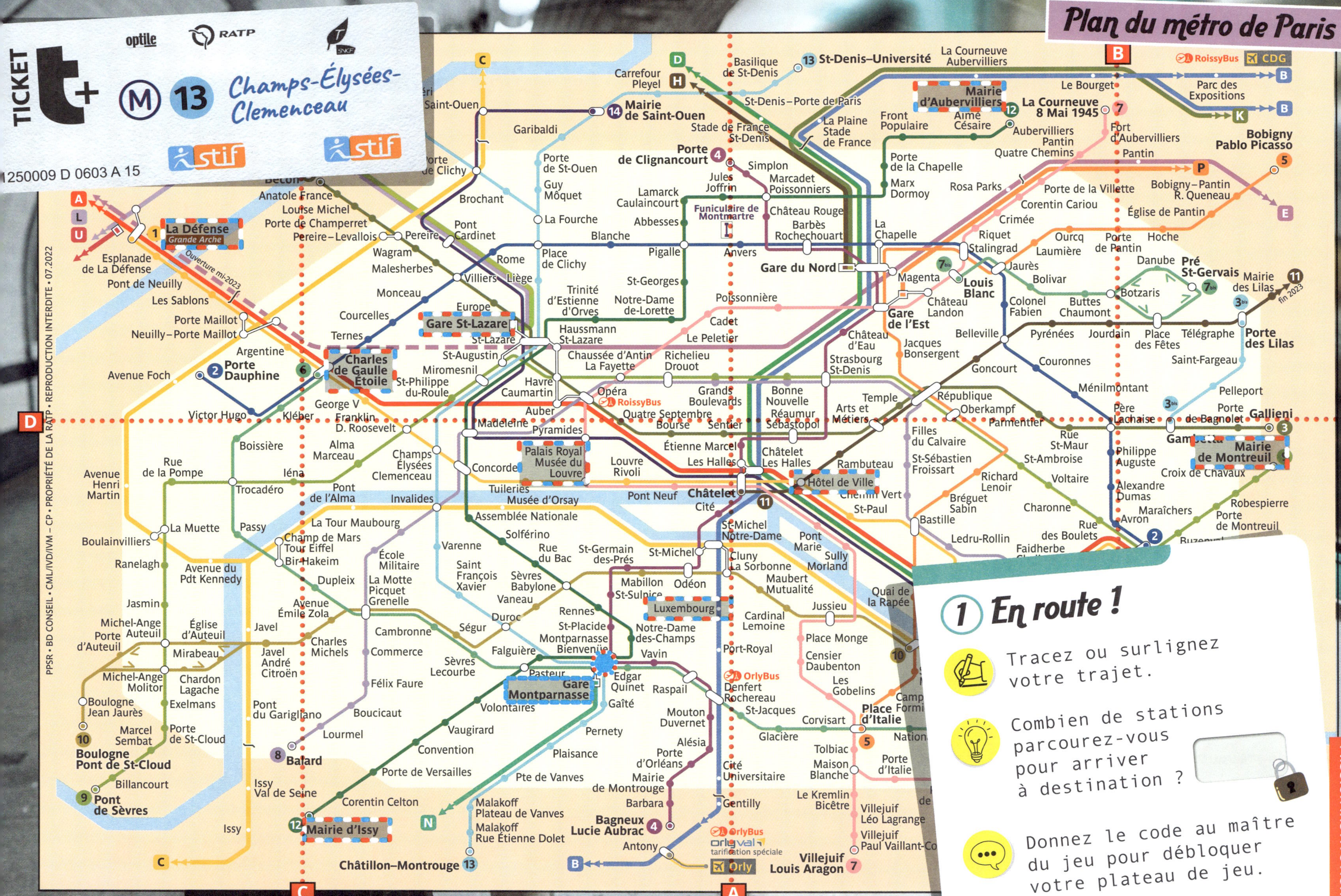

1 En route !

Tracez ou surlignez votre trajet.

Combien de stations parcourez-vous pour arriver à destination ?

Donnez le code au maître du jeu pour débloquer votre plateau de jeu.

2 Un lieu de la République

Vous êtes arrivés à destination !
Devant quel lieu vous trouvez-vous ?

Quelqu'un pourra peut-être vous renseigner.

3 Un représentant de la République

Fonction de celui ou celle qui travaille et siège en ce lieu :

Article ____ de la ____

4 La Constitution

En comptant les lignes à partir de l'article trouvé à l'étape précédente, à quelle ligne apparaissent les mots suivants ?

Si le mot n'apparaît pas, écrire « 0 ».

- régaliennes ligne n° __
- territoire ligne n° __
- Constitution ligne n° __
- laïcité ligne n° __
- au respect ligne n° __
- proposition ligne n° __
- suffrage ligne n° __
- démission ligne n° __

__ / __ / ____

5 Les institutions de la Vᵉ République

Plateau Vidéo

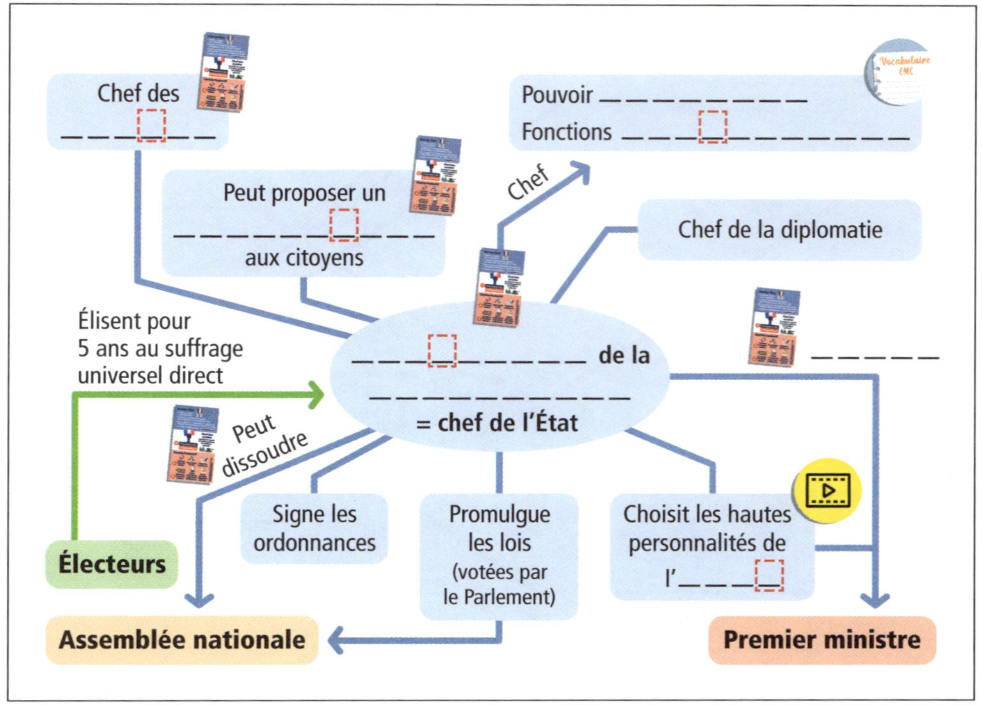

6 Retour vers le métro !

Bravo : vous avez trouvé le point de ralliement final, où vous attend un haut représentant de l'État.

Vous pouvez rejoindre les autres groupes pour mettre en commun vos découvertes… mais à quelle station de métro faut-il aller ?

Plan du métro de Paris

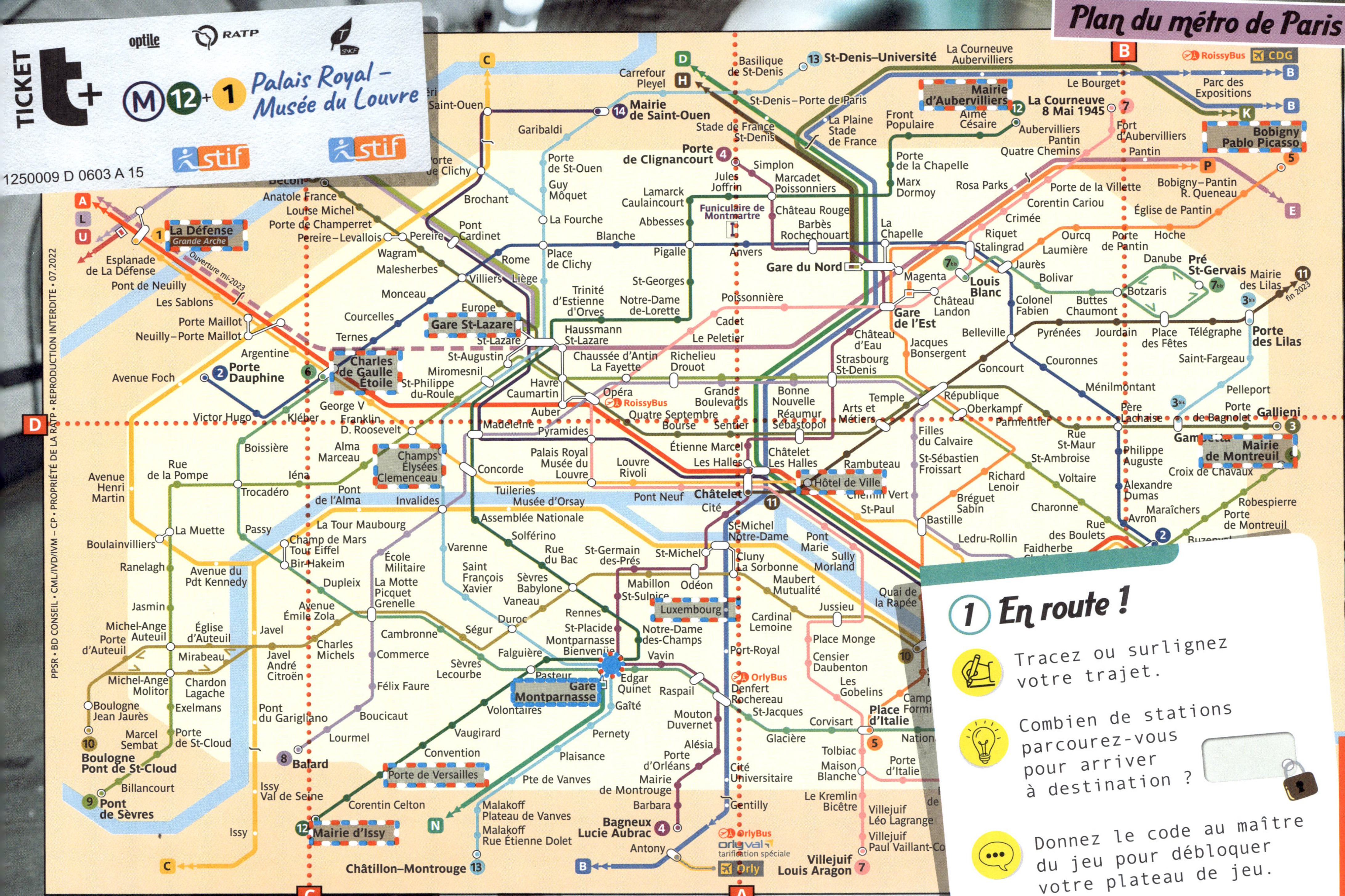

1 En route !

Tracez ou surlignez votre trajet.

Combien de stations parcourez-vous pour arriver à destination ?

Donnez le code au maître du jeu pour débloquer votre plateau de jeu.

2 Un lieu de la République

Vous êtes arrivés à destination !
Devant quelle institution
vous trouvez-vous ?

Quelqu'un pourra peut-être vous renseigner.

3 Un représentant de la République

Surnom de celles et ceux qui travaillent en ce lieu :

Article ______ de la ______

4 La Constitution

En comptant les lignes à partir de l'article trouvé à l'étape précédente, à quelle ligne apparaissent les mots suivants ?

Si le mot n'apparaît pas, écrire « 0 ».

- régaliennes ligne n° __
- Présidents ligne n° __
- mandat ligne n° __
- laïcité ligne n° __
- comprend ligne n° __
- contestation ligne n° __
- nommé ligne n° __
- scrutin ligne n° __

Reportez les numéros.

__ / __ / ____

5 Les institutions de la Ve République

Plateau Vidéo

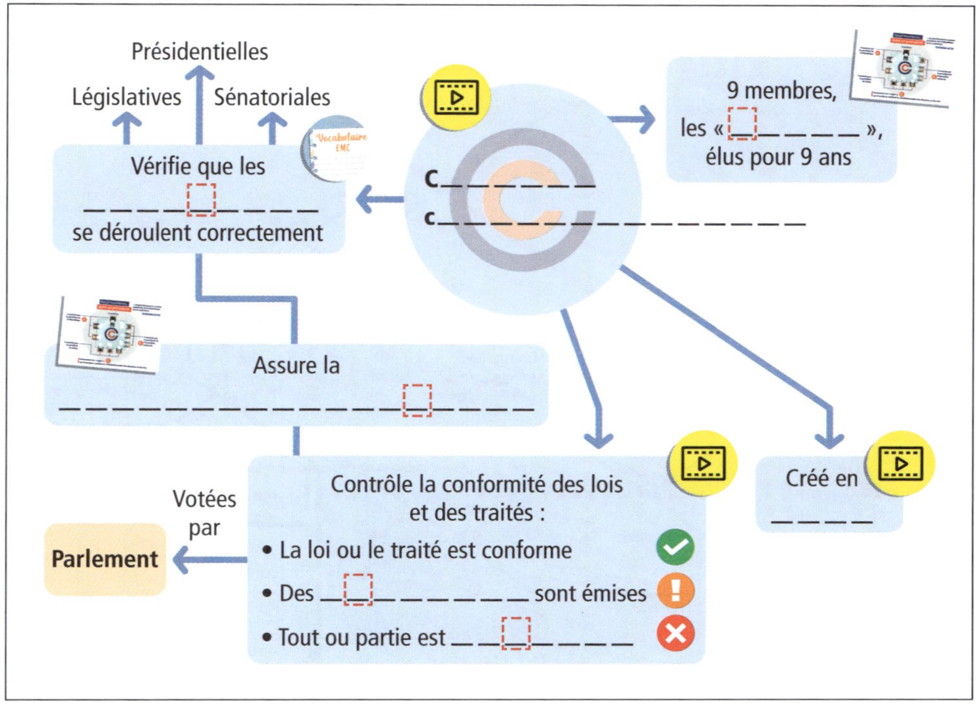

6 Retour vers le métro !

Bravo : vous avez trouvé le point de ralliement final, où vous attend un haut représentant de l'État.

[ ] [ ] [ ] [ ] [ ]

Vous pouvez rejoindre les autres groupes pour mettre en commun vos découvertes… mais à quelle station de métro faut-il aller ?

Plan du métro de Paris

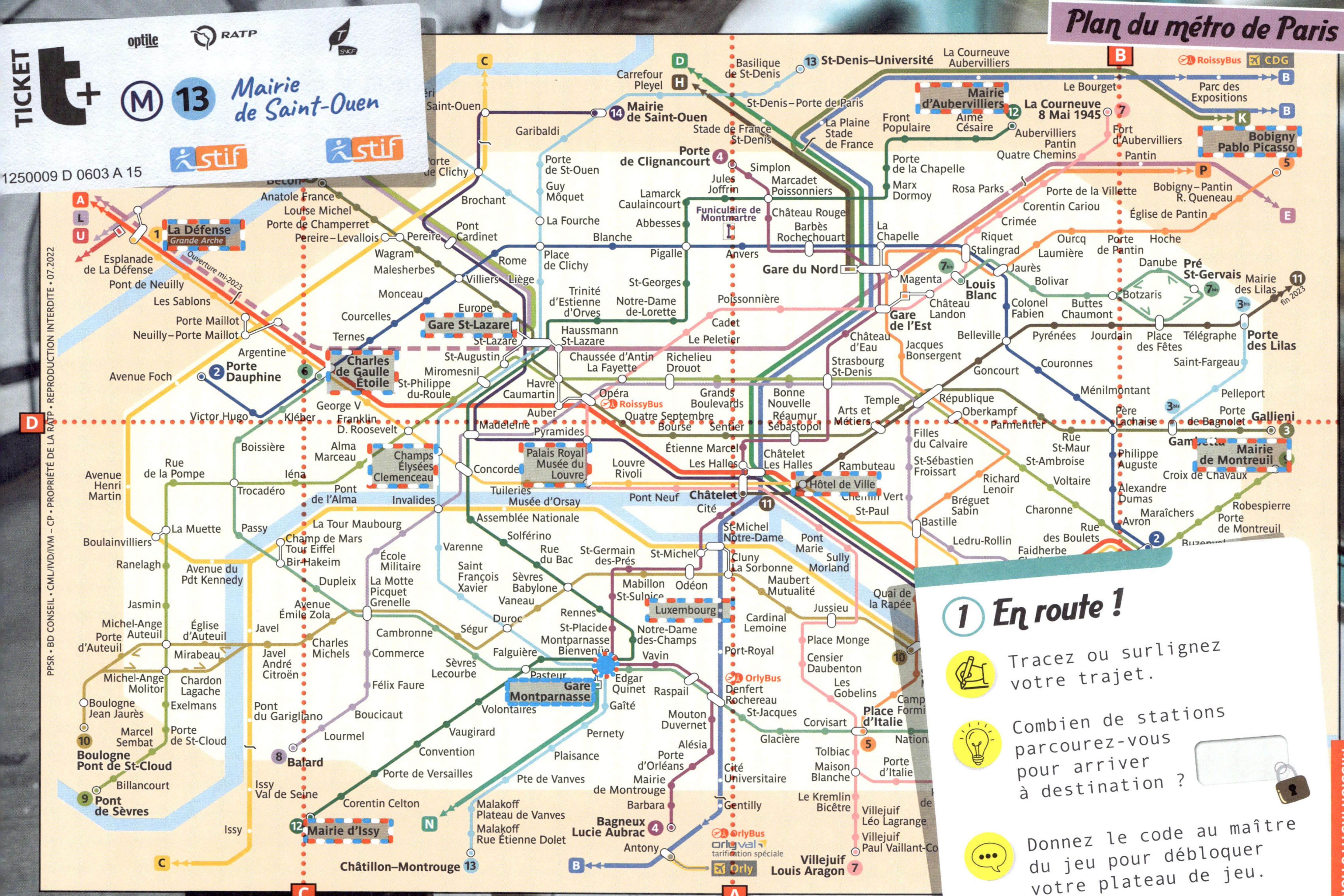

© Nathan 2023

1 En route !

Tracez ou surlignez votre trajet.

Combien de stations parcourez-vous pour arriver à destination ?

Donnez le code au maître du jeu pour débloquer votre plateau de jeu.

2 Un lieu de la République

Vous êtes arrivés à destination !
Devant quelle institution vous trouvez-vous ?

Quelqu'un pourra peut-être vous renseigner.

3 Un représentant de la République

Fonction de celles et ceux qui travaillent en ce lieu :

Article ______ de la ______

4 La Constitution

En comptant les lignes à partir de l'article trouvé à l'étape précédente, à quelle ligne apparaissent les mots suivants ?

- régaliennes — ligne n° __
- échelon — ligne n° __
- communes — ligne n° __
- laïcité — ligne n° __
- République — ligne n° __
- impositions — ligne n° __
- s'administrent — ligne n° __
- fixées — ligne n° __

Si le mot n'apparaît pas, écrire « 0 ».

Reportez les numéros.

__ / __ / ____

5 Les institutions de la Vᵉ République

Plateau Vidéo

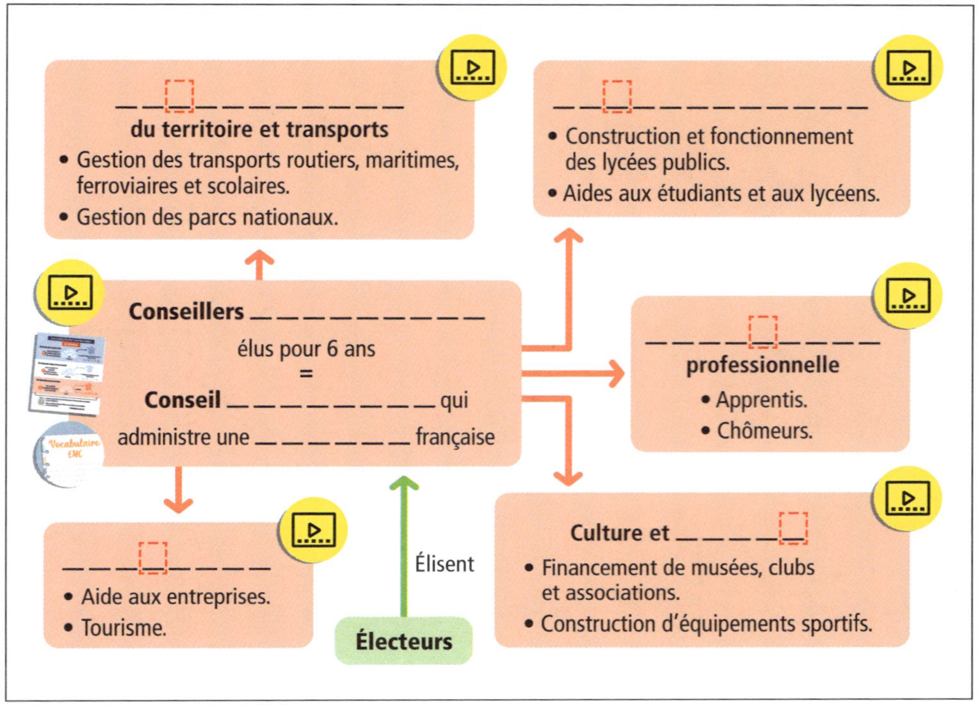

6 Retour vers le métro !

Bravo : vous avez trouvé le point de ralliement final, où vous attend un haut représentant de l'État.

Vous pouvez rejoindre les autres groupes pour mettre en commun vos découvertes… mais à quelle station de métro faut-il aller ?

Plan du métro de Paris

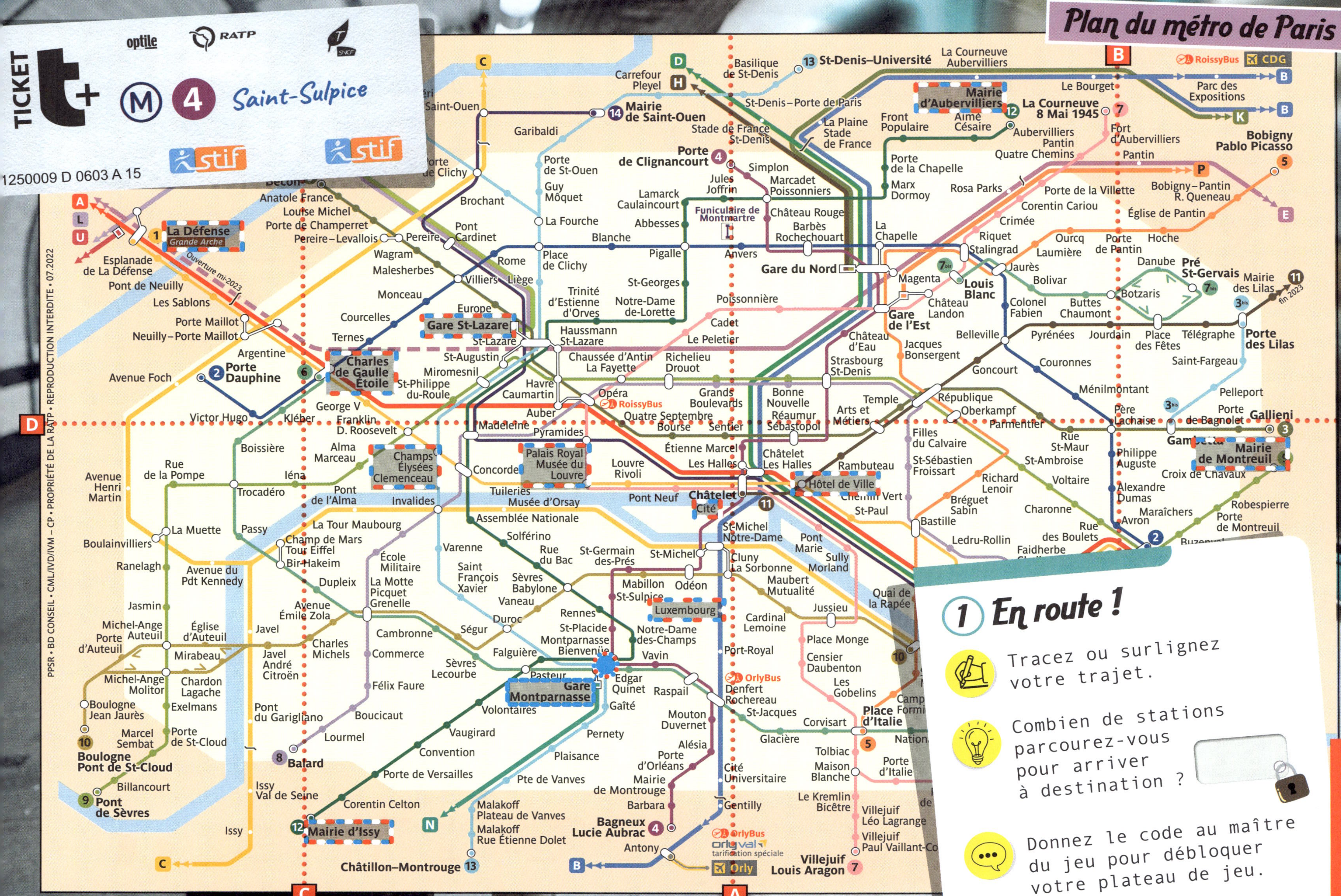

1 En route !

Tracez ou surlignez votre trajet.

Combien de stations parcourez-vous pour arriver à destination ?

Donnez le code au maître du jeu pour débloquer votre plateau de jeu.

2 Un lieu de la République

Vous marchez quelques minutes et vous arrivez à destination ! Devant quelle institution vous trouvez-vous ?

Quelqu'un pourra peut-être vous renseigner.

☐ ☐ ☐ ☐ ☐ ☐

3 Un représentant de la République

Fonction de celui ou celle qui dirige ce lieu :

Article ________ de la ________

4 La Constitution

En comptant les lignes à partir de l'article trouvé à l'étape précédente, à quelle ligne apparaissent les mots suivants ?

- régaliennes — ligne n° __
- décisions — ligne n° __
- République — ligne n° __
- laïcité — ligne n° __
- communes — ligne n° __
- France — ligne n° __
- échelon — ligne n° __
- municipales — ligne n° __

Si le mot n'apparaît pas, écrire « 0 ».

Reportez les numéros.

__ __ / __ __ / __ __ __ __

5 Les institutions de la Ve République

Plateau — Vidéo

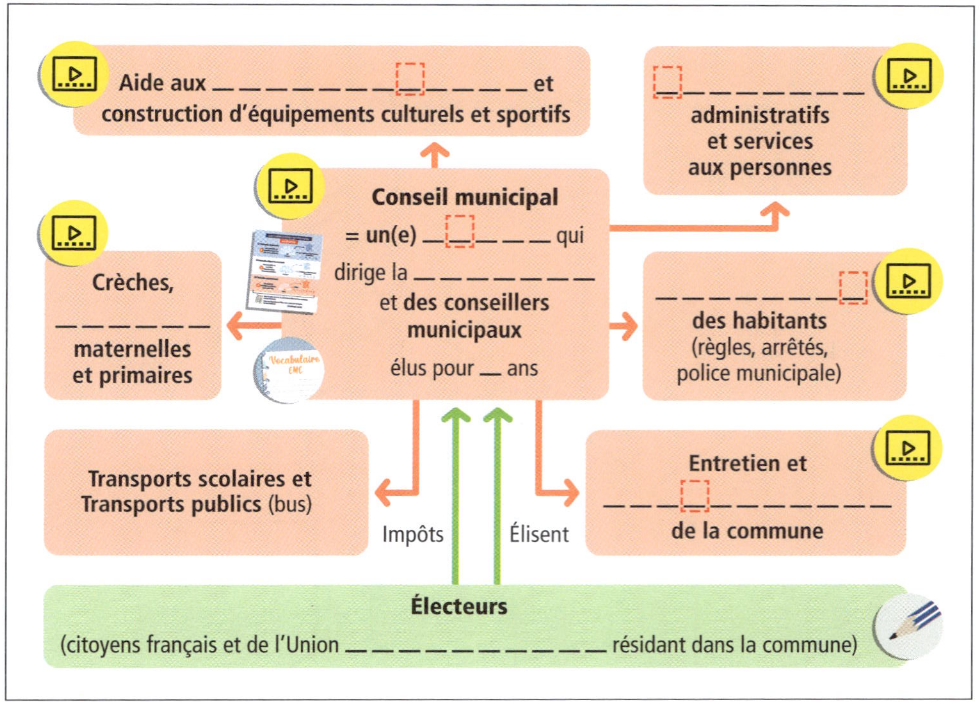

6 Retour vers le métro !

Bravo : vous avez trouvé le point de ralliement final, où vous attend un haut représentant de l'État.

☐ ☐ ☐ ☐ ☐

Vous pouvez rejoindre les autres groupes pour mettre en commun vos découvertes… mais à quelle station de métro faut-il aller ?

Vous êtes arrivés devant le Sénat !

Une femme mystérieuse vous tend un papier. Elle ne vous laissera pas entrer tant que vous n'aurez pas résolu cette dernière énigme tous ensemble.

Découpez et remettez ces éléments de schéma dans l'ordre.

Collez-les sur une feuille blanche et complétez-les à l'aide de vos feuilles de route.

Vite, le temps presse !

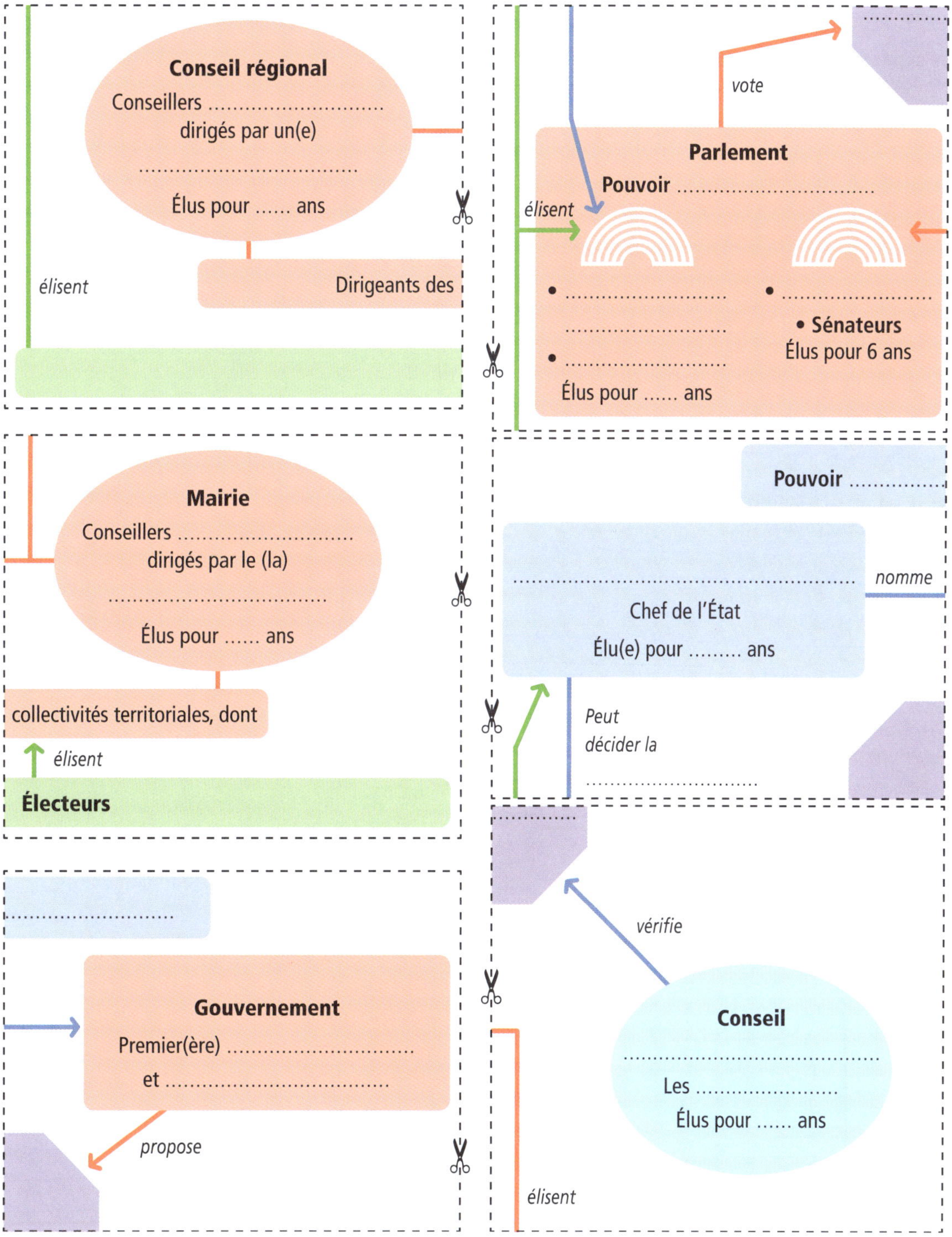

Fiche récap

1 DES INSTITUTIONS DÉMOCRATIQUES

a. Des élus qui représentent les citoyens français

- Qui sont les représentants élus directement par les citoyens français ?
- Qui sont les représentants élus de façon indirecte ?
- Quel est le représentant qui exerce le plus long mandat ?

b. Des pouvoirs séparés

- Qui exerce le pouvoir législatif ?
- Qui exerce le pouvoir exécutif ?
- Quels contrôles existent entre les pouvoirs exécutif et législatif ?
- Qui vérifie la constitutionalité des lois et la bonne tenue des élections ?

c Une décentralisation des compétences

- À quelles échelles le pouvoir est-il exercé ?
- À qui et pourquoi l'État délègue-t-il des compétences ?
- Quelle valeur française est établie entre les régions, y compris les départements et régions d'outre-mer ?

2 LE VOCABULAIRE POUR COMPRENDRE LES INSTITUTIONS

- **Démocratie représentative :**
- **État :**
- **Collectivités territoriales :**
- **Fonctions régaliennes :**
- **Pouvoir exécutif :**
- **Pouvoir législatif :**
- **Loi :**

3 UN TEXTE FONDAMENTAL : LA CONSTITUTION

Rédigez deux phrases expliquant ce qu'est la Constitution, de quand date celle de la Ve République (énigme 4 !) et en quoi elle défend les valeurs de la République française.

Les jokers

Alerte à Radio Collège
Joker 1
Lisez bien tous les éléments des documents, dont le titre du plateau.
joker!

Alerte à Radio Collège
Joker 2
Observez bien les dessins pour vous aider à faire votre pliage.
joker!

Alerte à Radio Collège
Joker 3
Reprenez bien la définition de la première étape pour répondre.
joker!

Alerte à Radio Collège
Joker 4
Avez-vous bien consulté tous les documents du plateau ?
joker!

Alerte à Radio Collège
Joker 5
Quel est le point commun entre les six codes trouvés par les équipes ?
joker!

Le réseau Libertés
Joker 1
Avec de l'observation, vous trouverez sur le plateau tous les chiffres dont vous avez besoin.
joker!

Le réseau Libertés
Joker 2
Ce sont tous les chiffres de la date qu'il faut surligner.
joker!

Le réseau Libertés
Joker 3
Il vous faut utiliser la feuille de route et le plateau ; regardez bien le schéma qui vous guide ; ne laissez passer aucun détail.
joker!

Le réseau Libertés
Joker 4
Vous n'avez pas à inventer les réponses. Elles sont soit dans la vidéo, soit écrites sur le plateau. Les symboles vous aident à savoir où chercher.
joker!

Le réseau Libertés
Joker 5
La loupe vous aide à trouver où chercher… Après ce ne sont que des maths !
joker!

Mission institutions
Joker 1
Souvenez-vous d'où vous partez, puis repérez la ligne à suivre et votre destination sur le ticket de métro.
joker!

Mission institutions
Joker 2
Dans la consigne, certains mots ne sont pas soulignés par hasard…
joker!

Mission institutions
Joker 3
Sur le schéma à compléter, les petits dessins indiquent là où vous trouverez les réponses !
joker!

Mission institutions
Joker 4
Vous ne parvenez pas à plier le plan ? Réfléchissez donc… C'est au sud de la Seine qu'on vous attend !
joker!

Mission institutions
Joker 5
Les électeurs sont à la base de la démocratie ; le Président et le Gouvernement sont au sommet de l'État.
joker!

Jokers à remplir

Qu'est-ce que la hiérarchie de l'information ?

POLISOT L'ancien maire s'insurge contre le projet de vente de la gare P.14

Libération CHAMPAGNE

www.liberation-champagne.fr

Mardi 18 octobre 2022 • 1,40 € • 26917

L'HOMMAGE À SAMUEL PATY

Élèves et personnels du collège Pierre-Brossolette à La Chapelle-Saint-Luc ont rendu hommage à l'enseignant assassiné il y a deux ans. P.2

Une plaque a été dévoilée et un arbre planté, afin de ne pas oublier l'assassinat du professeur d'histoire-géographie. Photo Aurore CHABAUD

SOCIAL

Une journée de revendications sur fond d'inflation galopante P.37

ÉCONOMIE

Mon Logis à la reconquête du centre-ville de Troyes CAHIER CENTRAL

186 Avenue Pierre Brossolette - TROYES

D'après « Comprendre la hiérarchie de l'info avec les 13H et 20H de TF1 », Les ateliers Déclic/Critique, CLEMI, 2019.

ROUBAIX ET SES ALENTOURS - TOURCOING ET SES ALENTOURS

LA VOIX DU NORD

1,45 € - Mardi 18 octobre 2022 - n° 25106 - www.lavoixdunord.fr

TOURCOING

20 ans de réclusion criminelle pour assassinat PAGE 19

TOUTE L'HISTOIRE DU BASSIN MINIER

14,90€

NOUVEAUTÉ chez votre marchand de journaux et sur editions.lavoixdunord.fr

SOCIAL

Manifestations, grèves... Journée test pour le gouvernement PAGES 3 ET 29

RÉCOMPENSE

Le jour de gloire pour Karim Benzema, Ballon d'or français

MONDIAL DE L'AUTO

LE NORD ABAT SA CARTE ÉLECTRIQUE

écoutez-moi

Pourquoi un événement est-il à la une de la presse ?

Derrière le terme de « hiérarchie de l'information », il s'agit de comprendre comment les journalistes d'un média classent les informations, de la plus importante à la moins importante. Ce choix détermine la place accordée aux informations et le temps qui y est consacré.

Ce classement des informations, opéré lors des conférences de rédaction, répond à différents critères, qui se basent sur ce qu'on pense qui importe au lecteur ou spectateur (ce qui est proche de lui géographiquement et dans le temps, ce qui lui est utile).

D'autres critères entrent en ligne de compte : le format du média (ex. : chaîne d'information en continu, journal hebdomadaire...) ou les valeurs défendues par le média.

D'après Sébastien Rochat, responsable du pôle Studio du CLEMI.

Qu'est-ce que la pluralité des médias ?

Éducation aux médias et à l'information

Depuis le début des années 1980, les médias se résumaient aux moyens traditionnels d'information : la presse écrite et l'audiovisuel (radio, télévision).

Depuis plus de vingt ans maintenant, les médias se sont étendus à l'ensemble d'Internet. Ils concernent, désormais, non seulement la diffusion d'une information existante par de nouveaux moyens techniques, mais aussi l'usage des réseaux – notamment sociaux – comme médium privilégié.

On voit donc des pratiques nouvelles liées à ces réseaux, notamment leurs logiques d'adaptation (vitesse et élargissement de diffusion, etc.) et de concurrence (news contre fake news, etc.).

D'après le Vademecum Éducation aux médias et à l'information, ministère de l'Éducation nationale, de la Jeunesse et des Sports, 2022.

Qu'est-ce que la déontologie des médias ?

Plagiat : acte de quelqu'un qui copie l'œuvre de quelqu'un d'autre et fait passer ce travail pour le sien.

Calomnie : accusation grave et volontairement mensongère.

Diffamation : affirmation, le plus souvent considérée comme mal fondée ou mensongère, qui porte atteinte à l'honneur ou à la réputation de quelqu'un.

LA CHARTE DE DÉONTOLOGIE DE MUNICH

1. **RESPECTER** la vérité.
2. **DÉFENDRE** la liberté de l'information.
3. Publier seulement les informations dont l'**ORIGINE EST CONNUE** ou, dans le cas contraire, les accompagner des réserves nécessaires.
4. Ne pas user de **MÉTHODES DÉLOYALES** pour obtenir des informations, des photographies et des documents.
5. S'obliger à respecter la **VIE PRIVÉE** des personnes.
6. **RECTIFIER** toute information publiée qui se révèle inexacte.
7. Garder le secret professionnel et **NE PAS DIVULGUER** la source des informations obtenues confidentiellement.
8. S'interdire le plagiat, **LA CALOMNIE**, la diffamation et les accusations sans fondement, ainsi que de recevoir un quelconque avantage en raison de la publication ou de la suppression d'une information.
9. Ne jamais confondre le métier de journaliste avec celui du publicitaire ou du **PROPAGANDISTE** ; n'accepter aucune consigne, directe ou indirecte, des annonceurs.
10. Refuser toute **PRESSION**.

D'après la Charte de déontologie de Munich (ou Déclaration des devoirs et des droits des journalistes), 1971.

Robin Cousin, avril 2021.

Un gage d'objectivité

Avant de publier une nouvelle, de réaliser un reportage télévisé ou radiophonique, le journaliste se doit de vérifier et recouper ses informations.
Mais il est parfois difficile d'apprécier exactement la crédibilité de certaines sources : certains informateurs ne souhaitent pas être cités et la référence explicite de l'origine de l'information n'est pas toujours donnée.
Sur Internet, l'abondance des informations diffusées et la multiplicité des émetteurs rendent le repérage et l'origine de ces sources d'autant plus nécessaires.

« Médias & information, on apprend ! », brochure du CLEMI, Canopé éditions, 2015-2016.

22 mars 2021

OUEST-FRANCE

Paris-Match condamné à verser 40 000 € à un SDF pour une photo volée dans le métro parisien

Le magazine Paris-Match a dû verser à un SDF 40 000 € pour avoir publié sa photo non-floutée en janvier 2018. L'homme était montré fumant du crack [une drogue] sur un quai de métro à Paris. Il souhaitait le retrait du cliché.

Radio Collège

L'indépendance des journalistes

Croyez-vous que les journalistes sont indépendants, c'est-à-dire qu'ils résistent...

... aux pressions des partis politiques et du pouvoir

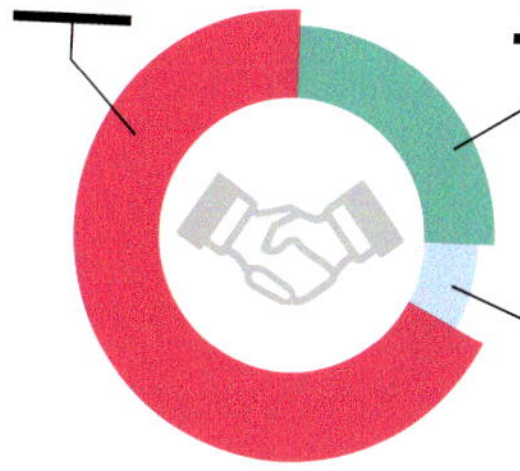

... aux pressions de l'argent

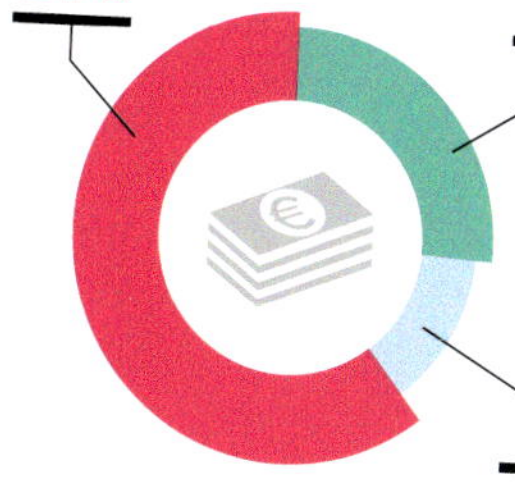

Source : D'après le 33e Baromètre de confiance dans les médias réalisé par Kantar pour *La Croix*, janvier 2020.

Que sont les stéréotypes dans les médias ?

SPORT

Parler des athlètes

Dans les articles consacrés aux championnats d'Europe d'athlétisme de 2010, les images employées pour parler de Christophe Lemaitre, athlète blanc, évoquent un univers civilisé et moderne (voiture, locomotive, fusée…). À l'opposé, les images mobilisées à propos de Dwain Chambers, athlète noir, font référence à l'animalité, la sauvagerie et l'univers de la jungle (pitbull, vieux lion, œil de lynx, vieux renard…).

D'après Lucie Forté, « Stéréotypes "raciaux" dans la presse sportive », *Questions de communication*, 35, 2019.

Une enquête mondiale analysant, un jour donné de l'année, le plus grand nombre de médias d'information possible dans le monde, révèle que les femmes sont plus que les hommes caractérisées par leur apparence physique, leur âge et leur situation familiale : elles sont ainsi renvoyées à leur supposée « nature ». Une comparaison entre les journalistes en charge des journaux télévisés permet le constat de femmes conformes aux critères de beauté dans la société occidentale : elles sont en général minces et élancées, le teint clair, les cheveux lisses et longs et, surtout, jeunes. Cette dernière contrainte semble beaucoup moins forte pour les hommes.

D'après Marlène Coulomb-Gully, « Des femmes, du genre et des médias : stéréotypes à tous les étages », *La revue des médias*, ina.fr, mars 2019.

La banlieue veut en finir avec les clichés et la « maltraitance médiatique »

En 2015, le CSA avait recadré M6 pour un reportage de Zone interdite intitulé « Quartiers sensibles : le vrai visage des nouveaux ghettos », consacré notamment à Évreux, dont Driss Ettazaoui copréside l'agglomération. « Un reportage comme celui-là, c'est la dignité des 5,5 millions d'habitants des quartiers prioritaires qui est jetée aux chiens », s'émeut-il. Selon lui, cela « balaie en quelques minutes les investissements de plusieurs années ».

AFP, 23 avril 2018.

CSA : ancien nom de l'ARCOM (Autorité publique française de régulation de la communication audiovisuelle et numérique), autorité de régulation des médias.

Les femmes dans les médias

Évolution de la part des femmes à la télévision et à la radio
Toutes catégories confondues (en %)

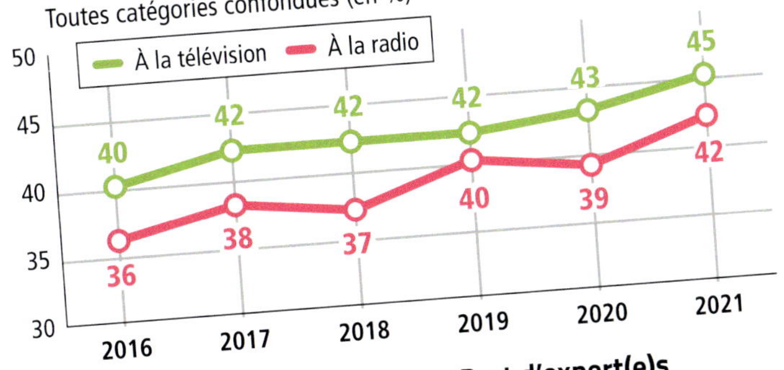

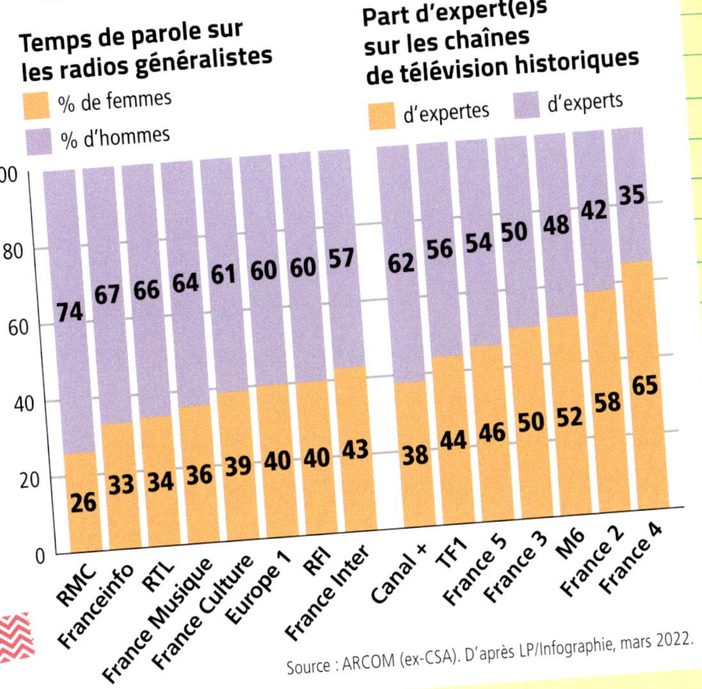

Source : ARCOM (ex-CSA). D'après LP/Infographie, mars 2022.

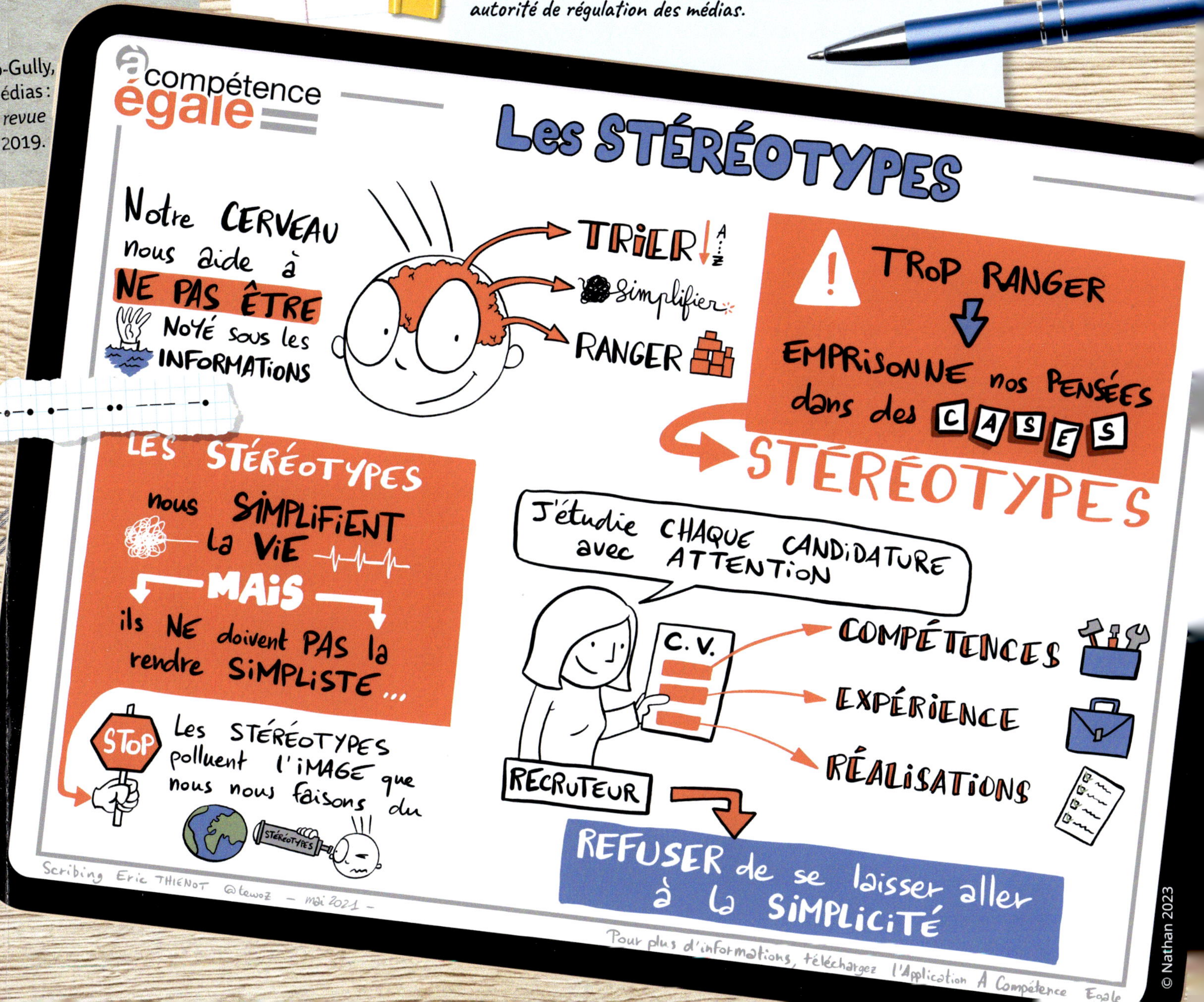

Que sont les infox ?

Les différents types d'infox (ou fake news)

- ▢ Erreur
- ▢ Canular
- ▢ Mensonge
- ▢ Faux à visée commerciale (= pour vendre)
- ▢ Propagande
- ▢ Complot

→ On les trouve principalement sur Internet.

D'après l'exposition numérique « Fake News », Fondation Groupe EDF, CLEMI et Réseau Canopé

photomontage

« J'ai voulu faire ce photomontage durant la période de Noël, alors que tout le monde autour de moi se demandait s'il avait fait assez de cadeaux…

J'ai voulu rappeler qu'il fallait être heureux d'être en bonne santé, avec un toit au-dessus de sa tête, en comparaison de ceux qui sont décédés ou ont perdu leur maison durant ces feux. »

Thuie, l'artiste qui a réalisé le photomontage.

Le compte Instagram de Thuie est connu pour ses photomontages. Pourtant, de nombreux internautes ont partagé cette photo en pensant qu'il s'agissait d'une photo authentique des incendies en Australie. Ils ont ainsi participé à la création d'une infox.

18:30

Le Gorafi @le_gorafi • 19 août 2022

Sécheresse – Christophe Béchu invite les Français à vider des bouteilles d'eau minérale dans les rivières.

Le ministre de l'Écologie veut inciter chaque Français à multiplier les petits gestes pour agir contre la sécheresse et faire remonter le niveau des cours d'eau.

Quelques outils de fact-checking en ligne

(vérification de l'information)

Source : d'après Graphicatie, mars 2020.

L'information se caractérise par trois aspects : elle rompt en général l'ordre habituel des choses, elle repose sur des faits établis et elle est surtout vérifiée avant d'être diffusée.

Les « fake news » ou « infox » recouvrent un ensemble de procédés contribuant à la désinformation du public.

La mésinformation est une mauvaise information, en raison d'erreurs (absence de vérification, superficialité de traitement, contenus dépassés, faux pour faire rire). La mésinformation n'est pas liée à une intention de tromper.

La désinformation est un processus de communication qui consiste à utiliser les médias de masse pour transmettre des informations partiellement ou totalement erronées dans le but de tromper ou d'influencer l'opinion publique et de l'amener à agir dans une certaine direction.

D'après Isabelle Martin, « Fake news, infox, de quoi parle-t-on ? », clemi.fr.

ALERTE À RADIO COLLÈGE 6

Attention aux sources !

Agathe Dahyot, « Kit Décodex » Le Monde.

LA LIBERTÉ D'EXPRESSION

Article 11.
La libre communication des pensées et des opinions est un des droits les plus précieux de l'homme : tout citoyen peut donc parler, écrire, imprimer librement, sauf à répondre de l'abus de cette liberté dans les cas déterminés par la loi.

Déclaration des droits de l'homme et du citoyen.

Article
L'enfant a droit à la liberté d'expression. Ce droit comprend la liberté de rechercher, de recevoir et de répandre des informations et des idées de toute espèce, sans considération de frontières, sous une forme orale, écrite, imprimée ou artistique, ou par tout autre moyen du choix de l'enfant.
L'exercice de ce droit ne peut faire l'objet que des seules restrictions qui sont prescrites par la loi et qui sont nécessaires au respect des droits ou de la réputation d'autrui [...].

Convention internationale des droits de l'enfant, 1989.

LA LIBERTÉ DE CIRCULATION

LA LIBERTÉ DE CONSCIENCE

LIBERTÉ ET VIE PRIVÉE
RÉPUTATION
INFORMATIONS
PROTECTION
VIE PRIVÉE
EXPRESSION
Article Toute personne a droit à la liberté d'expression. Ce droit comprend la liberté d'opinion et la liberté de recevoir ou de communiquer des informations ou des idées. L'exercice de ces libertés peut être soumis à certaines restrictions qui constituent des mesures nécessaires à la protection de la réputation ou des droits d'autrui, pour empêcher la divulgation d'informations confidentielles.
D'après la Convention européenne des droits de l'homme.
Vie privée et renseignements personnels
LIGUE DES DROITS ET LIBERTÉS
mars 2011
Convention européenne des droits de l'homme
SÛRETÉ
PROPRETÉ
Article 12. Nul ne sera l'objet d'immixtions [interventions] arbitraires dans sa vie privée, sa famille, son domicile ou sa correspondance, ni d'atteintes à son honneur et à sa réputation. Toute personne a droit à la protection de la loi contre de telles immixtions ou de telles atteintes.
Déclaration universelle des droits de l'homme, 1948.

LA LIBERTÉ D'INFORMATION

LA LIBERTÉ D'ASSOCIATION

LA CONSTITUTION FRANÇAISE

Art. Premier. La France est une République indivisible, laïque, démocratique et sociale. Elle assure l'égalité devant la loi de tous les citoyens sans distinction d'origine, de race ou de religion. Elle respecte toutes les croyances. Son organisation est décentralisée.
La loi favorise l'égal accès des femmes et des hommes aux mandats électoraux et fonctions électives, ainsi qu'aux responsabilités professionnelles et sociales.

Art. 8. Le président de la République nomme le Premier ministre. Il met fin à ses fonctions sur la présentation par celui-ci de la démission du Gouvernement. Sur la proposition du Premier ministre, il nomme les autres membres du Gouvernement et met fin à leurs fonctions.

Art. 21. Le Premier ministre dirige l'action du Gouvernement. Il est responsable de la défense nationale. Il assure l'exécution des lois. [...]
Il peut déléguer certains de ses pouvoirs aux ministres.

Art. 39. L'initiative des lois appartient concurremment au Premier ministre et aux membres du Parlement.
Les projets de loi sont délibérés en Conseil des ministres après avis du Conseil d'État et déposés sur le bureau de l'une des deux assemblées. [...]

Le président de la République

nomme le Premier ministre et met fin à ses fonctions

Constitution, art. 8

La nomination du Premier ministre **A**
est une prérogative du président de la République. **B**

Dans les faits, le choix peut être limité en fonction de la majorité parlementaire qui va soutenir le Premier ministre.

Président et majorité parlementaire de même couleur politique	**Président et majorité parlementaire de couleur politique différente** (cohabitation)
Le choix du Président est libre	Le choix du Président doit tenir compte de la majorité à l'Assemblée nationale **C**

Source : D'après Direction de l'information légale et administrative, vie-publique.fr, 2021.

Vocabulaire EMC

Fonctions régaliennes : tâches et responsabilités qui sont assumées par l'État, dont il s'occupe seul.

Valeurs de la République : la liberté, l'égalité, la fraternité et la laïcité sont les principales valeurs de la République, c'est-à-dire ce qui encadre la vie en société.

Pouvoir exécutif : pouvoir de mettre les lois en œuvre et de mener des politiques publiques.

LA CONSTITUTION FRANÇAISE

Art. Premier. La France est une République indivisible, laïque, démocratique et sociale. Elle assure l'égalité devant la loi de tous les citoyens sans distinction d'origine, de race ou de religion. Elle respecte toutes les croyances. Son organisation est décentralisée. La loi favorise l'égal accès des femmes et des hommes aux mandats électoraux et fonctions électives, ainsi qu'aux responsabilités professionnelles et sociales.

Art. 24. Le Parlement vote la loi. Il contrôle l'action du Gouvernement. Il évalue les politiques publiques.
Il comprend l'Assemblée nationale et le Sénat.
Les députés à l'Assemblée nationale [...] sont élus au suffrage direct. [...]
Les Français établis hors de France sont représentés à l'Assemblée nationale et au Sénat.

Art. 26. Aucun membre du Parlement ne peut être poursuivi, recherché, arrêté, détenu ou jugé à l'occasion des opinions ou votes émis par lui dans l'exercice de ses fonctions.

Art. 39. L'initiative des lois appartient [...] au Premier ministre et aux membres du Parlement. [...]

Art. 50. Lorsque l'Assemblée nationale adopte une motion de censure ou lorsqu'elle désapprouve le programme ou une déclaration de politique générale du Gouvernement, le Premier ministre doit remettre au président de la République la démission du Gouvernement.

Vocabulaire EMC

Pouvoir législatif : pouvoir de faire la loi.

Démocratie représentative : régime politique dans lequel le peuple délègue son pouvoir à des représentants.

Souveraineté nationale : le pouvoir politique appartient à la nation, c'est-à-dire l'ensemble des citoyens.

Champs-Élysées-Clemenceau 13

LA CONSTITUTION FRANÇAISE

Art. Premier. La France est une République indivisible, laïque, démocratique et sociale. Elle assure l'égalité devant la loi de tous les citoyens sans distinction d'origine, de race ou de religion. Elle respecte toutes les croyances. Son organisation est décentralisée.
La loi favorise l'égal accès des femmes et des hommes aux mandats électoraux et fonctions électives, ainsi qu'aux responsabilités professionnelles et sociales.

Art. 5. Le président de la République veille au respect de la Constitution. Il assure, par son arbitrage, le fonctionnement régulier des pouvoirs publics ainsi que la continuité de l'État. Il est le garant de l'indépendance nationale, de l'intégrité du territoire et du respect des traités.

Art. 6. Le président de la République est élu pour cinq ans au suffrage universel direct. Nul ne peut exercer plus de deux mandats consécutifs.

Art. 8. Le président de la République nomme le Premier ministre. Il met fin à ses fonctions sur la présentation par celui-ci de la démission du Gouvernement. Sur la proposition du Premier ministre, il nomme les autres membres du Gouvernement et met fin à leurs fonctions.

Chef de l'État

- Il veille au respect de la Constitution.
- Il assure le fonctionnement régulier des institutions et la continuité de l'État.
- Il est le garant de l'indépendance nationale, de l'intégrité du territoire et du respect des traités.
- Il nomme les ambassadeurs.

Constitution, art. 5

Y Président de la République

Chef des armées

Il préside les conseils et comités supérieurs de la Défense nationale

Chef de l'exécutif

X
- Il nomme le Premier ministre
- Il promulgue les lois
- Il signe les ordonnances

Z
- Il préside le Conseil des ministres
- Il peut soumettre un projet de loi à référendum
- Il peut dissoudre l'Assemblée nationale

Source : d'après Direction de l'information légale et administrative, vie-publique.fr, 2019.

Vocabulaire EMC

Fonctions régaliennes : tâches et responsabilités qui sont assumées par l'État, dont il s'occupe seul.

État : société humaine qui habite sur un territoire délimité par des frontières et qui est dirigée par des personnes qui exercent un pouvoir encadré par des lois.

Pouvoir exécutif : pouvoir de mettre les lois en œuvre et de mener des politiques publiques.

Palais Royal - Musée du Louvre 12 + 1

LA CONSTITUTION FRANÇAISE

Art. Premier. La France est une République indivisible, laïque, démocratique et sociale. Elle assure l'égalité devant la loi de tous les citoyens sans distinction d'origine, de race ou de religion. Elle respecte toutes les croyances. Son organisation est décentralisée.
La loi favorise l'égal accès des femmes et des hommes aux mandats électoraux et fonctions électives, ainsi qu'aux responsabilités professionnelles et sociales.

Art. 56. Le Conseil constitutionnel comprend neuf membres, dont le mandat dure neuf ans et n'est pas renouvelable. Le Conseil constitutionnel se renouvelle par tiers tous les trois ans. [...] En sus des neuf membres prévus ci-dessus, font de droit partie à vie du Conseil constitutionnel les anciens présidents de la République. Le président est nommé par le président de la République. Il a voix prépondérante en cas de partage.

Art. 58. Le Conseil constitutionnel veille à la régularité de l'élection du président de la République. Il examine les réclamations et proclame les résultats du scrutin.

Art. 59. Le Conseil constitutionnel statue, en cas de contestation, sur la régularité de l'élection des députés et des sénateurs.

Neuf membres, dont un président

+ éventuellement les anciens présidents de la République qui le souhaitent

Constitution, art. 56

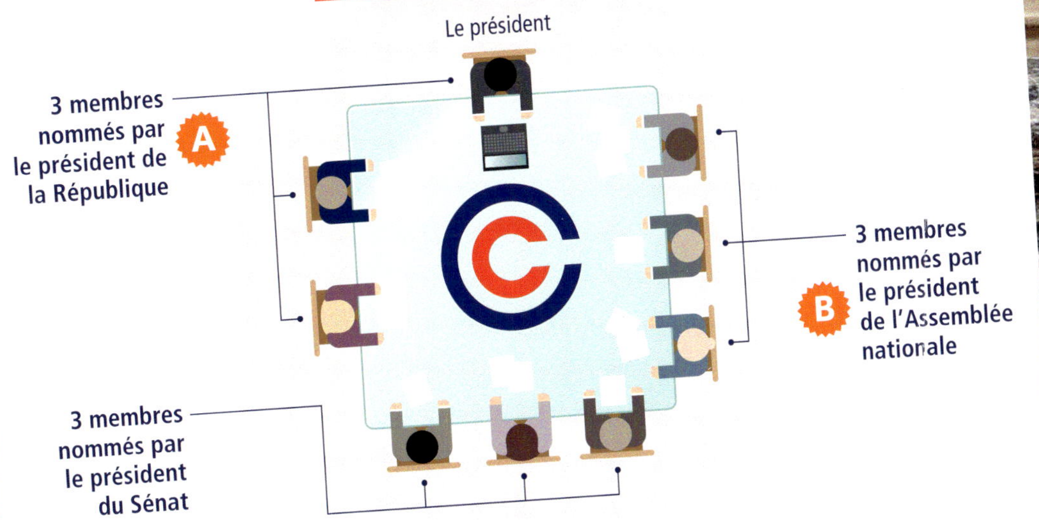

Surnommés les « sages », C ces 9 membres vérifient la constitutionnalité des élections et des lois.

Vocabulaire EMC

Élection : choix qu'on exprime par l'intermédiaire d'un vote, lors d'un scrutin.

Constitutionnalité : caractère de ce qui est conforme à la Constitution.

Loi : règle établie par l'autorité souveraine de l'État, applicable à tous et définissant les droits et les devoirs de chacun.

Mairie de Saint-Ouen 13

Les collectivités territoriales en France

À l'échelle régionale

A Une assemblée de conseillers régionaux élus et leur président → 5 départements et régions d'outre-mer

Président

À l'échelle départementale

B Une assemblée de conseillers départementaux élus et leur président → 5 départements et régions d'outre-mer

Président

À l'échelle communale

C Un conseil de conseillers municipaux et un maire élus → 5 départements et régions d'outre-mer

Maire

art. 72

Dans le cadre de la loi, ils administrent librement leurs territoires et leurs habitants.
Elles sont financées par l'État mais surtout par les impôts de leurs habitants.

Constitution, art. 72

LA CONSTITUTION FRANÇAISE

Art. Premier. La France est une République indivisible, laïque, démocratique et sociale. Elle assure l'égalité devant la loi de tous les citoyens sans distinction d'origine, de race ou de religion. Elle respecte toutes les croyances. Son organisation est décentralisée.
La loi favorise l'égal accès des femmes et des hommes aux mandats électoraux et fonctions électives, ainsi qu'aux responsabilités professionnelles et sociales.

Art. 72. Les collectivités territoriales de la République sont les communes, les départements, les régions, les collectivités à statut particulier et les collectivités d'outre-mer [...].
Les collectivités territoriales ont vocation à prendre les décisions pour l'ensemble des compétences qui peuvent le mieux être mises en œuvre à leur échelon.
Dans les conditions prévues par la loi, ces collectivités s'administrent librement par des conseils élus et disposent d'un pouvoir réglementaire pour l'exercice de leurs compétences.

Art. 72-2. Les collectivités territoriales bénéficient de ressources dont elles peuvent disposer librement dans les conditions fixées par la loi.
Elles peuvent recevoir tout ou partie du produit des impositions de toutes natures. [...]

Vocabulaire EMC

Administration : ensemble des services et des agents chargés de gérer un territoire et sa population, d'appliquer la loi à leur échelle (locale, régionale, nationale ou européenne).

Collectivités territoriales : structures administratives françaises, distinctes de l'administration de l'État, qui doivent prendre en charge les intérêts de la population d'un territoire précis.

Imposition : impôt.

Région française : territoire administratif intermédiaire situé entre l'échelle locale et l'échelle nationale. C'est une collectivité territoriale depuis 1982.

Les collectivités territoriales en France

À l'échelle régionale

C Une assemblée de conseillers régionaux élus et leur président — Président → 5 départements et régions d'outre-mer

À l'échelle départementale

B Une assemblée de conseillers départementaux élus et leur président — Président → 5 départements et régions d'outre-mer

À l'échelle communale

A Un conseil de conseillers municipaux et un maire élus — Maire → 5 départements et régions d'outre-mer

art. 72 Dans le cadre de la loi, ils administrent librement leurs territoires et leurs habitants.
Elles sont financées par l'État mais surtout par les impôts de leurs habitants.
Constitution, art. 72

LA CONSTITUTION FRANÇAISE

Art. Premier. La France est une République indivisible, laïque, démocratique et sociale. Elle assure l'égalité devant la loi de tous les citoyens sans distinction d'origine, de race ou de religion. Elle respecte toutes les croyances. Son organisation est décentralisée.
La loi favorise l'égal accès des femmes et des hommes aux mandats électoraux et fonctions électives, ainsi qu'aux responsabilités professionnelles et sociales.

Art. 72. Les collectivités territoriales de la République sont les communes, les départements, les régions, les collectivités à statut particulier et les collectivités d'outre-mer […].
Les collectivités territoriales ont vocation à prendre les décisions pour l'ensemble des compétences qui peuvent le mieux être mises en œuvre à leur échelon.
Dans les conditions prévues par la loi, ces collectivités s'administrent librement par des conseils élus […].

Art. 88-3. […] Le droit de vote et d'éligibilité aux élections municipales peut être accordé aux seuls citoyens de l'Union européenne résidant en France. Ces citoyens ne peuvent exercer les fonctions de maire ou d'adjoint [sauf s'ils sont de nationalité française] […].

Vocabulaire EMC

Administration : ensemble des services et des agents chargés de gérer un territoire et sa population, d'appliquer la loi à leur échelle (locale, régionale, nationale ou européenne).

Collectivités territoriales : structures administratives françaises, distinctes de l'administration de l'État, qui doivent prendre en charge les intérêts de la population d'un territoire précis.

Commune : plus petite collectivité administrative du territoire (échelle locale). Ville ou village.

Qu'est-ce qu'une information ?

Mon réflexe

Je m'interroge : qui diffuse cette information ?
Quelle est la source de l'information ?
Cette source est-elle fiable ?

Comment vérifier une information ?

- [x] Aller sur place.
- [x] Recueillir des témoignages auprès des témoins.
- [ ] Interroger les protagonistes d'un fait, pour avoir toutes les versions.
- [ ] Interroger des spécialistes du sujet, des experts.
- [ ] Vérifier les chiffres avec des statistiques.

D'après AFP, 2014.

Nathan live ! écoutez-moi

UNE INFORMATION

PEUT PRENDRE DIFFÉRENTES FORMES : TEXTE, SON, VIDÉO, PHOTO

C'EST

UN FAIT NOUVEAU : un événement.

BASÉ SUR DES SOURCES FIABLES : l'origine des informations doit être digne de confiance.

VÉRIFIÉ : auprès de témoins et d'experts.

QUELQUE CHOSE QUI A UN INTÉRÊT : elle concerne et intéresse un vaste public.

CE N'EST PAS

UN TÉMOIGNAGE : un témoin rapporte ce qu'il a vu, ce qu'il sait, mais il ne sait pas tout ou peut se tromper, ou mentir. Cela peut être une information (si elle est vérifiée et fiable) ou pas !

UNE OPINION : une opinion est un avis sur l'actualité.

UNE PUBLICITÉ : la publicité cherche à vendre, elle a un objectif commercial.

PROTECTOR
LE PARAPLUIE ANTI-MÉTÉORITES
Existe en plusieurs coloris